朝鮮戦争

ポスタルメディアから読み解く
現代コリア史の原点

内藤陽介

えにし書房

朝鮮半島略図

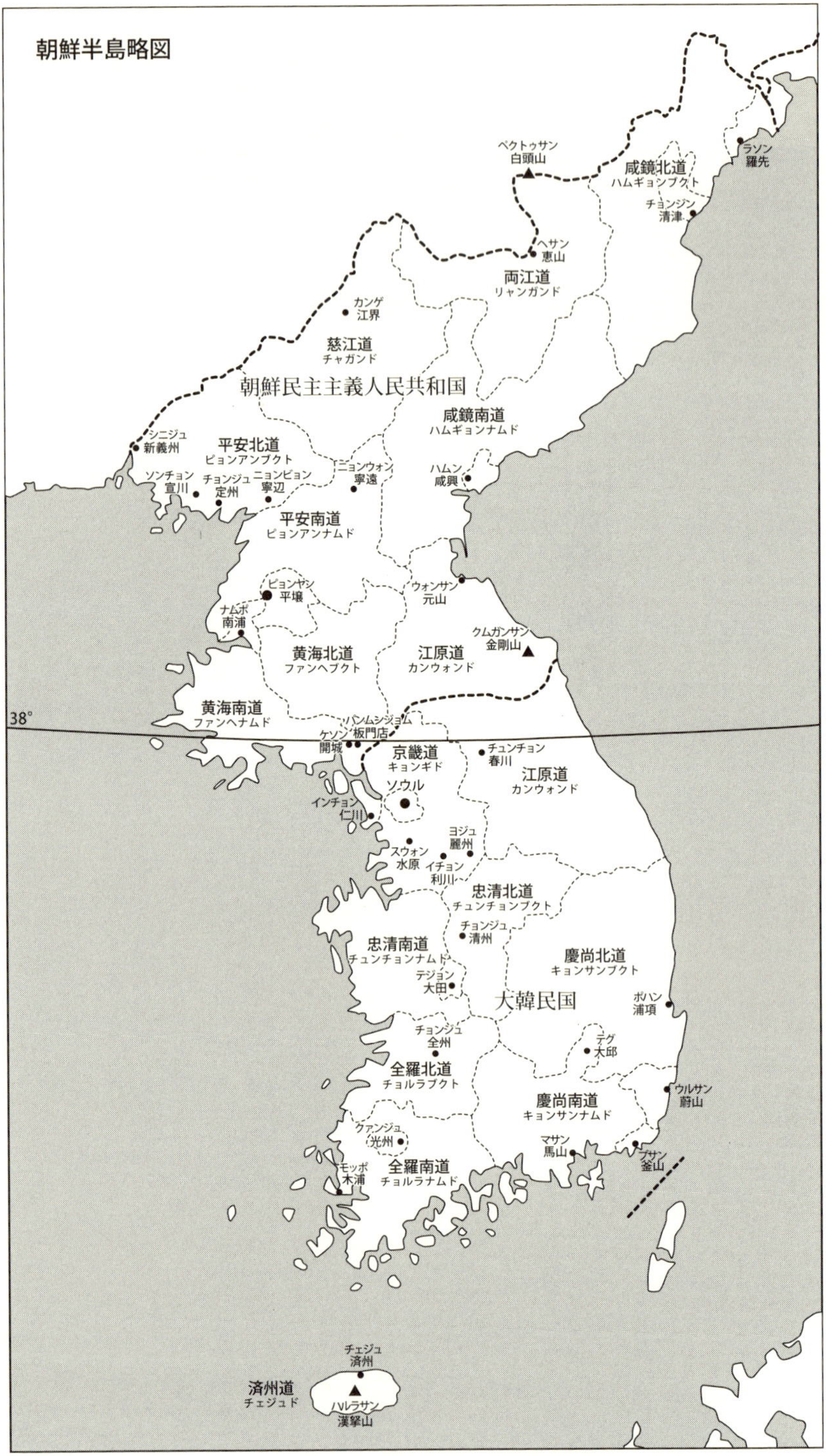
朝鮮民主主義人民共和国
大韓民国
38°
白頭山《ペクトゥサン》
羅先《ラソン》
咸鏡北道《ハムギョンブクト》
清津《チョンジン》
恵山《ヘサン》
両江道《リャンガンド》
江界《カンゲ》
慈江道《チャガンド》
咸鏡南道《ハムギョンナムド》
新義州《シニジュ》
平安北道《ピョンアンブクト》
宣川《ソンチョン》
定州《チョンジュ》
寧辺《ニョンビョン》
寧遠《ニョンウォン》
咸興《ハムン》
平安南道《ピョンアンナムド》
元山《ウォンサン》
平壌《ピョンヤン》
南浦《ナムポ》
金剛山《クムガンサン》
黄海北道《ファンヘブクト》
江原道《カンウォンド》
黄海南道《ファンヘナムド》
板門店《パンムンジョム》
開城《ケソン》
京畿道《キョンギド》
春川《チュンチョン》
江原道《カンウォンド》
ソウル
仁川《インチョン》
麗州《ヨジュ》
水原《スウォン》
利川《イチョン》
忠清北道《チュンチョンブクト》
清州《チョンジュ》
忠清南道《チュンチョンナムド》
慶尚北道《キョンサンブクト》
大田《テジョン》
浦項《ポハン》
全州《チョンジュ》
大邱《テグ》
全羅北道《チョルラブクト》
蔚山《ウルサン》
慶尚南道《キョンサンナムド》
光州《クァンジュ》
馬山《マサン》
釜山《プサン》
木浦《モッポ》
全羅南道《チョルラナムド》
済州《チェジュ》
済州道《チェジュド》
漢拏山《ハルラサン》

はじめに――ポスタルメディアと郵便学

〝メディア〟という語は、現代の日本語では主に〝報道（機関）〟の意味で用いられることが多いが、本来の意味は〝（情報伝達などの）媒体〟である。その意味では、郵便は極めて興味深いメディアと考えることができる。

そもそも、通信手段としての郵便は、それ自体がメディアであるわけだが、郵便に使用される切手や消印なども、本来の郵政業務とは別の次元においてメディアとして機能しているからである。

日本の郵政は株式会社化（現時点ではその全株式は政府が保有しているが、一般には〝民営化〟といわれることが多い）されてしまったが、歴史的に見ると（現在でも多くの国では）切手は国家の名において発行されてきた。政府というものは、ありとあらゆるチャンネルを使って自分たちの主義主張や政策、イデオロギーなどを宣伝しようとするのが本来の姿であるから、政府が切手を通じて、自己の政治的正当性や政策、イデオロギーなどを表現しようとするのは極めて自然なことである。

たとえば、多くの国は、戦時には国民に対して戦争への協力を求め、戦意を昂揚させるための切手を発行するし、領土紛争を抱えている国であれば、切手に取り上げられる地図は自国の主張に沿ったものとなるのが当然である。もちろん、オリンピックなどの国家的行事に際しては記念切手が発行される。日本では明治の元勲・伊藤博文を暗殺した犯罪者として認識されている安重根が韓国では〝義士〟として切手に取り上げられているように、歴史上の事件や人物が切手に取り上げられる場合、そこには発行国の歴史観が投影される。

また、特段に政治プロパガンダ臭の感じられない切手であっても、その国を代表する風景や文化遺産、動植物を描く切手は盛んに発行されており、そうした切手が郵便物に貼られて全世界を流通することによって、全世界の人々はその国の片鱗に触れることができる。

一方、郵便料金前納の証紙として郵便に使用されるという面にも着目すれば、消印の地名から切手の使用地域を特定し、発行国の実際の勢力範囲を特定することが可能となる。郵便局という〝役所〟を設置し、官営事業としての郵便サービスを独占的に提供するということは、そのまま、権力の行使にほかならないからである。

『新約聖書』の「マタイ福音書」二二章には、ナゼレのイエスがローマ皇帝の肖像が刻まれたコインを手に「カエサルのものはカエサルに、神のものは神に」と答えたという一節がある。これは、通貨（貨幣・紙幣）の発行と流通が国家権力の行使と密接に結び付いてきたことを示す言葉として知られているが、通貨の場合には、一部の特殊な例外を除き、いつ・どこで使用されたかという、その痕跡が残ることはまずない。

これに対して、切手の場合には、原則として再使用を防ぐために消印が押されるから、（地名・日時などの情報が明瞭に判別できる状態であれば、という条件はあるものの）資料として搭載している情報量は、通貨に比べて飛躍的に拡大すると考えてよい。

また、外国郵便では、相手国の切手の有効性は相手国そのものの正統性を承認することと密接に絡んでおり、非合法とみなされた政府の切手が貼られた郵便物は、受取を拒絶されたり、料金未納の扱いをされたりする。さらに、郵便物の運ばれたルートやその所要日数、検閲の有無などからは、当時の状況についてのより深い知識を得ることもできる。このような場合、郵便活動の痕跡そのものが、その地域における支配の正統性を誇示するためのメディアとして機能していると考えてよい。

切手・郵便物の読み解き方は他にもある。

すなわち、印刷物としての切手の品質は発行国の技術的・経済的水準をはかる指標となるし、郵便料金の推移は物価の変遷と密接にリンクしている。そして、こうした切手上に現れた経済状況や技術水準についての情報もまた、その国の実情を、切手の発行国が望むと望まざるとに拘わらず我々に伝えるメディアとなっている。

このように、切手を中心とする郵便資料は、さまざまな情報を、具体的な手触りを伴って我々に提供してくれる。しかも、切手を用いる郵便制度は、十九世紀半ば以降、世界中のほぼすべての地域で行われているから、各時代の各国・各地域の切手や郵便物を横断的に比較すれば、各国の国力や政治姿勢などを相対化して理解することができる。

したがって、資（史）料としての切手や郵便物は、歴史学・社会学・政治学・国際関係論・経済史・メディア研究など、あらゆる分野の関心に応えうるものであり、そうした郵便資料を活用することで、複合的かつ多面的なメディアとしての〝郵便〟、すなわち、ポスタル・メディアという視点から国家や社会、時代や地域のあり方を再構成する試みが、筆者の考える〝郵便学〟である。

さて、そうした郵便学の興味・関心からすると、一九四五年以降の朝鮮半島現代史、特に、朝鮮戦争を中心とした時代は実に魅力的な対象といえる。

朝鮮半島の現代史は、日本の敗戦とそれに伴う米ソの分割占領から始まるが、当時の切手や郵便物は（特に米軍政下の南朝鮮および大韓民国において）一九四五年の解放以前、すなわち日本統治時代の遺制を継承することなしには、その後の朝鮮半島現代史も成立しえないことを我々に明らかにしてくれる。これは、ともすると、〝日帝強占期（韓国での日本統治時代の呼称）〟と〝解放後〟の連続性から目を背けがちな、朝鮮半島現代史のイメージに対するカウンターとなるのではないかと思われる。

また、東西冷戦という国際政治の文脈の中での分断国家であるがゆえに、南北双方の発行する切手には、それぞれの立場やイデオロギーが明確に反映されているほか、郵便（物）の上にも、さまざまな形で明瞭な痕跡が残されている。なお、韓国と北朝鮮は、ともに、朝鮮民族の国家として近代以前の歴史的背景や文化的伝統を共有しているため、同じ題材を取り上げた切手もしばしば発行されているが、それだけに、そうした切手を比較することによって両者の置かれた状況の差異がより明確に感知できるのも興味深い。

さらに、朝鮮戦争には、本来の当事者である韓国軍と朝鮮人民軍（北朝鮮軍）のほか、国連軍の名の下に米軍を中心とする十六ヵ国が部隊を派遣し、これに対抗して、北朝鮮国家の崩壊を防ぐために中国人民志願軍も参戦している。さらに、部隊を派遣しなくても医療チームなどを派遣するというかたちで参加した国もあった。ヨーロッパでは、直接、戦場に人員を派遣しなくても、冷戦下のイデオロギー論争から〝国連軍〟を批判する左派陣営が積極的な活動を行っていたし、朝鮮戦争の特需によって急激な戦後復興を果たし、講和独立を達成したわが国のような事例もある。

それゆえ、〝国際内戦〟としての朝鮮戦争は、文字通り、世界的な規模の事件として、極めてスケールの大きな戦いだったわけで、当然、その影響は関係諸国の切手や郵便物にも及んでいる。

以上のようなことを踏まえ、本書では、朝鮮半島現代史の原点ともいうべき時代として、解放から一九五三年七月の朝鮮戦争休戦にいたるまでの歴史的経緯を、さまざまな切手・郵便物を用いて再構成を試みた。朝鮮戦争に関しては、すでに汗牛充棟ともいうべき先行業績があるが、〝郵便学〟の手法によるアプローチは珍しいのではないかと思う。

税務調査官の言葉として「人間は嘘をつくが、嘘をついた帳簿は正直だ」というものがあるが、当時の状況が刻みつけられた切手や郵便物もまた、嘘のつきようがない〝時代の証言者〟であり、複雑に絡み合った朝鮮半島の現代史を、その原点にさかのぼって理解するうえで重要なヒントを与えてくれるはずだ。

最後になるが、本書を通じて、郵便に使う以外は、ともすると社会一般からは〝子供の遊び〟か〝好事家《オタク》の趣味の対象〟と見られがちな〝切手（と郵便物）〟が、いかに、大人の知的好奇心を満たす素材であるか、その一端だけでも感じ取っていただければ、筆者としては望外の幸である。

朝鮮戦争——ポスタルメディアから読み解く現代コリア史の原点　◎目次◎

はじめに——ポスタルメディアと郵便学　3

第一章　解放以前の朝鮮——一九四五年まで……11
大韓民国臨時政府　11
対日宣戦時の主席・金九　12
抗日の〝義士〟たち　13
国際社会からは無視されていた臨政　15
抑圧された韓国を救え　16
米国切手に描かれた太極旗　18
八月十五日の朝鮮人兵士　20
ソ連の朝鮮侵攻準備と金日成　22
ソ連の対日参戦から一般命令第一号へ　25

第二章　米ソによる南北分割占領——一九四五〜四八年……29
朝鮮建国準備委員会の幻　29
第二四軍の進駐と米軍政庁　32
解放直後の南朝鮮では日本切手がそのまま通用した　34
金日成、北朝鮮に〝凱旋〟　36
モスクワ協定　37
南朝鮮ではハングル加刷切手を発行　39
印刷局が作った解放切手　41
日本切手は使用禁止となったが……　45
北朝鮮臨時人民委員会の発足　46
北朝鮮の土地改革　48
急速なソヴィエト体制化　50
混乱の中で迎えた南朝鮮の解放一周年　53
新羅時代の文化遺産と李舜臣　57
ハングル五百年　59
十月人民抗争と朴憲永の越北　61
南朝鮮過渡政府　65

南北連席会議の裏で朝鮮人民軍が創建　68
南朝鮮単独選挙　71
済州島四・三事件　72
国会開院　74
憲法公布　76
ロンドン五輪　79
李承晩が大韓民国初代大統領に　81
大韓民国政府成立　83

第三章　南北両政府の成立——一九四八～五〇年

……83
朝鮮民主主義人民共和国の成立　86
北朝鮮の国章に描かれた水豊ダム　88
太極旗に代わって制定された北朝鮮国旗　89
国連、韓国を唯一の正統政府と認定　91
日本統治時代から継承されたこどもの日　93
土地改革　94
うやむやに終わった〝親日派〟の処罰　95
李承晩政権の混乱　98
南侵準備を進める北朝鮮　100
朝鮮人民軍、南侵を開始　103

第四章　〝六二五〟の三年間——一九五〇～五三年

……103
ソウル陥落　105
ソウルの人民軍　107
国連軍の派遣　108
釜山橋頭堡をめぐる攻防　112
仁川上陸作戦とマッカーサー像　113
韓国・国連軍、ソウルを奪還　116
撤退の成功で英雄になった方虎山　118
国連軍、平壌へ　120
国連軍、鴨緑江へ到達　122
中国人民志願軍の参戦　124
十二月の撤退　127
原爆使用をめぐるトルーマン発言　128
捏造された細菌戦　132
釜山印刷の普通切手が登場　133

マッカーサー解任　135
開城での休戦交渉開始　138
日本の再軍備とサンフランシスコ講和条約　139
李承晩ラインと竹島問題の発生　142
板門店での休戦交渉　145
李承晩の再選と滅共統一　146
アイゼンハワー政権の発足　149
スターリンの死　151
韓国でデノミ実施　153
捕虜をめぐる駆け引き　155
休戦協定の成立　157
米韓相互防衛条約の調印　161
中国人民志願軍の帰還　163

第五章　国連軍に参加した国々……165

1　オーストラリア　Australia　166
2　ベルギー　Belgium　169
3　英国　Britain　171
4　カナダ　Canada　173
5　コロンビア　Colombia　174
6　デンマーク　Denmark　175
7　エチオピア　Ethiopia　176
8　フランス　France　177
9　ギリシャ　Greece　178
10　インド　India　180
11　イタリア　Italy　182
12　ルクセンブルク　Luxemburg　183
13　オランダ　Netherland　184
14　ニュージーランド　New Zealand　185
15　ノルウェー　Norway　187
16　フィリピン　Philippines　188
17　スウェーデン　Sweden　189
18　タイ　Thailand　190
19　トルコ　Turkey　191
20　南アフリカ連邦　Union of South Africa　193

おわりに　195

第一章　解放以前の朝鮮――一九四五年まで

大韓民国臨時政府

韓国の現行憲法は、その前文で、現在の大韓民国が「三・一運動により建てられた大韓民国臨時政府の法統」を継承すると規定している。そして、この臨時政府が大韓民国二十三年（西暦の一九四一年に相当）十二月十日付で大韓民国臨時政府主席の金九ならびに同外交部長の趙素昂の名義で「大韓民国臨時政府対日宣戦声明書」を発したことを根拠に、韓国は連合国の一員であり、対日戦勝国であるということになっている。

図1　大韓民国臨時政府樹立72周年の記念切手には、臨政のオフィスが入っていた上海フランス租界内（現在の地番表示は上海市馬当路306弄4号）の普慶里石庫門住宅も描かれている。ただし、普慶里石庫門住宅の完成は1925年、臨政の入居は1926年のことで、1919年の創設当時から臨政がこの建物に入っていたわけではない

大韓民国臨時政府（図1。以下、臨政）というのは、一九一九年の三・一独立運動の後、同年四月、朝鮮独立運動家によって上海で結成された組織で、初代の大総理（後〝大統領〟）には後に大韓民国の初代大統領となる李承晩が就任した。

臨政結成当時の李はハワイ在住で、当時、独立運動家としてはほとんど無名の存在であったが、王族に連なる家柄の出身であったことに加え、米国に留学しプリンストン大学で博士号を取得したことから、同大の総長を経て米国大統領となったウッドロー・ウィルソンと個人的な関係があるとされ、白羽の矢が立てられたと考えられている。

しかし、李は独立達成のためには、国際連盟による委任統治という前段階を経た方が良いと主張したことから、上海で実際に臨政の活動を行っていた運動家と対立。一九二〇年十二月に上海入りした際には、その名目的な地位とは裏腹に完全に孤立しており、翌一九二一年五月には上海を去ってしまった。

その後も、一九二五年まで李は名目的な大統領の地位にとどまったが上海には戻らず、上海に残ったメンバーの間でも地域閥や思想上ないしは路線上の対立（たとえば、朝鮮の独立派は朝鮮人みずからが実力を養ってから達せられるべきとする安昌浩らの「民力養成論」と、武装テロによる独立を目指す李東輝らの「即戦即決論」派の対立など）から内紛が絶えなかった。

対日宣戦時の主席・金九

結局、一九二五年以降、主導権を握った金九により武装闘争路線が採択され、各種の反日テロが展開されていくことになる。

金九（図2。本名は金昌洙、号は白凡）は、一八七六年八月二十九日、黄海道海州に生まれた。

図2　金九の肖像を取り上げた500ウォンの普通切手

彼の名が歴史に初めて登場するのは、韓国では〝鴟河浦義挙〟と呼ばれている一八九六年の日本人・土田譲亮に対する強盗殺人事件である。

事件について、金九は、前年（一八九五年）の閔妃殺害事件に憤慨して、倭奴《ウェノム》（日本のクソ野郎という程度の意味で、草履や下駄の鼻緒を豚の蹄になぞらえた〝チョッパリ〟とならぶ侮蔑語）に対する懲罰として日本陸軍の中尉であった土田を殺害したと主張している。しかし、じっさいには土田は長崎県出身の商人だし、彼と閔妃事件の関係を立証することは困難である。さらに、土田の殺害後、金は金品を奪って逃走しているから、事件の本質は〝義挙〟でもなんでもなく、単なる強盗殺人というのが適切だろう。ちなみに、逮捕後の取調調書によると、そもそもの事件の発端は「食事を注文した時に女性の給仕が自分より先に土田に食膳を与えるのを見て憤慨した」というもので、それが事実なら、事件を独立運動家の義挙と見ることは不可能である。

さて、逮捕後の金九は、強盗殺人犯として死刑判決を受けたものの、後に特赦により減刑。さらに脱獄して、一八九九年、黄海道各地での学校設立運動などを行っていた。

その後、一九一九年の三・一独立運動に参加した後、上海に亡命して臨政の設立に参加。一九二一年にはソヴィエト・ロシアから朝鮮の共産主義者に流れた政治資金が臨政に上納されない（ソヴィエト・ロシアは臨政を正規の〝亡命政権〟として承認していないのだから、当然なのだが）ことに怒って、配下の青年たちに韓国人共産主義者の暗殺を指示。実際、翌一九二二年十一月には呉冕稙と盧鐘均を刺客として放ち、朝鮮人共産主義者の金立を殺害した。

さて、臨政の実権を握った金九は、一九二七年、臨政に国務委員制を導入するなど組織を改組したほか、在米韓国人に手紙で金を無心するなどして資金を工面。最小の犠牲で最大の効果が得られる〝義烈闘争〟を決心し、一九三一年、その実行部隊として地下組織の韓人愛国団を組織した。

抗日の〝義士〟たち

韓人愛国団が得意としていたのは爆弾テロで、金九を黒幕に、実行犯の李奉昌が東京で昭和天皇の車列に手榴弾を投げたり（ほとんど被害はなし）、尹奉吉が上海での天長節記念式典に際して水筒に仕込んだ爆弾を投げつけて日本政府・軍の要人を死傷させたりするなどの〝義挙〟を起こしている。

このうち、李奉昌（図3）は、大韓帝国末期の漢城府龍山坊（現ソウル特別市龍山区）で李鎮球の次男として一九〇〇年に生まれた。幼年時代に生家が没落し、私立文昌学校を卒業後は、一九一九年に十九歳で南満洲鉄道株式会社が委託経営していた朝鮮鉄道局に就職する。一九一九年といえば、朝鮮では三・一独立運動の起こった年で、民族独立の空気が横溢していたはずだが、その時期に鉄道局に就職したということは、根っからの反日思想の持ち主ということではなかったらしい。

図3　李奉昌を“義士”として顕彰した1982年の韓国切手

朝鮮鉄道局では、駅員として龍山駅操車課で勤務していたが、女好きで麻雀にはまって借金を作り、一九二四年四月、退職金で借金を清算するために辞職。退職金も底を尽いて生活に困った一九二五年十一月、大阪に渡り、木下昌一を名乗ってガス工事の作業員になった。その後は、一九三〇年三月に上京し、松井和夫という日本名を名乗って、現在の築地市場（一九三五年開設）の近くにあった漬物屋に就職した後、はやくも七月には本郷のカバン店に転職。しかし、このカバン店から十一月末に売上金二百四十円を盗み、年末のどさくさに紛れて上海へ高飛びする。

上海での李は、持ち逃げした二百四十円の金が尽きると、閔行路の栄昌公司で蓄音器のセールスマンをして糊口をしのいでいたが、新米セールスマンの薄給で、東洋一の歓楽街・上海で飲む・打つ・買うの三拍子揃った生活を送っていれば経済的に破綻するのは誰の眼にも明らかで、またもや、彼は生活に窮することになる。

そこで、李はアングラ・マネーを潤沢に持っていそうな独立運動の地下組織に目をつけ、一九三一年に韓人愛国党の事務所を訪れ、昭和天皇の暗殺を申し出て武器と資金を受け取り、同年十二月に氷川丸で神戸に渡った。船中での李は、あいかわらず、麻雀をしながら女の話ばかりしていたという。

　日本に上陸した後は、韓人愛国党から受け取った金で大阪市内の木賃宿に泊まりながら、カフェーや遊郭を遊び歩く日々を過ごし、十二月二十二日に上京。その後は浅草の尾張屋旅館に宿泊し、またもや遊蕩三昧の生活をしていた。

　この間、新聞で昭和天皇の車列が一月八日の正午前に桜田門外を通ることを知った李は、犯行の前々日、たまたま知り合った憲兵・浅山昌一からもらった名刺を悪用して、警備を突破し、昭和天皇の車列に手榴弾を投げつける。

　もっとも李は、昭和天皇の車と宮内大臣の車を勘違いし、宮内大臣の車に手榴弾を投げつけ、近衛騎兵の馬も軽傷を負っただけで天皇は無事だった。

　当然のことながら、李はその場で現行犯逮捕され、大逆罪で九月三十日に死刑判決を受けて十月十日に東京の市谷刑務所で処刑されている。

図4　尹奉吉を"義士"として顕彰した韓国切手

　一方、尹奉吉（図4）は、大韓帝国末期の一九〇八年六月二十一日、朝鮮半島中西部よりやや南の忠清南道禮山郡徳山面で生まれた。ちなみに、彼の出身地である忠清道（南道・北道とも）は他の地域に比べて旧韓国時代の支配階級であった両班が多く、既得権を破壊する日本への反感が強い地域だったという。

　尹本人は両班ではなく、いわば日本の植民地化政策の恩恵で近代教育を受けることができるようになった農民の子だったが、十二歳の時に起こった三・一独立運動に刺激されて徳山公立普通学校を退学。近在の儒者の門下生となって漢学を学んだ。漢詩の才能に優れ、若き漢詩作家として将来を嘱望されるようになった尹は、十五歳の時、裵用順と結婚。二人の子供をもうけている。

　一九二八年、十九歳になった尹は、地元の一青年が墓域で親の墓を探すのに手当たり次第に他人の墓標を抜き取ったものの、無学の彼は元の位置に墓標を戻すことができなかったという事件を目撃。これをきっかけに、祖国滅亡は民衆の無知によるものと考えた彼は、義憤に駆られて自室を開放して私塾を開設し、農民の意識改革と啓蒙に乗り出す。彼の活動は京城（現ソウル）の新聞でも紹介されるなど注目を集め、私塾は規模を拡大して月進会、さらには復興院へと発展する。しかし、復興院の学芸会で、日本の植民地支配を風刺した劇を上演したことで当局からマークされ、尹の活動は大きく制約を受けた。

　このことに激昂した尹は、一九三〇年三月、妻子を捨てて満洲へ亡命。さらに、上海へ向かう。途中、宣川（現在は北朝鮮領内となっている平安北道の南部に位置する）で不穏分子として拘束されるものの、かえって、独立運動の活動家とも知り合いになるきっかけをつかみ、旅費を稼ぎながら一九三一年五月、念願の上海に到着。上海では野菜を売りながら、独立のためには対日テロも辞さないとする〝大韓民国臨時政府〟の中心メンバーと接触し、爆弾テロの実行犯となることを志願した。

一九三二年四月二十九日、上海の虹口公園では、昭和天皇の誕生を祝うとともに、同年一月に勃発した上海事変の戦勝を祝う式典が行われていた。当日はまず、戦勝祝賀行事が行われ、続いて天長節の式典に入り最初の「君が代」斉唱が終わる寸前、尹は壇上に列席の日本側要人に向けて水筒に仕込んだ爆弾を投げつける。爆音とともに、壇上の白川義則（上海派遣軍司令官）、植田謙吉（第九師団長）、野村吉三郎（第三艦隊司令長官）、重光葵（駐華日本公使）、村井倉松（上海総領事）、河端貞次（上海居留民団長）、友野盛（居留民団書記長）が重傷を負い（このうち白川と河端はその後死亡）、周辺の人を含め多数の死傷者を出す大惨事となった。

事件後、尹は弁当箱に仕込んだ爆弾で自殺を試みたが、その場で逮捕され、上海派遣軍の主力部隊である第九師団による軍法会議で五月二十一日に死刑判決。その後、身柄は大阪を経て、第九師団所在の金沢に連行され十二月十九日に銃殺刑に処せられた。享年二十四歳。

国際社会からは無視されていた臨政

こうして、すっかり〝テロリストの頭目〟となった金九に対して、日本政府は巨額の懸賞金をかけて行方を追及したが、その一方で、満洲事変で日本と対立することになった蔣介石の中国国民政府（以下、国府）は、一九三二年以降、金九個人に対して活動資金を援助するようになる。さらに、一九三七年、いわゆる日中戦争（支那事変）が勃発し、日本軍が上海を占領すると、金九ら臨政の面々も国府に従って重慶に脱出。一九四〇年に光復軍総司令部を創設し、日本の対米英宣戦布告翌日の一九四一年十二月九日、かの地で日本に対して宣戦を布告した。

第二次大戦以前の世界では、アジア・アフリカ地域の大半は植民地支配下にあったから、大韓民国臨時政府も、名称はどうあれ、その他地域の独立運動組織と同様の存在とみなされていたが、連合国・枢軸国の双方から、国際的に正規の〝亡命政府〟として承認されることはなかった。したがって、彼らの発した〝宣戦布告〟も国際法上は何の効力もないものでしかない。ちなみに、実質的に日本の属国ないしは傀儡政権とみなされていた満洲国でさえ、ドイツ、イタリア、スペイン、バチカンなど二十三ヵ国から国家承認を受けていたから、臨政のプレゼンスはかなりお寒い状況で、ロンドンに拠点を構えていたポーランドやフランス、オランダの亡命政権に比べるとはるかに格下の存在というのが国際的な理解だった。

このため、日本の敗戦後、朝鮮半島の三八度線以南に進駐した米軍は（そもそも、国際社会が朝鮮を戦勝国と認知しているなら、朝鮮半島を米ソ両軍が分割占領することはあり得ない）、ただちに臨政の正統性を否定することを宣言しているし、一九四八年の大韓民国成立後、大統領の李承晩が出した対日講和条約に戦勝国として参加したいという要求も米英によって一蹴されている。

こうしたことから、日本との戦争が

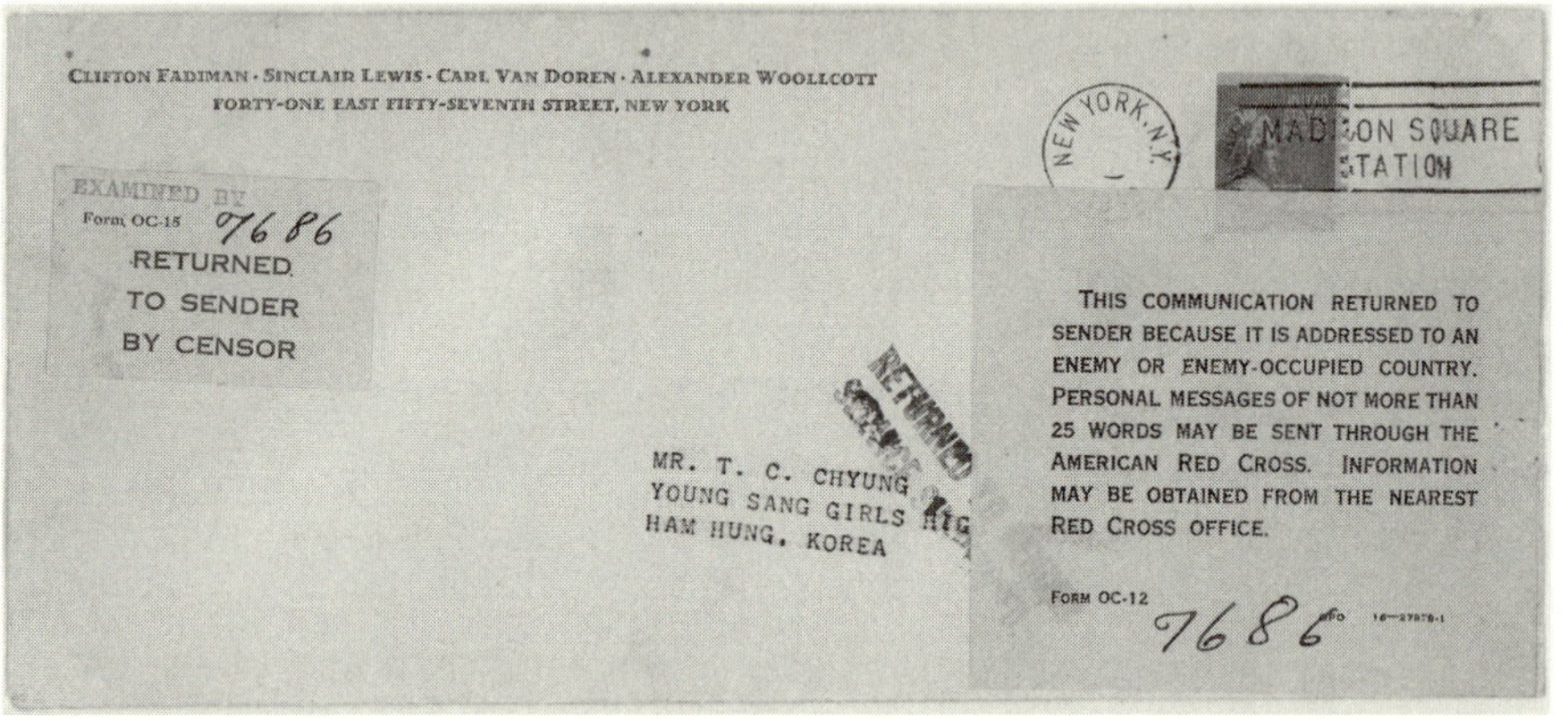

図5　太平洋戦争中、アメリカから朝鮮宛に差し出されたものの“敵国宛”ということで差出人に返送された郵便物

始まった時点での連合諸国の間では、朝鮮が日本の支配下にある地域であることに疑念をさしはさむ者は現実には皆無であった。

図5の郵便物は、一九四二年、ニューヨークから朝鮮北東部の咸興宛に差し出されたものだが、取扱停止で差出人に返送されたもので、事情を説明した付箋には〝この郵便物は敵国または敵国地域宛のものなので差出人に返送いたします〟という趣旨の英文がしっかり印刷されている。これを見ても、〝朝鮮は日本の一部〟というのが当時の国際的な常識であったことがうかがえる。

抑圧された韓国を救え

第二次大戦に参戦した米国は、自らの戦争目的を「ファシズムに対して自由と民主主義を守ること」であると主張した。

第二次大戦中の一九四三年十一月、ローズヴェルト、チャーチル、蒋介石の三国首脳は「朝鮮人民の奴隷状態に留意し、しかるべき順序を経て朝鮮を自由かつ独立のものとする」ことをうたったカイロ宣言を発表する。この一項は、中国の強い要望を容れるかたちで盛り込まれたものだが、のちに、ソ連もこれを承認。その結果、ともかくも日本降伏後の朝鮮の独立ということが連合諸国の基本方針として確定した。

　そのことを反映するかのように、一九四四年十一月、米国は太極旗（旧大韓帝国の国旗で、現在の大韓民国国旗）を大きく描いた切手（図6）を発行した。

図6　1944年11月に“抑圧されている国々”シリーズの1枚に取り上げられた韓国

　一九四三年から一九四四年にかけて、アメリカは〝枢軸国に抑圧されている国々〟をテーマとした十七種類のシリーズ切手を発行した。切手はいずれも、中央に抑圧された国の国旗を描き、左側にはアメリカを象徴するワシを、右側には解放を象徴する女神を描くという統一の形式によっている。韓国を取り上げた切手はその最後の一枚として登場した。

　たしかに韓国も、枢軸国の日本によって〝抑圧されている国〟といえなくもないのだが、韓国が日本の植民地になったのは一九一〇年のことで、これを第二次世界大戦と結びつけるのはかなり無理がある。そもそも米国は一九〇五年に、日本の首相・桂太郎と、特使のタフト（当時、陸軍長官。後に大統領）との秘密協定により、自らのフィリピン支配を日本に認めさせる代償として、韓国における日本の優越権を認めており、日本が朝鮮半島を植民地化することに〝お墨付き〟を与えていたという経緯もある。

　それにもかかわらず、米国があえて韓国を切手に取り上げたのは、日本によって〝抑圧されている国〟の実例として挙げられるのが、他になかったためと考えられる。

　太平洋戦争中の日本軍占領地域の大半は、開戦以前、連合諸国が植民地支配を行っていた。それゆえ、ビルマやフィリピンなどを〝日本によって抑圧されている国〟と非難するなら、戦前、これらの地域を支配していた英国や米国も〝抑圧者〟ではないのか、という疑問が投げかけられることになる。これは、ファシズムに対して自由と民主主義を守るためという〝正義の戦争〟を標榜する連合国にとって天に唾する結果になりかねない。

　そこで、米国としては「日本はアジアの解放を唱えながら朝鮮や台湾を植民地化し抑圧しているではないか」と言い出したわけである。

米国切手に描かれた太極旗

　ただし、米国が朝鮮半島の状況を正確に理解したうえで、その解放を真剣に考えていたかというと、どうもそういうことではないようだ。

　たとえば、この切手に描かれている太極旗のデザインを見ていただきたい。

　旧大韓帝国の国旗でもあった太極旗は、朝鮮王朝時代の一八八二年八月、朝鮮の特命全権大使にして修信使（この場合は、一八八二年七月二十三日に漢城で発生した〝壬午事変〟に際して、日本公使館が襲撃され、日本人の軍事顧問や公使館員が殺害された件を謝罪するための使節）であった朴泳孝が日本に向かう明治丸の船中でその原型を考案したとされている。ただし、同年七月に米海軍省航海局の発行した『海上国家の旗』には、太極旗を思わせるデザインの旗が図版として採録されており、朴泳孝の航海以前に何らかの国旗制作作業が進められていた可能性も否定できない。

　さて、船上で朴が考案したという太極旗のプロトタイプは、中央に青と赤で陰陽を表現した太極文様（ただし、太極文様の陰陽は単色で表現されるのが一般的で、韓国の国旗に見られるような二色使いのものは中華文化圏の伝統からすると例外的である。図7）を描き、その周囲に八卦を配するデザインだった。古代から中華世界で行われてきた易では、陰（－－）陽と（――）を示す記号の爻《こう》を三つ組み合わせ

部分拡大

図7　清朝の葉書の周囲には、一般的な形式の太極文様が単色で印刷されている

て、方位や吉凶などを表現した。この組み合わせが八通りあることから、それらを総称して八卦という。

しかし、英国人船長ジェームスから、八卦が複雑で区別しにくく、朝鮮国旗として他国が制作する場合に誤りが生じやすいとの指摘があったため、八卦のうち半分の四つを削って、残りを四十五度傾けて四隅に配するというパターンに改められた。ちなみに、現行の太極旗に取り上げられている卦は、左上が天を示す〝乾〟、右下が地を示す〝坤〟、右上が月を示す〝坎〟、左下が日を示す〝離〟である。

太極旗のデザインは、卦の大きさや位置、太極の構図などが細かく変化しており、朴泳孝の時代から一九四五年の解放までの約六十年の間にもさまざまなヴァリエーションがつくられた。その主なものは、現在、ソウル地下鉄の独立門駅にもパネルとして掲げられている（図8）。

パネルの太極旗と比べてみると、一九四四年に米国が発行した切手の太極旗は、中央の太極文様が十九世紀のスタイルのままとなっており、第二次大戦中に使われたものとは異なっている。米国政府が臨政を正規の〝亡命政権〟として認知していたのであれば、当然、国旗のデザインも臨政側に照会の上、当時の正式な太極旗を正確に切手上に再現したと思われるが、現実にはそうなっていない点に注目したい。

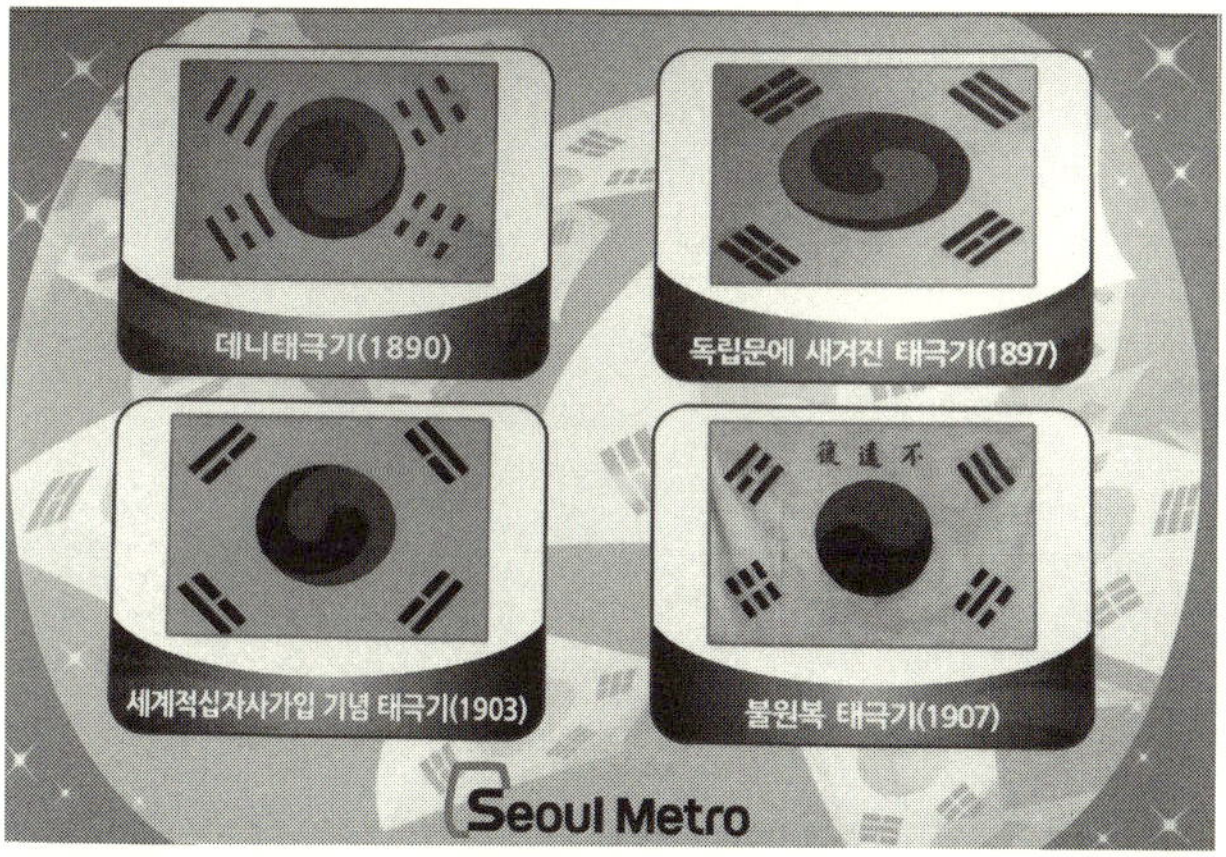

図8　ソウル地下鉄の独立門駅の壁面に掲げられた太極旗のヴァリエーション

ちなみに、米国は一八九五年に、朝鮮王国の切手製造を請け負っているが、そのときの太極旗の文様もこの切手と大同小異で正確とは言いがたい。このことは、〝韓国〟に対する米国の理解が、五十年たっても一向に深化しなかったことを物語っている。

いずれにせよ、米国が〝抑圧されている国々〟の一つとして韓国を取り上げたのは、あくまでも目の前の敵である日本を非難するための手段でしかなく、太極旗の文様が多少間違っていようと、そんなことは些事でしかないと考えられていたように見えてしまうのは、筆者だけではあるまい。

八月十五日の朝鮮人兵士

一方、一般の朝鮮人は、一九四五年八月十五日に玉音放送で〝終戦〟を知らされるまで、自分たちは大日本帝国の臣民として鬼畜米英と戦うものと考えていた。

たとえば、図9の葉書を見ていただこう。これは、〝終戦の日〟にあたる一九四五年八月十五日、朝鮮半島西南端の木浦郵便局から朝鮮人兵士が差し立てた葉書である。

朝鮮では、一九三八年年二月に公布された陸軍特別志願兵令に基づき、同年から志願兵制度が実施されていた。応募資格は、

①年齢十七歳以上

②小学校卒業もしくは同等以上の学力を有する者（特に、日本語のコミュニケーション能力が重要だった）

③思想堅固かつ身体強健

④軍隊に入っても一家の生計に支障のない者

というもので、初年度は四百名の募集に対して約二千九百名が応募した。その後、一九四四年に徴兵制が導入されるまで、応募者数が募集をはるかに上回る状況が一貫して続き、一九四三年度は五千三百三十名の募集に対して、実に三十万人を超える応募があった。

この点について、自発的に志願した者は少なく、総督府

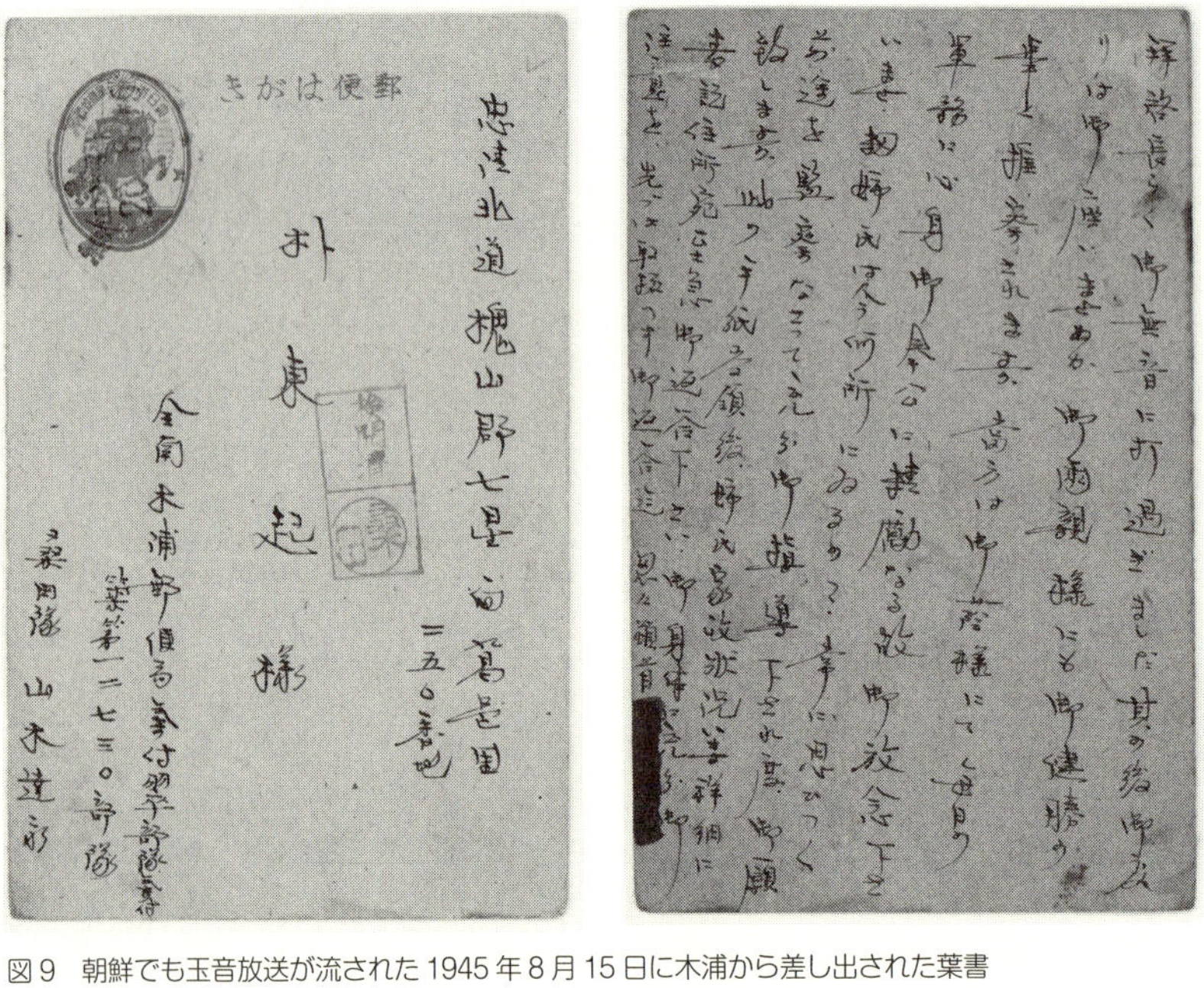

図9　朝鮮でも玉音放送が流された1945年8月15日に木浦から差し出された葉書

の意を汲んだ各道が警察官を使うなどして競い合って動員をかけた結果だという見方は成立しうる。しかし、当時の朝鮮の若者の間では日本の官庁・企業のスタッフが人気の職業であったことを考えると、日本の支配機構の一端に連なる〝志願兵〟という立場に魅力を感じる者が少なからずいても不思議ではない。

そもそも、志願兵に応募した若者の多くは、当時の朝鮮でも〝中の下〟以下の生活水準の者であった。彼らにとって、給料とは別に一定水準以上の衣食が保証されていること自体が魅力的だったろうし、軍隊生活を通じて得られる教育や人脈などが除隊後の生活にもたらすであろう便益について考える者もあったにちがいない。この点は、日本国内であっても、小作農の次男・三男として生まれた旧日本兵の回想録に「軍隊は必ずしも悪いところではなかった」との記述がしばしば見られることを想起すれば容易に想像がつく。

なお、一九四四年に導入された徴兵制によって兵役に就いた者も含めると、約二十一万人の朝鮮人が陸海軍人として動員され、そのうち約六千四百人が死亡している。〝日本軍〟の体験者は、数量的にも、朝鮮社会では決して無視することのできない存在であったといってよい。

さて、この葉書は山木達郎から父親の朴東起宛に差し出されている。両者が親子関係にあることは、裏側の文面に「御両親様にも御健勝の事と握察されます」との文面があることからわかる。

ときどき、「日本の支配下で朝鮮人は創氏改名によって強制的に日本風に名前を改めさせられた」という類の記述や発言などを見聞することがあるが、これは正確ではない。

たしかに、郡とか面、里といった地域の行政の末端では、管轄地域の朝鮮人に対して日本名を名乗るよう、さまざまな圧力をかける官吏もいたであろうが、日本風の名前への〝改名〟は、制度上は、あくまでも本人の自由意志に基づくもので、その手続きには手数料さえ徴収された。

これに対して〝創氏〟は、夫婦別姓の朝鮮でも日本同様の家族単位の戸籍を作るため、氏を作成したことで、こちらは強制であった。ただ、創氏によっても改名を強要されるわけではないが、本貫や族譜を命の次に重んじるとされる朝鮮人にとっては、日本風の〝氏〟を強要されることは、やはり気分の良いものではなかったであろう。

いずれにせよ、日本統治下の朝鮮に在住していた朝鮮人で日本名に改名した者は全体の九・六％、日本内地在住の朝鮮人でさえ、一四・二％でしかない。どちらにしても、日本風の名前を名乗っていた朝鮮人は少数派である。したがって、この葉書のように、〝日本兵〟として日本名を名乗る息子が、今までどおり朝鮮名を名乗ったままの父親に葉書を書くということも決して珍しいことではなかった。

ところで、葉書には「軍務に心身御奉公に精勵なる故御放念下さい」との文面も見える。これを読む限り、差出人は、終戦などまだ先のことで、自分の軍隊生活も当分続きそうだと考えていたのではないかと推測される。

この差出人が志願兵の条件に当てはまる〝思想堅固〟な人物であったかどうかはわからない。ただ、昭和天皇の玉音放送があった一九四五年八月十五日の午前中まで、ほとんどの朝鮮人は、自分たちは当面〝日本人〟として米英と戦い続けなければならないと考えていたわけで、この葉書もそうした彼らの生活の断片といってよい。

ソ連の朝鮮侵攻準備と金日成

ところで、一九四三年十一月のカイロ宣言は、最終的に朝鮮を日本から解放して独立させるという目標を掲げていたものの、日本の降伏は一九四六年以降にずれ込むものと考えていた米国は、実際に日本が降伏した一九四五年八月の段階では、朝鮮については信託統治下に置くという以外、なんら具体的なプランを持っておらず、沖縄を最前線として来るべき九州上陸作戦の準備を進めていた。

これに対して、ソ連は、早くから、来るべき日本との戦闘に備えて、金日成こと金成柱ら朝鮮人共産主義者に対する軍事訓練を行っていた。

後に北朝鮮の〝首領様〟となる金日成は、一九一二年四月、平壌郊外の万景台の農家に生まれた。本名は金成柱。日成は抗日闘争期に名乗った名で、当初は朝鮮語で同音の一星と表記することもあったようだ。

一九二〇年代から、朝鮮人の間では「〝キム・イルソン将軍〟が抗日闘争を続け、〇〇で日本側に大きな打撃を与えた」「いつか、〝キム・イルソン将軍〟が日本軍を破って朝鮮に凱旋する」という噂がささやかれていた。

〝キム・イルソン将軍〟の名前は、日本に対するさまざまな抵抗運動と結び付けて語られ、将軍の名前は特定の一個人というよりも、実名を出すことのできない非合法活動家の集合名詞として使われ、漢字の表記も金日成のほか、金一星、金日星、金一成などさまざまであった。

また、そうした伝説の将軍にあやかろうと、自ら〝キム・イルソン〟を名乗る活動家もいた。金成柱もまたその一人であった。

さて、金成柱は十二歳で家族とともに満洲へ移住。撫松小学校、華成義塾を経て、吉林毓文中学校在学中から共産主義に興味を持ったとされているが、この段階で彼がマルクスやレーニンの著作を理解していたか否かについては大いに疑問がある。ただし、一九二七～二八年には中国官憲により吉林省で逮捕されており、ある程度、民族独立の気概をもって活動を行っていたことは事実と思われる。

釈放後の金成柱は非合法の反日活動に参加して、一九三一年十月、当時のコミンテルンの一国一党原則に従い中国共産党（以下、中共）に入党。翌一九三二年には、中共の指導下で、豆満江沿岸で抗日パルチザンを組織して抗日武装闘争を展開したといわれている。一九三五年二月には中共系の東北人民革命軍第二軍第二独立師第一団第三師隊長に就任。その後、同じく中共系の抗日聯軍第一路軍第二軍第六師・師長、同第二方面軍・軍長として活動した。

このパルチザン時代の最大の〝功績〟とされているのが、一九三七年六月四日に起きた普天堡事件である。

この日、金成柱ひきいるパルチザン部隊は、朝鮮と満洲国の国境地帯、咸鏡南道（現在の北朝鮮の行政区分では両江道）の甲山郡普天面保田里（普天堡）で駐在所を襲撃。当時、駐在所には二人の朝鮮人を含む五人の警察官がいたが、犠牲になったのは警察官ではなく、彼らのうちの一人の妻と幼子だった。

金成柱らは駐在所から武器弾薬を奪った後、面事務所（村役場）や郵便局も襲い、書類に火を放ったが、その火は近隣の小学校も延焼させている。さらに、近隣の商店と住宅も襲撃に遭い、現金合計四千円（当時としてはそれなりの大金である）が奪われた。

襲撃後、金成柱らはいったん満洲方面に引き上げたが、翌日、日本の警察が追撃したところへ引き返して銃撃戦になり、日本側は七名の警察官が殉職している。

普天堡は人口千四百人弱の寒村だったが、鉄道・恵山線の終点、恵山鎮に近いことから、日本側は鉄道に対するテロを警戒し、事件の首謀者である金成柱は二千円（最終的には二万円まで増額）の懸賞首となった。

普天堡事件は、文献記録で確認できる限り、〝金日成〟と日本の官憲との唯一の直接の戦闘であり、北朝鮮は、この戦闘を若き〝首領様〟の最大の業績として喧伝している（図10）。しかし、事件の概要を冷静に見るかぎり、単なる強盗・放火・殺人事件というのが妥当であろう。しかも、朝鮮解放のための抗日の戦いという美辞麗句とは裏腹に、事件によって、朝鮮人の商店・住宅や地元の小学校も少なからず被害に遭っているわけで、当時の朝鮮人にしてみれば〝ありがた迷惑〟以外のなにものでもないと

図10　普天堡の戦いを顕彰する北朝鮮切手

図 11　パルチザン闘争時代の金成柱・金貞淑夫妻の写真を取り上げた金日成生誕 90 周年（2002 年発行）の北朝鮮切手。ヴャツコエ時代の 1941 年 3 月 1 日の写真が使われている

図 12　第 1 次世界大戦中、ハバロフスクの捕虜収容所から中部シベリアのアチンスクの収容所宛てに差し出されたドイツ系捕虜のはがき。名宛人の所在不明でハバロフスクに戻される過程で、ヴャツコエの軍事施設を通過したことを示す印が押されている

いってよい。

当然のことながら、事件後、当時の朝鮮の治安に責任を負う立場の日本側は、朝鮮内における非合法独立活動の取締りを強化。一九三七年十月には、共産ゲリラ勢力の指導者を一網打尽に逮捕する恵山事件が起こり、満洲との国境地帯での抗日武装闘争は事実上、不可能になった。

このため、金成柱を含む抗日パルチザンはあい次いでソ連領内に逃亡。金成柱も一九四〇年末ごろ、最初の妻である金貞淑とともにソ連領に逃れている（図11）。

金貞淑は、一九一七年、咸鏡北道・会寧の生まれ。五歳の時に母親とともに満洲の間島へ渡ったが、母の死後、一九三五年に十六歳でパルチザン部隊に炊事婦として入隊。後に東北抗日聯軍第二軍第六師（師長・金成柱）の部隊付となり、一九四〇年頃、金成柱と結婚した。

アムール川を渡ってソ連領内に逃れた東北抗日聯軍の面々は、沿海地方のヴォロシーロフ・ウスリースク郊外に北野営（または野営A）、トルクメニスタンのケルキ郊外に南野営（または野営B）を設け、ソ連軍の軍事訓練を受けた。

一九四一年六月、独ソ戦が勃発すると、ドイツとの同盟に基づき背後から日本がソ連に対して攻撃を仕掛けてくることを恐れたソ連は、上記の野営地をベースに、満洲から逃れてきた中国人および朝鮮人の遊撃隊員による第八八独立狙撃旅団（以下、八八特別旅団。なお、中国側は抗日聯軍第八八独立歩兵旅と呼んでいる）を編成した。

旅団は、ハバロフスク郊外のヴャツコエに配置された。極東の政治的中心地であるハバロフスクから近く、帝政時代から軍の関連施設があった（図12）ためであろう。旅団長は中国人の周保中。旅団全体の人員は最終的には千五百人以上にもなったが、朝鮮人はソ連国籍を持つ〝ソヴィエツキー・カレイスキー〟を含めても全体の一割程度にすぎず、中国人が圧倒的多数を占めており、中国語（北京語）が共通言語だった。

金成柱も同旅団の第一独立狙撃大隊長としてソ連赤軍の大尉の階級を与えられ、中国共産党東北東組織特別支部局委員会常任委員、同委員会朝鮮工作団責任者などを歴任しつつ、ヴャツコエでソ連軍による軍事訓練を受けていた。

ソ連の対日参戦から一般命令第一号へ

さて、金成柱は一九四三年と一九四四年の初めに一度ずつ、周保中とともにモスクワへ渡っている。当時は、まだソ連の対日参戦は具体的に検討される段階にはなっておらず、金成柱らのモスクワ訪問の目的も、ドイツに占領された東欧諸国の共産主義者を中心とする熱誠者会議に参加することであった。ただし、この機会を通じて、金成柱はソ連共産党とも直接のコネクションを持つようになり、その後の出世の足掛かりをつかむことになる。

八八特別旅団は、ソ連が日本と戦うことになった場合、その先陣を切って朝鮮半島に乗り込むことになっており、金成柱夫妻も訓練に励んでいた。

一九四五年八月九日、ソ連は日ソ中立条約を破って日本に対して宣戦を布告。満洲（中国東北部）の関東軍に対して攻撃を開始し、同十三日、朝鮮北部の清津港攻撃作戦を開始し、十六日には同港を占領した。

しかし、対日戦の戦場では金成柱の出番はなかった。

すなわち、金成柱はソ連赤軍の極東司令官、マリノフスキー（図13）に対して「祖国解放の戦いに参加させてほしい」と二度にわたり手紙を出したが、マリノフスキーは返事を出さなかった。そこで、彼は部隊を率いて朝鮮との国境にあたる豆満江に向かったが、司令部から「君たちのやるべきことは他にあるから帰りなさい」と叱責され、すごすごとヴャツコエに戻っている。

図 13　マリノフスキーを取り上げたソ連切手

一方、日本の敗戦後、自分たちが朝鮮に進駐する以前に、ソ連が朝鮮全土を占領することを危惧した米国は、朝鮮を米ソの共同管理に持ち込むためには、ソウルを含むできるだけ広い範囲を占領することが必要と考え、ソ連に対して、日本全土をアメリカが単独占領する代わりに、朝鮮については北緯三八度のラインで両国が分割占領することを提案。ソ連は千島を占領することを条件にこれを承認する。

こうして、同年九月二日、東京湾停泊中のアメリカ軍艦ミズーリ号上で日本の降伏文書が調印されると（図14）、連合国軍最高司令官のマッカーサーは、各地の日本軍の降伏を受理する担当国を指定するために、連合国（軍）最高司令官総司令部一般命令第一号（一般命令第一号）を発した。

このうち、朝鮮半島に関しては、北緯三八度以北はソ連極東軍司令官が、同以南は合衆国太平洋陸軍部隊最高司令官が、それぞれ、駐留日本軍の降伏受理を命じた。

当初、占領の境界線となった北緯三八度線は、朝鮮を自立させるまでの暫定的なものとされていたが、ソ連はこれを封鎖し、北朝鮮における衛星国の建設を開始する。

じっさい、ソ連による三八度線の封鎖は極めて厳格で、ヒトやモノのみならず、郵便物の交換も厳しく制限された。

すなわち、戦争終結と同時に、敗戦国・日本から海外宛郵便物の取り扱いは停止され、日本と朝鮮半島との間の郵便網も寸断された（図15）。これに対して、一九四五年十一月十六日、私信の場合には個人の安否消息に関する葉書に限るなどの制約はあったものの、日本から海外宛郵便物の取り扱いが再開された。しかし、ソ連占領地域宛の郵便物はその対象外とされ、北朝鮮に関しては一九四六年八月まで、日本から郵便物を送ることができなかった。

図16の封筒は、終戦直前の一九四五年八月九日、愛知県・大高から平壌宛に差し出されたものの、上記のような事情から、平壌に届けられることなく「本郵便物ハ送達不能ニ付一先返戻ス」との事情説明の印が押されて返送されている。

このように、郵便交換もままならないほどの閉鎖的な状況の中で、北緯三八度線以北では親ソ衛星国の建設が急ピッチで進められ、朝鮮半島では分断の現代史がスタートするのである。

図 14　降伏文書調印当日、ミズーリ号上の野戦郵便局から差し出された郵便物

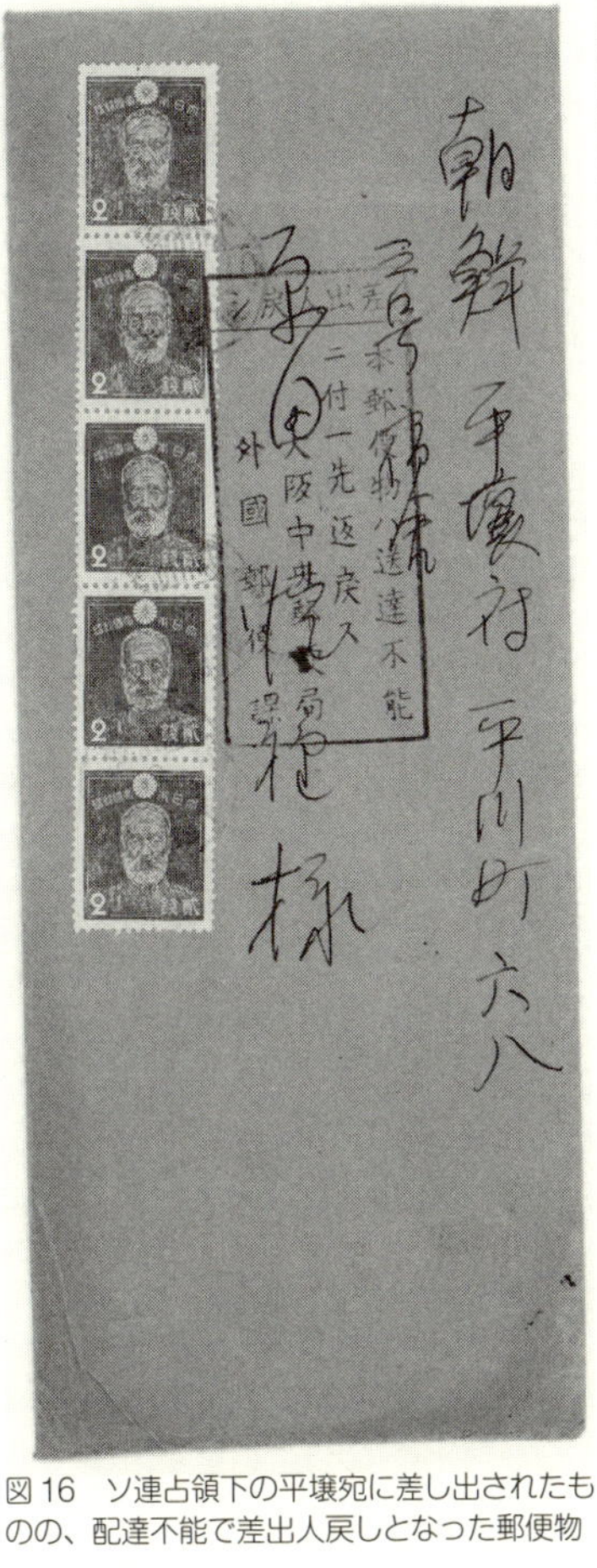

図 16　ソ連占領下の平壌宛に差し出されたものの、配達不能で差出人戻しとなった郵便物

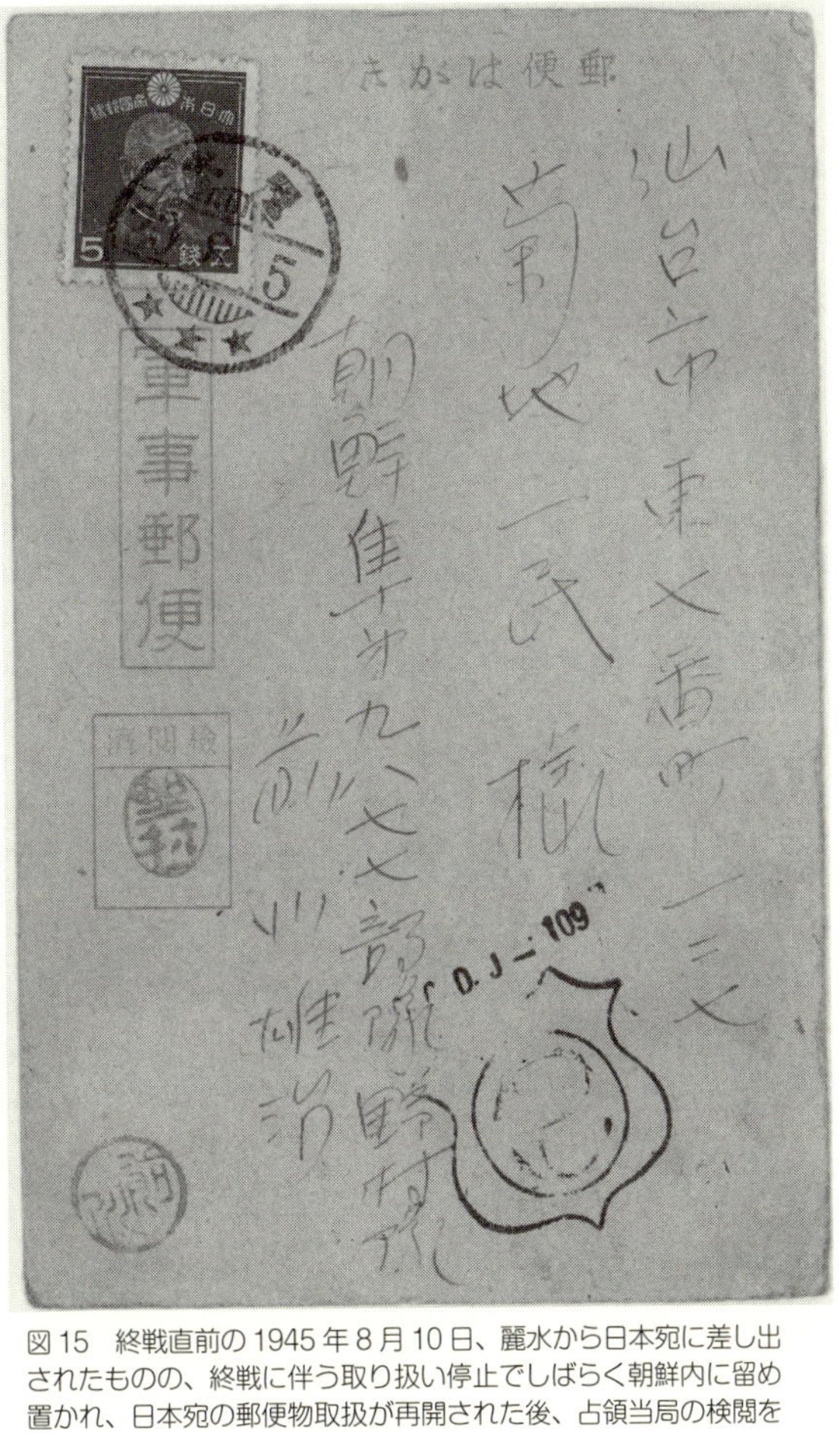

図 15　終戦直前の 1945 年 8 月 10 日、麗水から日本宛に差し出されたものの、終戦に伴う取り扱い停止でしばらく朝鮮内に留め置かれ、日本宛の郵便物取扱が再開された後、占領当局の検閲を受けて仙台まで配達された葉書

第二章　米ソによる南北分割占領——一九四五〜四八年

朝鮮建国準備委員会の幻

一九四五年八月十五日、大日本帝国の降伏に伴い、当時の朝鮮総督であった阿部信行と朝鮮軍司令官の上月良夫は、朝鮮総督府から日章旗を下ろし、太極旗を掲揚させた。

日本の降伏による政治的空白から朝鮮が無政府状態に陥ることを懸念した朝鮮総督府政務総監の遠藤柳作は、戦前からの独立運動家で、早くも八月十五日夜、朝鮮建国準備委員会（建準）を組織して委員長に就任していた呂運亨（図1）を呼び、民衆保護のための協力を要請する。

図1　呂運亨を取り上げた北朝鮮の切手

呂は一八八六年、京畿道楊州生まれ。一九一四年に中国に亡命し、南京の金陵大学英文科で学び、一九一八年、上海で新韓青年党を組織した。一九二〇年、上海の高麗共産党に入党し、一九二二年にモスクワで開催された極東諸民族大会に出席した。一九三〇年、非合法の共産主義者として逮捕され、朝鮮に移送の後、懲役三年の刑を受けたが、出獄後は一九三三年に朝鮮中央日報社の社長に就任。第二次大戦末期の一九四四年には、日本の敗北を確信して、朝鮮建国同盟を組織していた。

穏健な中道左派の独立運動家としての呂の立場を示す発言がある。一九四四年に葦津珍彦との会談の際に発せられたものだ。

ちなみに、葦津は呂よりも一世代下の一九〇九年生まれ。神道の理論家にして神社本庁の設立に深く関わった人物で、世間的には〝右翼の大物〟と言われている人物だが、〝東亜解放〟という観点から朝鮮の独立を支持していた人物である。

さて、葦津との会談で、呂は「日本敗戦後の（戦勝国による）対日弾圧は、徹底して厳しく、日本の諸君の想像以上の存亡の危機に立つ。朝鮮は形は独立するが、建国の人材に乏しく極東の弱小国にすぎない。この極東の状況は明白だし、この時こそ日韓両相扶け相和すべきの天機。私はその為に全力を尽くす」と語ったという。

じっさい、建準を組織するにあたって、呂は、日本留学を経験した宋鎮禹・曺晩植・金性洙・安在鴻ら知日派を糾合して、日本とも提携の上で独立朝鮮の国家建設を行うとの青写真を描いていた。

その意味では、朝鮮総督府としても、呂は〝解放〟後の治安維持への協力を求めやすい存在だったといってよい。

かくして、朝鮮総督府から行政権の事実上の権限移譲を受けた（と本人は理解した）呂は、安在鴻らとともに政治犯の釈放などを行っていた。そして、九月四日に全体会議を開き、同六日夜、京城市内の京畿高女講堂で全国人民代表者会議を開催して朝鮮人民共和国臨時組織法を採択し、朝鮮人民共和国の樹立を宣言する。

人民共和国は、あらゆる党派の政治指導者を網羅的に主要閣僚として指名していたが、主席に指名された李承晩をはじめ、そのほとんどは依然として朝鮮外にとどまっており、組織としての実体はなきに等しいものであった。それでも、このような宣言が採択されたということは、当時の朝鮮人独立運動家が解放イコール即時完全独立と無邪気に理解していたことのあらわれともいえよう。

とはいえ、実体のない人民共和国が朝鮮総督府に代わって朝鮮社会の秩序と安定を維持することなどできるはずもなく、日々治安が悪化していく状況を目の当たりにして茫然自失の朝鮮総督府は、朝鮮進駐の準備を進めていた米第二四軍に対して、次のような状況報告を行った。すなわち、

①八月二十九日のソ連軍進駐以来、非常に不安定な状況が続き、日本人の生命が危険にさらされている。
②日本軍は連合国の到着を待ちつつ治安を維持している。
③朝鮮人の間には共産主義者と民族独立を目指すアジテーターが蠢動しており、治安を乱している。
④朝鮮の暴民は警察に対して暴力を振るい、武器・弾薬を奪っている。
⑤ストライキが行われている。
⑥以上のような状況であるから、一刻も早く米軍に進駐してもらいたい。

この報告は、南朝鮮占領の司令官であるホッジに、決定的な予断を与えることになり、生粋の軍人であったホッジは、共産主義者による秩序の攪乱に対して非常な憤りをもって占領軍を率いて仁川に上陸することになった。

そもそも、戦勝諸国は建準による一連の動きを許容しなかった。なぜなら、終戦までの朝鮮は紛れもなく〝日本〟の一部であり、その処分は連合国の自由な裁量に委ねられ

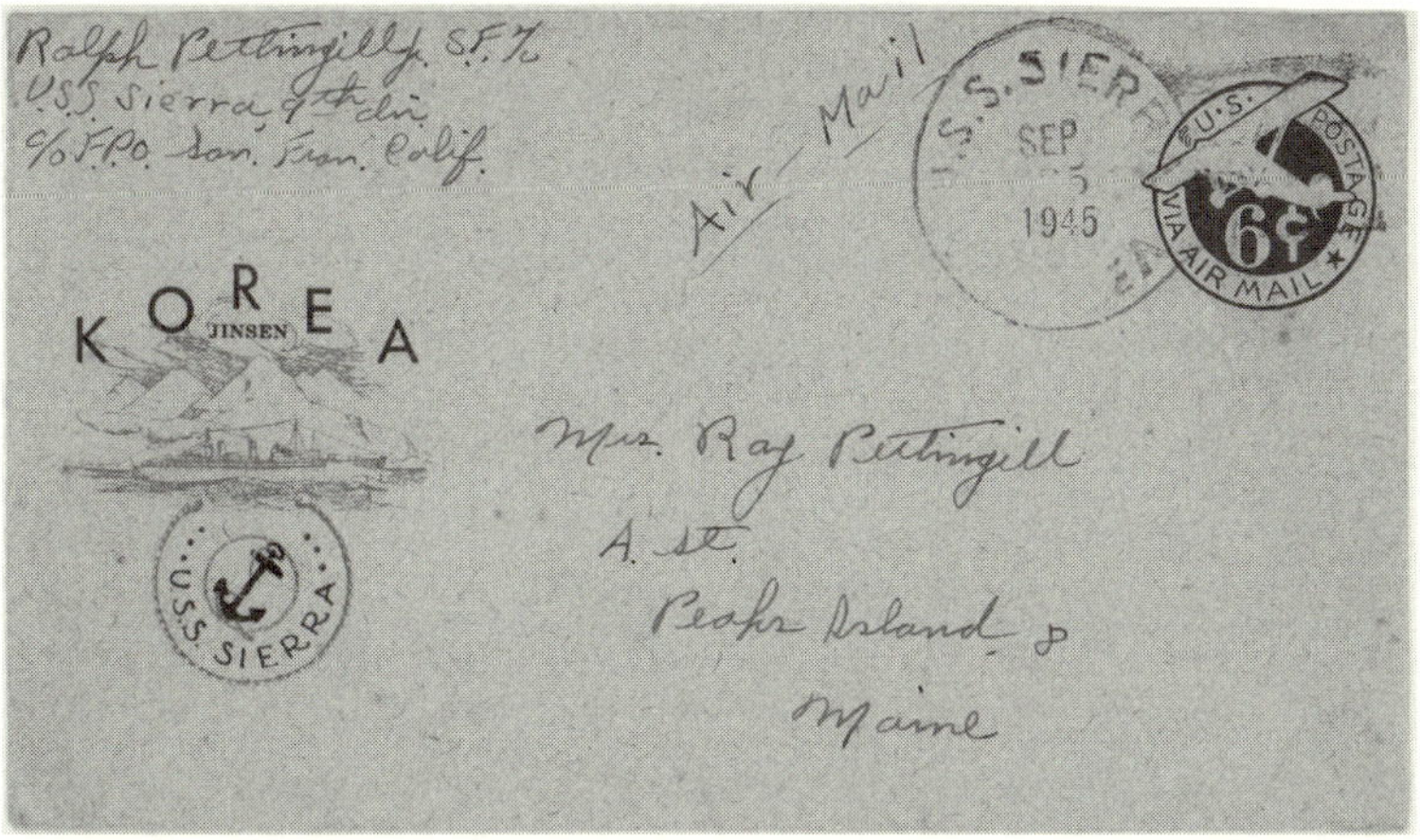

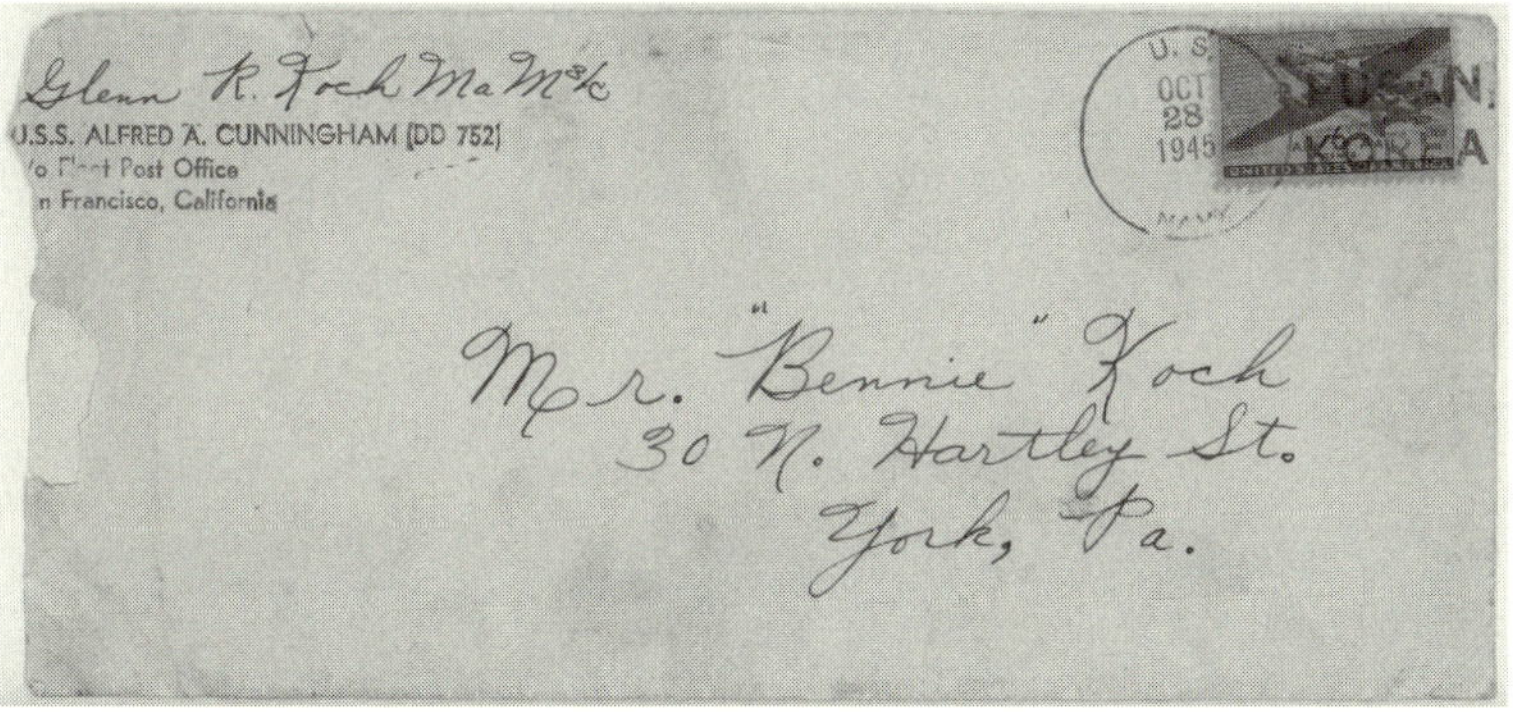

図2（上）　一九四五年九月、仁川に停泊していた米軍艦〝シエラ〟から差し出された封筒
図3（下）　一九四五年十月、釜山に停泊していた米軍艦〝アルフレッド・A・カニンガム〟から差し出された封筒

るべきだというのが彼らのコンセンサスだったからである。極論すれば、一般命令第一号によって、〝南朝鮮〟（一九四八年八月の大韓民国発足までは、これがこの地域の正式名称である）に進駐してきた米軍にとって、南朝鮮と沖縄は、彼らが直接軍政を施行する占領地という点で本質的になんら変わりはない。

たとえば、終戦直後の一九四五年九月、朝鮮に進駐した米海軍の駆逐艦母艦（駆逐艦などの小型艦艇に対して消耗品などの補給や乗員の休息設備を提供するための艦艇）であった〝シエラ〟号から差し出された封筒（図2）には、停泊地として、〝KOREA JINSEN〟の表示が印刷されている。彼らの認識では、仁川の発音は、あくまでも、日本語風の〝ジンセン〟であって、朝鮮語の〝インチョン〟ではなかったことがわかる。

同様に、同年十月、釜山に駐留していた米海軍のアレン・A・サムナー級駆逐艦（基準排水量二二〇〇～二二〇〇トン）の〝アルフレッド・A・カニンガム〟の艦内郵便局の地名表示（図3）も、朝鮮語をラテン文字に転写した〝BUSAN〟ないしは〝PUSAN〟ではなく、日本語をローマナイズした〝FUSAN〟となっている。

いずれにせよ、米国による南朝鮮軍政は、あくまでも「朝鮮は〝（敗戦国である）日本〟の一部（だった）」の認識からスタートしたということは留意しておかねばなるまい。

第二四軍の進駐と米軍政庁

さて、ミズーリ号上での降伏文書の調印とマッカーサーによる一般命令第一号を受けて、一九四五年九月五日、沖縄にあった米陸軍第一〇軍第二四軍団が朝鮮に向けて出発。同八日、米軍は仁川港に上陸する。

翌九日早朝、京城へ進駐した第二四軍団司令官にして在朝鮮米軍司令官のジョン・リード・ホッジ（陸軍中将）と南西太平洋方面軍海軍司令官にして第七艦隊司令官のトマス・カッシン・キンケイド（海軍大将）は、朝鮮総督府第一会議室で降伏文書に署名した。ちなみに、日本側の署名者は、朝鮮総督の阿部信行（陸軍大将）、第一七方面軍司令官の上月良夫（陸軍中将）、鎮海警備府司令官の山口儀三朗（海軍中将）である。

日本の降伏を受理した後、ホッジは米国太平洋陸軍総司令部布告（第一―三号）を布告。その第一号は、朝鮮半島の北緯三八度線以南の地域および同地域の住民に対し、軍政を樹立し、米国陸軍最高司令官の権限の下に当分の間、行政権を施行するとしていた。これを受けて、八日に在朝鮮米陸軍司令部軍政庁（以下、米軍政庁）が発足し、九日付でホッジは軍政長官として朝鮮における米陸軍最高司令官の全権を委任された。

ホッジは、南朝鮮を統治するにあたり「現行政府の機構を通じて施行することが必要である」との声明を発表。さらに、同月十一日午後の記者会見でも、マッカーサーの個人的な意思ではなく、連合国の意思により「暫定的方便として、現存する朝鮮の行政機関を利用していく」と述べ、建準と朝鮮人民共和国を完全に否定し、朝鮮総督府の機構とスタッフを基本的に継承する意向を示した。

日本の降伏は一九四六年以降にずれ込むものとながらく考えていた米国は、一九四五年八月の時点では、戦後の朝鮮占領について、なんら具体的なプランを策定していなかった。そもそも、ホッジ率いる第二四軍が南朝鮮に派遣されたのも、彼らが朝鮮に近い沖縄に駐留していたからというのが最大の理由だったほどである。

こうしたありさまだったから、南朝鮮に上陸したホッジにしても、とりあえずは〝現状維持〟からスタートするしかなかったというのが実情である。

しかし、すでに朝鮮人民共和国の建国が宣言され、〝独立〟

気分が盛り上がっている中で、その動きに一方的に冷や水を浴びせるようなホッジの対応は、朝鮮人の感情を逆なでし、米軍に対する彼らの信頼感は大きく損なわれることになった。このため、米国務省やマッカーサーの指示もあり、九月十二日、ホッジは計画を変更。朝鮮総督府を廃止して阿部総督以下の日本人官吏を解任。アーノルド少将を長官として、米軍政庁による直接統治を実施することとした。こうした事情を反映しているのが図4の郵便物である。

この郵便物は、終戦直後の一九四五年九月二十八日、富山県の出町（現・砺波市）から米軍政下の水原（ソウルの南約四六キロの地点にある都市）宛に差し出された。

日本から旧植民地を含む海外宛の郵便は、終戦とともにいったん停止され、一九四五年十一月十六日に再開されたが、その間、該当する郵便物は日本国内の郵便局で留め置かれていた。この郵便物もそうした扱いを受け、海外宛郵便の再開後、水原まで届けられている。図版では見にくいが、封筒の左下には、この郵便物が水原に到着した際に郵便局で押された一九四六年二月十四日の印も薄く読める。

しかし、郵便物が水原に到着したときには、おそらく名宛人は日本に帰国していたため、差出人へと返送されてしまった。

米軍政下の南朝鮮では、ソウルと釜山に第四検閲支局（この番号の割当も、南朝鮮の軍政を日本本土の占領の延長線上と位置づける意識の表れと見ることができよう）が置かれ、郵便物の検閲が行われていたが、この郵便物は、出町と水原を往復する間、朝鮮に到着した際と朝鮮から差し戻される際の二度にわたって米軍により開封・検閲された。封筒の四隅が開封されているのは、朝鮮到着時にいったん開封・検閲されたものをビニールテープで封をしたうえ、後に朝鮮を出るときにも再度、開封・検閲して封緘されたためであろう。左辺の封緘用のテープは、水原到着時に押された消印の上から貼られており、この部分は朝鮮から出るときに検閲を受けた痕跡であることが確認できる。

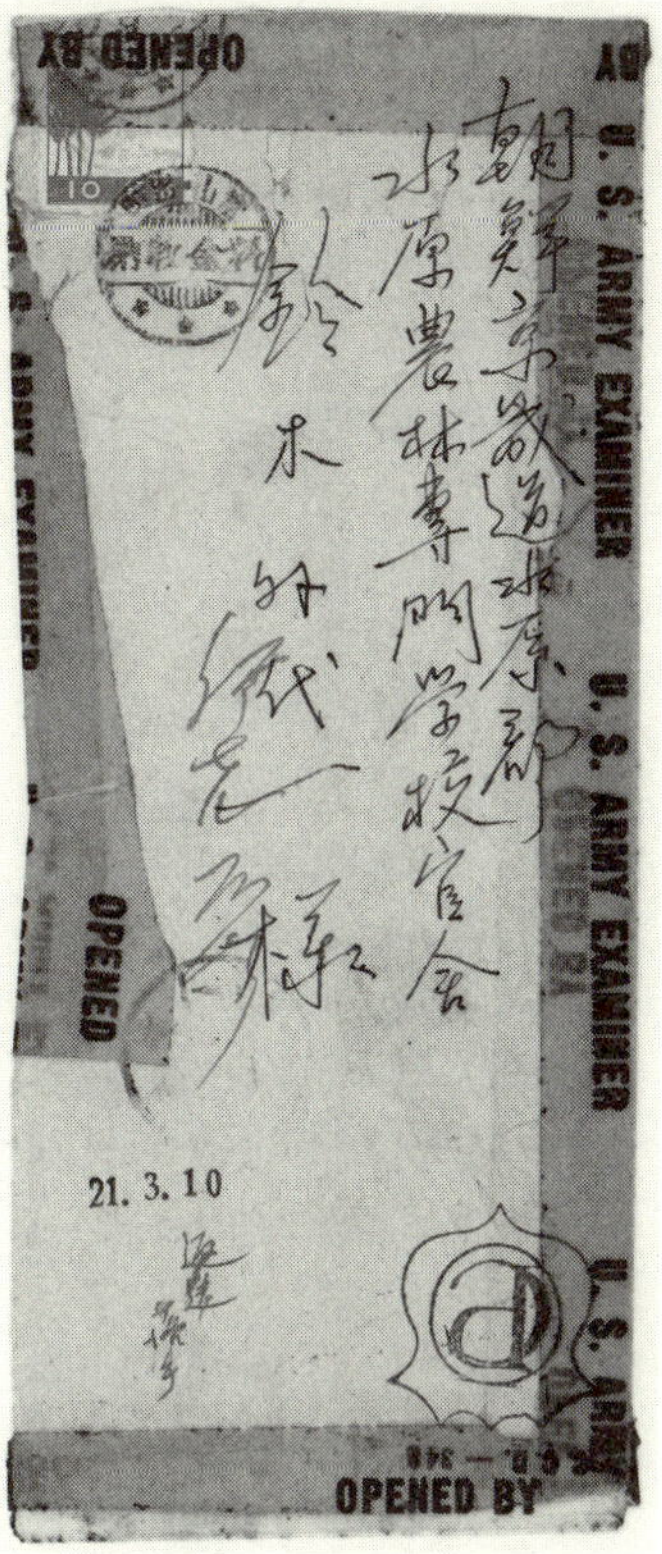

図4　終戦直後の1945年9月28日に富山県から水原宛に差し出されたものの、返送された郵便物

さて、封緘用のテープには、〝OPENED BY U.S. ARMY EXAMINER（合衆国陸軍の検閲官が開封した）〟との文字が入っているが、このテープは、本来、米国陸軍内部の検閲用であったものが郵便用に転用されたものである。ちなみに、おなじく米国の占領下にあった日本国内でも郵便物に対する開封・検閲は日常的に行われていたが、その際、用いられたテープには、〝OPENED BY MIL. CEN-CIVIL MAILS（民間の郵便物を軍事検閲官が開封した）〟との表示がなされるのが一般的であった。これは、日本に対する占領が、日本政府を通じて行われる間接統治の形態をとっていたことの反映といわれている。

占領の形式をめぐる日本と南朝鮮との相違はその後の日本と韓国の歴史に大きな影響を与えることになるのだが、その一端は郵便物の上にも痕跡を残していたのである。

解放直後の南朝鮮では日本切手がそのまま通用した

ところで、南朝鮮における米軍政庁の統治システムは旧総督府をそのまま継承したもので、日本人の元植民地官僚の中には、追放後も、軍政庁の非公式な顧問的存在となっていた者も少なからずいた。また、日本人官吏の追放後、軍政庁において部長職（日本の大臣に相当）に就任したのは、多くの場合、旧総督府の朝鮮人官吏であった。

このように、米国による軍政は、基本的には、日本時代の統治機構を継承するものとしてスタートしたが、こうした状況は、郵政面からも明瞭に観察される。

たとえば、一九四五年八月十五日以降も、日本時代の郵便制度はそのまま維持され、郵便局では、従来どおり、日本時代の切手が発売・使用されていた。

まずは、図5を見ていただこう。

これは、一九四六年三月八日、朝鮮殖産銀行の統営支店（慶尚南道）からソウル（宛先の表示は日本統治時代の〝京城〟のままである）の朝鮮貯蓄銀行宛の郵便物である。

貼られているのは、日本時代に使われていた東郷平八郎元帥の五銭切手だが、この封書一通十銭という料金は、日本時代末期のものがそのまま踏襲されている。

日本統治時代の朝鮮では、日本銀行券と等価の朝鮮銀行

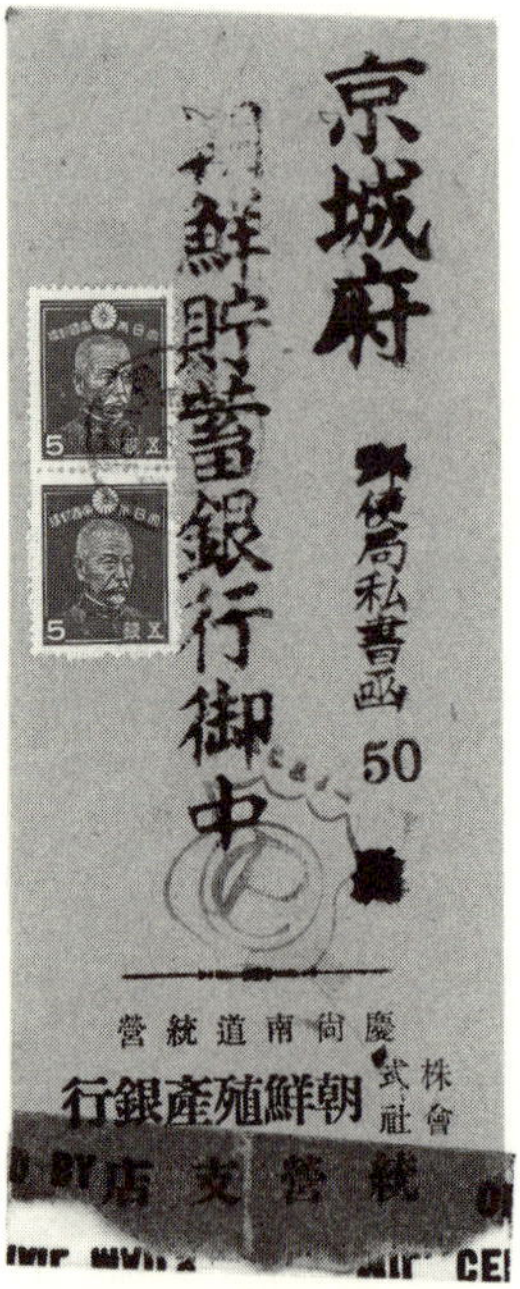

図5　1946年3月8日、統営から“京城府”宛の郵便物

券が流通していた。両者の通貨単位は、漢字で書けばいずれも円（圓）だが、その読み方は日本語ではエン、韓国語ではウォンとなる。ちなみに、補助通貨の銭は日本語ではセンだが、韓国語ではチョンである。

一九四五年の日本の敗戦に伴い、日本時代の朝鮮銀行は解体されて米ソそれぞれの軍政府に接収されたが、米軍政下の南朝鮮の朝鮮銀行は、一九五〇年六月に現在の韓国銀行が発足するまで、南朝鮮ウォンないしは韓国ウォン（旧ウォン）を発行した。その当初のレートは、日本円と等価で一ドル＝十五円＝十五ウォンである。

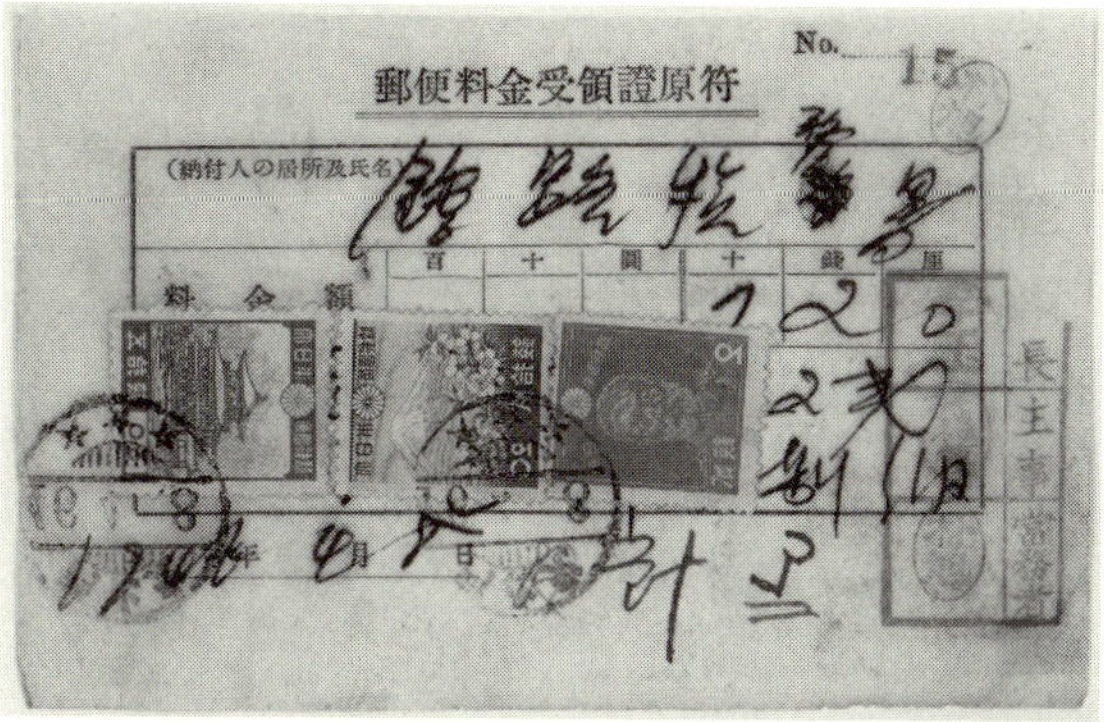

図6　1946年4月8日、ソウルの光化門郵便局で受け付けられた郵便料金受領証の原符

したがって、この郵便物が差し出された時点では、日本時代の切手をそのまま流通させていても実務上の問題はなかったといってよい。

なお、消印も年号こそ昭和から西暦に改められているが、それ以外は日本時代のものがそのまま使用されている。

一方、図6は、一九四六年四月、ソウルの光化門郵便局で受理された郵便料金受領証の原符である。大量の郵便物を一度にまとめて差し出す場合など、一通ずつ切手を貼っていては手間がかかるので、料金をまとめて納付して、個々の郵便物には郵便料金別納の表示をすることがある。その場合、切手で料金を納付すると、このような受領証に切手を貼って消印を押したものが生じることになる。

この受領証には、（日本時代の）三銭葉書に二銭別納印を押して五銭葉書とした際の一通二銭の別納料金、三十六通分の料金として七十二銭徴収されたことが記載されており、乃木希典大将の二銭切手、富士と桜の二十銭切手、金閣寺の五十銭切手が一枚ずつ貼られて、消印が押されている。

使用されている用紙にも、「納付人の住所氏名」との日本語表記があり、日本時代のものと特定できる。

〝解放〟から八ヵ月を経過してもなお、日本時代の切手や用紙、消印などがそのまま使用されているということは、韓国の現代史が日本時代との連続性の上にしか存在し得なかったとことの何よりの証拠といえよう。

金日成、北朝鮮に〝凱旋〟

一方、ナチス・ドイツとの血みどろの戦争を体験したソ連は、第二次大戦後、周辺を藩屏となる衛星国や友好国で固めることで自国の防衛を図るという世界戦略を立てていた。当然、彼らの朝鮮半島政策もこの方針に沿って進められ、降伏文書の調印を受けて、ソヴィエト体制化による衛星国の建設を目標とした占領行政を展開する。そして、そのために、自分たちの意図に忠実な、若く有能な人材として、金成柱に白羽の矢が立てられ、彼を伝説の抗日英雄〝キム・イルソン将軍〟としてデビューさせる計画が立てられた。

一九四五年九月、金成柱はヴャツコエの兵営を後にし、ソ連軍艦〝プガチョフ〟で北朝鮮にひそかに帰国する。〝プガチョフ〟が元山港に入港し、ソ連赤軍大尉の肩章を付けた金成柱が上陸したのは九月十九日、日本のお盆に相当する朝鮮の祝日、秋夕の日だった。

それから約一ヵ月後の十月十四日、平壌市北部の箕林里にある公設運動場（現・金日成競技場）で「金日成将軍歓迎平壌市民大会（以下、歓迎大会）」が開催された。

歓迎大会は、ソ連占領当局の大々的な宣伝や共産主義陣営の各種団体による組織的動員などもあり、六万人以上が集まり、運動場は立錐の余地もないほどの群衆で埋め尽くされていた。

午前十一時過ぎに始まった大会では、前日、西北五道党責任者および熱誠者大会で朝鮮共産党北朝鮮分局責任秘書に選出された金鎔範が司会を務め、金成柱を「最も偉大な抗日闘士、キム・イルソン将軍」として紹介した。

一九二〇年代から人々の間で噂になっていた伝説の〝キム・イルソン将軍〟である。白髪の老将軍を想像していた観衆は、三十三歳の若者が〝キム・イルソン〟を名乗って登壇してきたのを見て唖然としたといわれている。

しかも、彼は軍服や人民服ではなく、背広にネクタイ姿（ソ連軍通訳・姜ミハエル少佐からの借り物といわれている）、ソ連軍の勲章をつけていた。ただし、ソ連占領当局の政治司令官だったレベジエフは、ソ連軍の勲章をつけると金成柱がソ連の傀儡であることが露骨に判るので、勲章を外すように事前に勧告していたが……。

さらに、金成柱は、ソ連軍将校がロシア語で作成し、詩人の田東赫が翻訳した演説原稿をたどたどしい朝鮮語で読み上げ、退場した。

このため、彼の演説が終わると、一部の人々は演壇の周囲に集まり、「偽の金日成だ」と言って騒ぎを起こし、ソ連軍兵士が発砲する騒ぎも起こったが、会場全体としては、

図7　北朝鮮が発行した解放1周年の切手

「金日成将軍万歳」の声がこだまし、大会は終了した。

一九四六年八月十五日、解放一周年に際して北朝鮮郵政が発行した切手（図7）には、太極旗（当時は北朝鮮でも国旗の扱いだった）をバックにした背広姿の金日成が描かれている。おそらく、「金日成将軍歓迎平壌市民大会」の模様を忠実に再現した結果、このような図案になったのだろう。

しかし、スターリンや毛沢東、ホーチミン、チトーなど、同時代の社会主義諸国の指導者で、軍事指導者としても活躍した人物は、その証として軍服ないしはそれに準じる服装で切手に登場するのが一般的だった。したがって、背広姿の金日成をほかならぬ「解放一周年」の記念切手に登場させるということは、彼が本来の意味での〝抗日の英雄〟であれば、他の社会主義諸国の例と比較して、極めて不自然な印象がぬぐいきれない。

しかし、北朝鮮を占領したソ連当局は、そうした北朝鮮住民の不信感を強引にねじふせた。そして、ソ連の意を酌んだ金成柱は金日成としての職務を忠実に果たし、北朝鮮のソヴィエト体制化を推し進めていくのである。

モスクワ協定

こうして、米ソによる南北朝鮮の占領行政が始まったことを受けて、一九四五年十二月二十七日、米・英・ソ三国の外相が戦後処理を協議するためにモスクワで会談。いわゆるモスクワ協定がまとめられ、翌二十八日に三国の首都で同時に発表された。

このうち、朝鮮に関する部分（第三部）の内容は、概ね以下のようなものであった。

①朝鮮を独立国として再建することを前提として、民主主義臨時朝鮮政府を樹立する。

②同政府の樹立を支援し、必要な諸方策を作成するため、米ソ両軍の代表による共同委員会（米ソ共同委員会）を設置する。同委員会は、各種提案の作成にあたって、朝鮮の民主的諸政党および諸団体と協議する。同委員会の勧告は、米ソ両国の最終決定に先立ち、米・英・中・ソの四国政府に考慮を求める。

③五年間を限度として四国による信託統治を行う。共同委員会は民主主義臨時朝鮮政府と協議して信託統治に関する諸方策を作成する。

④在朝鮮米ソ両軍の代表者会議を二週間以内に招集する。

このうち、朝鮮の信託統治を定めた第三項は、即時独立を期待していた朝鮮の人々に大きな衝撃を与えた。そして、協定の内容が発表された十二月二十八日には、早くもソウルで信託統治反対国民総動員委員会が結成されるなど、米軍占領下の南朝鮮では大規模な反託（信託統治反対）運動が起こった。

これに対して、ソ連軍占領下にあった北部朝鮮では、ソ連が信託統治の実施を通じて朝鮮の衛星国化をもくろんでいることを察知した金日成が、信託統治をソ連による「後見」としてこれを支持。これに引きずられるかたちで、南部朝鮮の左翼陣営も信託統治賛成にまわり、南北間ならびに左右両派が激しく対立した。

騒然とした状況の下、一九四六年一月から始まった米ソ両軍の代表者による予備会談はなんら成果を得ぬまま二月五日に終了する。その後、三月二十日、ようやく、米ソ共同委員会の第一回会合が開催されたが、委員会は協定の定める「民主的諸政党および諸団体」の範囲をめぐって当初から紛糾し、五月八日には無期休会が宣言されている。

その後、米ソ共同委員会は、翌一九四七年五月二十一日に再開されたものの、やはり臨時政府への参加問題をめぐって調整は難航し、同年十月二十一日には第二回会議も最終的に決裂。このため、朝鮮問題は米国により国連に持ち込まれることになる。

図8の葉書は、一九四七年六月十三日、ソウルの徳寿宮に置かれていた米ソ共同委員会に宛てて、信託統治に反対し自主独立を要求した嘆願書である。

徳寿宮は韓国の五大王宮のひとつとされる王宮で、元々は朝鮮時代の王族で成宗の兄、月山大君の邸宅だったが、豊臣秀吉による文禄の役（一五九二年）に際して義州に避難していた宣祖が、帰京後、荒廃した景福宮（ソウルの宮殿は秀吉軍の入城前に朝鮮の民衆によって焼打ちにあってぃた）に代わる臨時の王宮とし、慶運宮と命名された。その後、景福宮の離宮であった昌徳宮が一六一五年に再建され、王が昌徳宮に移ると、慶運宮は忘れられた存在になっていたが、一八九六年の閔妃暗殺事件といわゆる俄館播遷（高宗がロシア公使館に逃れて政務を執った非常事態）を機に、一八九七年以降、朝鮮王の在所となり、大韓帝国の発足後は皇帝の住居となった。ちなみに、現在の徳寿宮という名になったのは、大韓帝国最後の皇帝、純宗の時代のことである。

さて、当時、反託運動が盛んであった南朝鮮では、このような共同委員会宛嘆願の葉書が組織的に差し出された。

南朝鮮では解放後も日本時代の切手・葉書が有効とされ

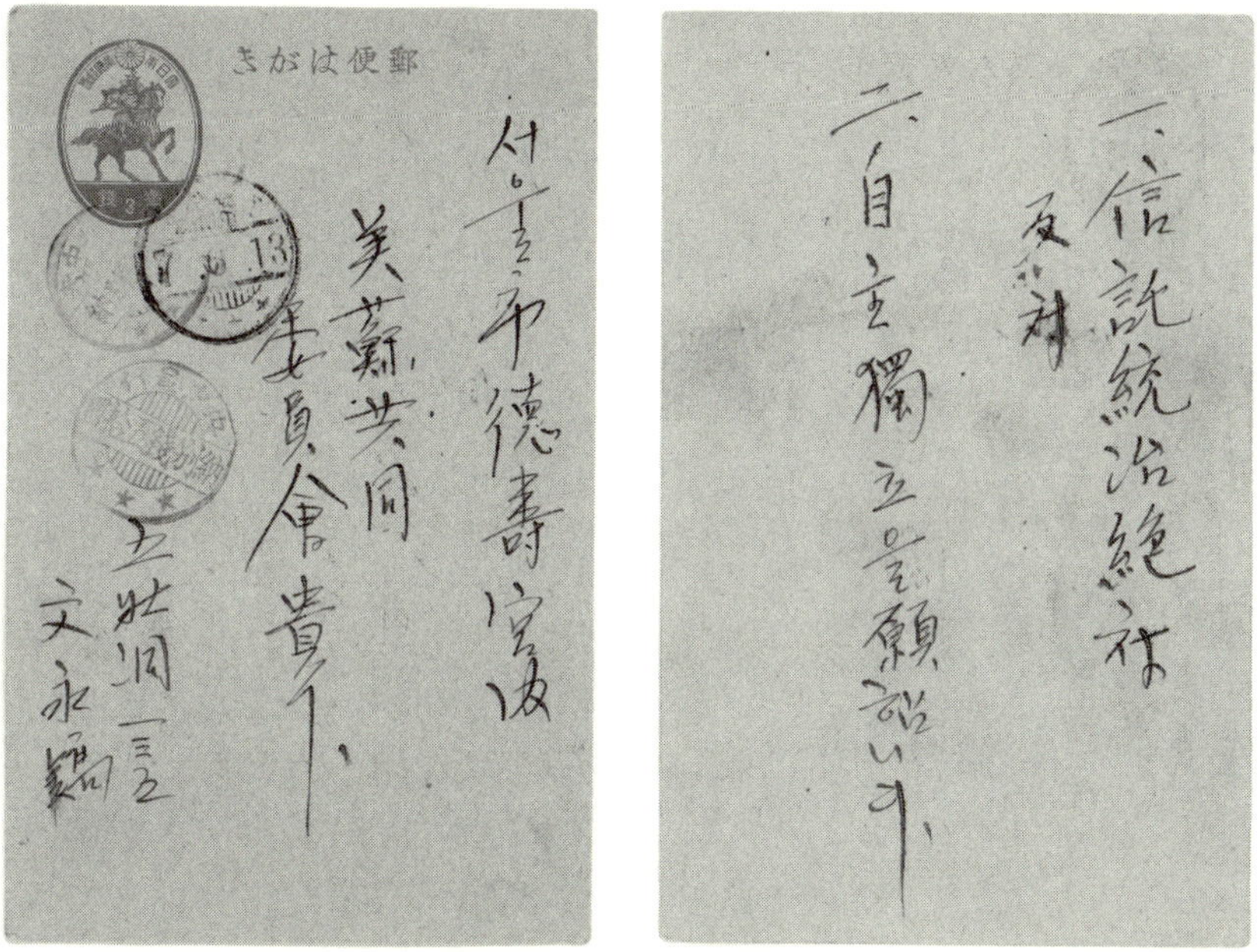

図8　米ソ共同委員会宛に「信託統治絶対反対」を訴えた嘆願の葉書

ていた。後述するように、日本時代の切手は一九四六年六月末で無効となったが、葉書に関しては、一九四七年七月三十一日まで、日本時代の印面が有効とされていた。このため、この葉書でも、日本時代の印面（三銭）をそのまま有効とした上で、当時の葉書料金（五十銭）との差額を徴収したことを示す印が押されて差し出されている。

信託統治の反対と朝鮮の即時独立を訴える米ソ共同委員会宛の嘆願書が、日本時代の額面を有効とした葉書を用いて差し出される——この現実は、当時の朝鮮の人々にとって、統一国家としての独立がいかに困難な課題であったか、我々にまざまざと見せ付けてくれている。

南朝鮮ではハングル加刷切手を発行

南朝鮮においては激しい反発を招いたモスクワ協定の信託統治案だが、同協定がともかくも「朝鮮を独立国として再建すること」を前提としている以上、米軍政庁としては日本統治時代の残滓を払拭する必要に迫られることになる。それは郵便も例外ではない。

ある地域で郵便料金前納の証紙として切手を発行し、郵便サービスを提供するということは、歴史的にみれば、その地域が切手を発行する政府の支配下に置かれていることとほぼ同義であった。

南朝鮮の占領行政を開始した米軍政庁としては、当初こそ、日本時代の切手をそのまま流通させていたものの、できるだけ速やかに日本時代の切手に替えて新たなる支配者として独自の切手を発行しなくてはならない。

もっとも、まったく新しい切手を独自に発行するためには、数ヵ月単位の時間が必要である。すなわち、切手の発行が決まってから窓口に配給されるまでには、デザインの作成、製版、印刷、裁断、目打（周囲のミシン目）の穿孔、裏糊の塗布などの工程を経て、一定の枚数のシートを梱包し、各地の郵便局に発送するという作業が必要になる。

したがって、新切手の発行が情勢の変化に追いつかないことはしばしばあるわけで、そうした場合には、応急措置として〝加刷〟という手法が用いられることが多い。

加刷というのは読んで字の如く、すでに印刷されている切手の上に、必要な文字や数字などを追加して印刷すること。急激な料金の値上げや政権の交代などに対応するための暫定的な切手は、とりあえず加刷切手を発行して急場をしのぐことは洋の東西を問わず、広く行われている。

南朝鮮の場合、米軍が進駐した一九四五年九月以降も日本時代の切手がそのまま流通していたが、一九四六年二月一日になって、ようやく、日本時代の切手に〝朝鮮郵票〟を意味するハングルと新たな額面（図9）を加刷した暫定切手が発行された。

図9　日本時代の切手にハングルを加刷した暫定的な切手

ただし、暫定切手は額面が五チョン（二種類：葉書料金に相当。以下、通貨単位は原則として現地語読み）、十チョン（書状基本料金に相当）、二十チョン、三十チョン（書留料金に相当）、五ウォンのものしかなく、最も需要が見込まれる書状基本料金用の十チョン切手でさえ六十八万枚しか発行されなかった。

これでは、とうてい、民間の需要を満たすことは不可能で、米軍政庁は、暫定切手を発行した後も、加刷のない日本時代の切手を当面有効としていた。実際、残存する郵便物の量をみると、一九四六年二月以降も暫定切手よりも日本時代の切手が貼られているケースのほうが圧倒的に多く、暫定切手が貼られた郵便物は非常に少ない。

このように、実用性という点では、米軍政庁が暫定切手を発行する意義には疑問符がつくのだが、切手の発行を権力の象徴と捉えてみると、そのプロパガンダ的な意味は非常に大きなものがある。

すなわち、オリジナル・デザインの切手（正刷切手）を発行する以前に、〝儀式〟として、菊花紋章と大日本帝国郵便の表示がある切手の上にハングルを黒々と加刷することは、同じ時期に日本国内で行われていた墨塗り教科書同様、（朝鮮における）日本支配の終焉を人々に強烈に印象づけるうえで、絶対に必要な措置であった。換言するなら、南朝鮮の新たな支配者となった米軍政庁は、こうした加刷切手を発行することによって、体制の転換を可視化しようとしたのである。

印刷局が作った解放切手

とはいえ、暫定切手はあくまでも暫定的な存在でしかなく、いずれは正規の新切手を発行しなくてはならない。

かくして、一九四六年五月一日、米軍政庁は〝解放切手〟と称する六種類の切手を発行した（図10）。

図10　切手発行初日の“軍政廳構内郵便局”の消印が押された解放切手

解放切手は三チョン、五チョン、十チョン、二十チョン、五十チョン、一ウォンの六種類。いずれもオフセット印刷で〝解放朝鮮〟の表示が入っているのが名前の由来だ。低額四種には家族と太極旗が、高額二種には円形にアレンジされた太極旗が、それぞれ描かれている。

解放切手は、名目上は〝（米軍による南朝鮮）解放の記念切手〟だったが、総計四千四百七十万枚発行され（うち、一九四六年の製造数は三千万枚）、実質的に通常切手として用いられた。前述の暫定切手と比べてみると、その発行枚数の大きさがお分かりいただけるだろう。

ちなみに、一九四六年に南朝鮮郵政が発行した他の記念切手の発行枚数は三十万枚もしくは五十万枚であったので、解放切手の発行枚数はいかにも巨大であった。

当然、解放直後の南朝鮮内には、これだけの量の切手を短期間に確実に製造しうる印刷所は存在していなかった。

このため、解放切手は、デザイナーの金重鉉がソウルで作成した原画をもとに、日本の印刷局の彫刻課長・加藤倉吉が原版を彫刻し、日本の印刷局で印刷するという方式で調整された。ただし、当時は日本国内でも、設備の都合上、通常切手には目打（切手周囲のミシン目）や裏糊は施されていなかったから、これらの切手は日本で印刷された後、現地で目打作業が行われた（図11）。

ところで、日本側が南朝鮮の切手の印刷を受注した背景には、一種の賠償のような意味合いがあったと説明する人がときどきいるが、当時の日本人の感覚で朝鮮に対する〝賠

図 11　“大日本帝國印刷局製造”の銘版が印刷された耳紙が付いた解放切手。目打の穿孔がずれた結果、下段の切手には、ハングルの“解放朝鮮”と漢字の“大日本帝國”が同居することになった

償〟という発想があったとは考えにくい。

むしろ、多くの日本人にとっては、敗戦後の朝鮮で資産を没収ないしは接収されたことに対して、賠償を求めるのは自分たちのほうだという意識のほうがはるかに強かった。実際、一九五三年の日韓国交正常化交渉に際して、日本側首席代表の久保田貫一郎は「日韓併合は負の側面ばかりではなく日本は朝鮮半島の工業・農業基盤を整備し、日本は年間二千万円も朝鮮半島に持ち出した時もあった。韓国側が〝日帝三十六年〟についての請求権を要求するなら、日本も朝鮮半島に投資し、戦後、接収された日本資産についての請求権の行使を要求する」という趣旨の発言をしているが、おそらくこれが、当時の標準的な日本人の認識であったろう。

たとえば、一九四五年十二月四日に京城から岐阜県に引揚げてきた山本重雄は、一九四六年十二月十日付の書簡で、逓信省貯金保険局に次のように訴え出た。

山本は、引揚げに際して、現地在住の知人である竹内義市から「引揚者は途中で貯金通帳を略奪されることが往々にしてあるし、自分は京城に永住するつもりなので、情勢が落ち着くまでは通帳を預かっても良いが……」と持ちかけられて通帳を渡したところ、その後は梨のつぶてとなってしまい、不審に思って調べたところ、竹内は福島に引揚げていることが判明した。そこで、竹内を問い質すと、竹内は引揚げ直前に貯金は朝鮮人によって略奪されたと主張。一方、山本の照会に対して、京城黄金町一丁目の郵便局では、本人（を名乗る人物）に正規の手続きをもって払い出しを行ったので、再度の支払いはできないと返答したという。

真相は明らかではないが、終戦前後の混乱の中で、現地の朝鮮人の一部が朝鮮から引き揚げる日本人の資産を略奪していたということは事実であり、そうした状況が広く知られていたこと、さらにはそれを悪用して同胞の資産をだまし取る日本人もいたことを伺わせるエピソードである。

いずれにせよ、生活に困窮した山本は逓信省貯金保険局に対して、貯金通帳の再交付を求めたが、それに対する貯金保険局の回答は以下のようなものであった（原文は旧字体だが、引用に際しては一部を新字体にあらためている）。

今回朝鮮記號郵便貯金通帳の紛失及び京城口座振替貯金の取扱について御申出になりましたが、目下のところ朝鮮官廳との連絡が不可能なため、取調べることも又通帳を再發行することも又振替貯金口座の殘額を振出したり、口座を内地へ移轉することも出來ないばかりでなく、將來の取扱方の見透しもつき兼ねますから、ご事情は甚だ御氣の毒ですが右悪しからず御諒承の上、右通帳に預入した貯金及び振替貯金の現在高は在外財産として、最寄りの日本銀行支店又は同代理店を通じて報告して下さい。

要するに、日本政府としては、終戦後、朝鮮に残された日本の在外資産については、一応、申告を受け付けて記録には残すものの、現実にはどうしようもないということである（図12～14）。

似たような事例は数多くあったのだろうが、こうした状況の下では、朝鮮に残してきた自分の資産を返してくれというのが（引揚げてきた）日本人としては自然な感情であって、〝植民地支配を反省〟して、朝鮮（人）に対して〝謝

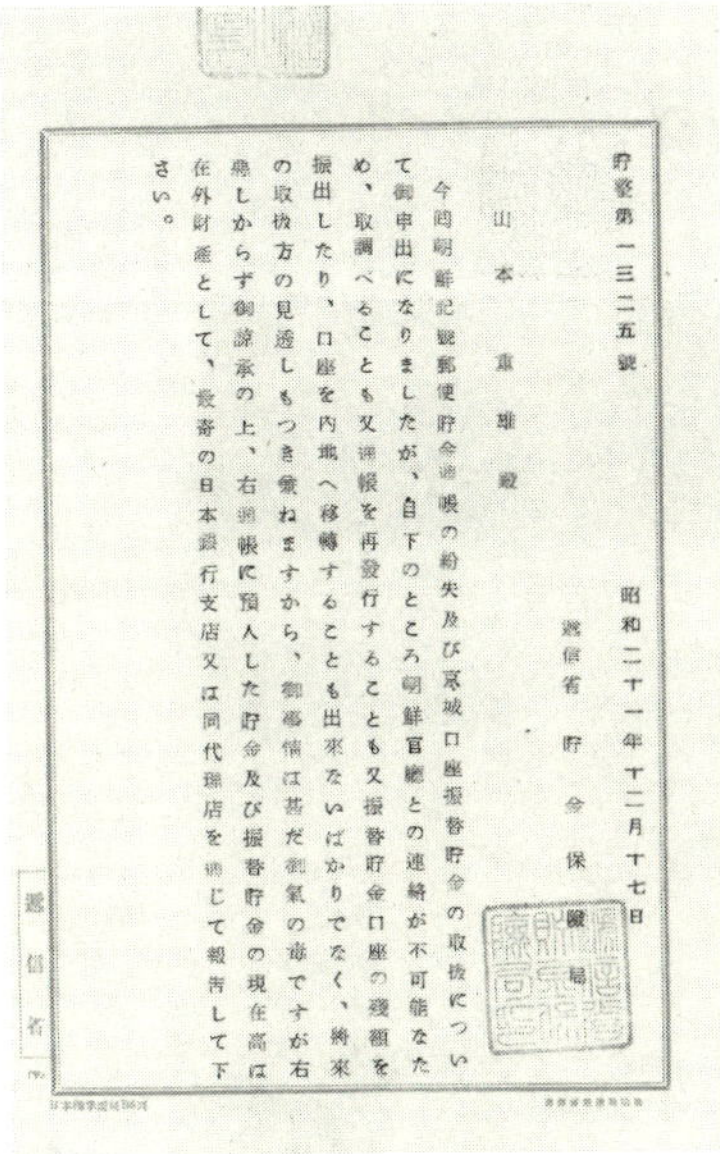
貯金第一三二五號

昭和二十一年十二月十七日

遞信省貯金保險局

山本重雄殿

今回朝鮮記號郵便貯金通帳の紛失及び京城口座振替貯金の取扱について御申出になりましたが、目下のところ朝鮮官廳との連絡が不可能なため、取調べることも又通帳を再發行することも又振替貯金口座の殘額を振出したり、口座を内地へ移轉することも出來ないばかりでなく、將來の取扱方の見透しもつき兼ねますから、御事情は甚だ御氣の毒ですが右惡しからず御諒承の上、右通帳に預入した貯金及び振替貯金の現在高は在外財產として、最寄の日本銀行支店又は同代理店を通じて報告して下さい。

遞信省

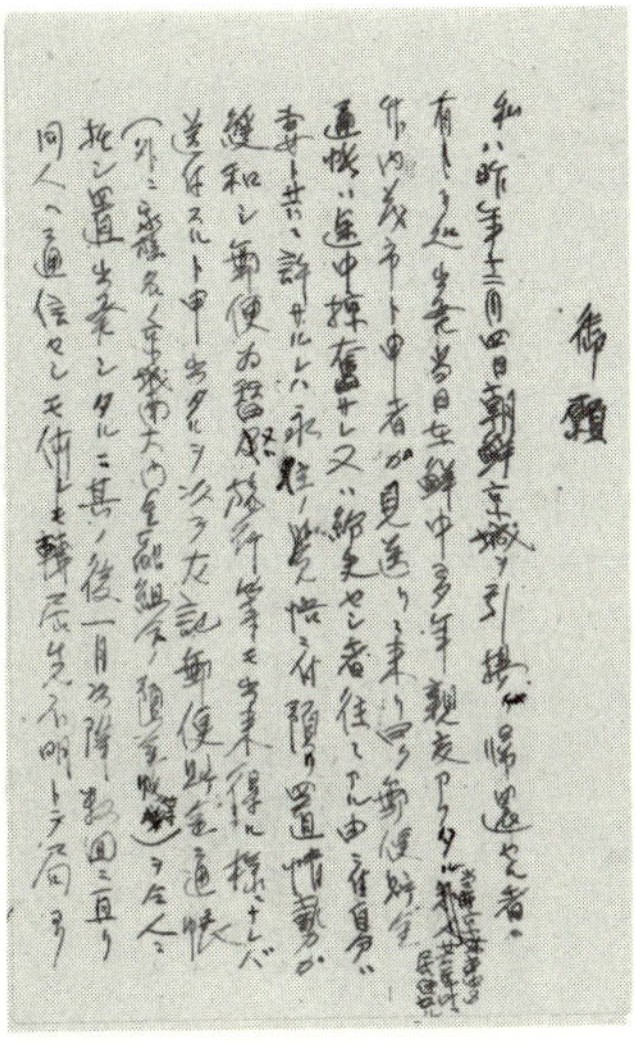
御願

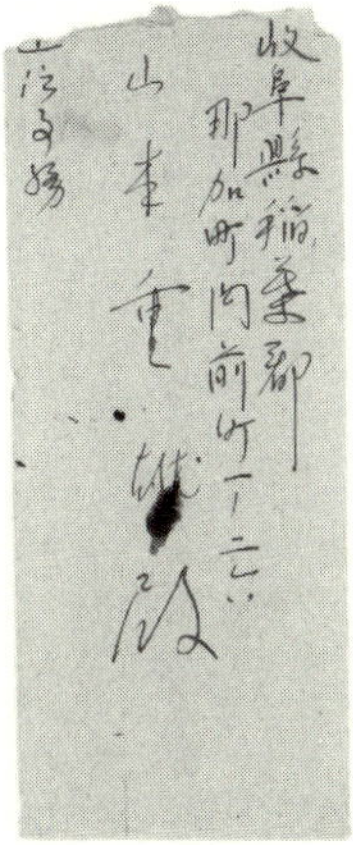

図 12（左） 引揚者の貯金に関する逓信省貯金保険局の回答文
図 13（中） 日本統治時代の朝鮮で発行された貯金通帳の再発行を求めた手紙
図 14（右） 図 12 の回答文と図 13 の「御願」をまとめて返送してきた通信事務（無料の公用郵便）の封筒

罪と賠償〟を申し出るという発想が出てくる可能性は、限りなくゼロに近いというのが実情であろう。

したがって、印刷局が解放切手を製造することになったのは、当時の朝鮮内では大量の切手を短期間に調製できないという現実に直面した米軍政庁が、日本を占領していたマッカーサー司令部に対して支援を求めた結果と考えるのが自然ではないかと思われる。

いずれにせよ、日本時代の過去と訣別するために発行されたはずの〝解放切手〟が、実は、日本の印刷局によって製造されたものであったというのは、なんとも皮肉な話である。

なお、葉書に関しても簡単に触れておこう。

解放切手と同時に、南朝鮮部では切手と同じデザインの葉書（図15。〝解放葉書〟と呼ばれる）の製造が日本の印刷局に発注されている。

当時の南朝鮮内の葉書料金は五チョンだったが、日本側では用紙の確保に手間取り、葉書の製造には予想以上の時間がかかってしまった。その間に、南朝鮮内ではインフレが急速に進行し、一九四六年八月には葉書料金が二十五チョンに値上げされる。このため、料金改定に間に合わなかった額面五チョンの解放はがきは実質的にお蔵入りとなり、南朝鮮郵政は、日本時代の葉書の印面をそのまま有効として料金改定のたびに収納印（差額分の料金を徴収したことを示す印）が押して販売するなどして急場をしのいでいた。

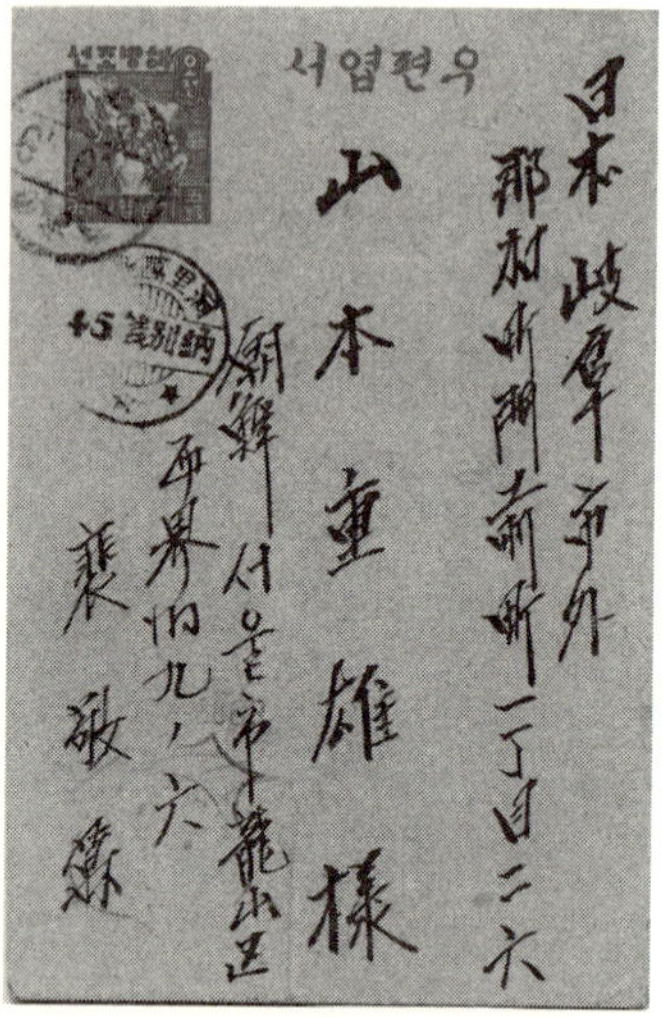

図15　解放葉書の使用例。"45銭"の収納印付

しかし、その後も南朝鮮内のインフレは留まるところを知らず、一九四七年四月には葉書料金が五十チョンになり、それまで流用していた日本時代の葉書の在庫も不足しはじめた。このため、南朝鮮郵政は、急遽、倉庫に眠っていた解放葉書に収納印を押して発行・使用することを決定。これに伴い、一九四七年七月三十一日で日本時代の葉書もようやく使用禁止となった。

以後、解放葉書は、あいつぐ料金改定のたびに新たな収納印を押すなどして、一九四八年八月の大韓民国成立、一九五〇年六月～一九五三年七月の朝鮮戦争を経て、一九五三年末に二羽の雁が飛ぶデザインの印面の葉書（もちろん、韓国製）が発行されるまで、六年あまりにわたって使用されつづけた。

日本切手は使用禁止となったが……

さて、暫定加刷切手を経て解放切手が発行されたことで、日本時代の切手はようやく使用禁止となった。とはいえ、解放切手が発行されたからといって、即日、一般公衆の手持ち分の日本切手まで無効扱いとするわけにはいかないから、二ヵ月間の移行期間の後、一九四六年六月三十日をもって日本切手と日本切手に加刷した暫定切手は使用禁止となった。

ただし、解放切手が発行された五月以降、日本切手が使用されることはほ少なく、現場では日本切手を無効のものとして扱うケースもあったようだ。

図16はその一例で、一九四六年五月十日、全州（日本人にもなじみの深い石焼きビビンパはこの地の名物だ）からソウル宛に差し出された郵便物で、厳島神社を描く日本時代の三十銭切手が貼られている。当時の書状基本料金は十チョンなので、その三倍の重さの封書を送ったとも考えられるが、同封されていた書状は便箋代わりの原稿用紙一枚だけだったから、差出人は手元に残っていた日本切手が無効になってしまう前に使い切ってしまおうとしたと考えるのが妥当だろう。

さて、この郵便物は、途中で米軍政庁による開封・検閲を受けた後（封筒の下部に郵便物を開封した後で、軍政庁側で再度封をするために使ったビニール・テープが貼られている）、五月十六日にいったん、京城の中央郵便局（一九四六年八月十四日までは京城が正式名称）へ届けられている。ちなみに、中央郵便局では、この郵便物を引き受けた時に京城中央と表示された日付印を押している。

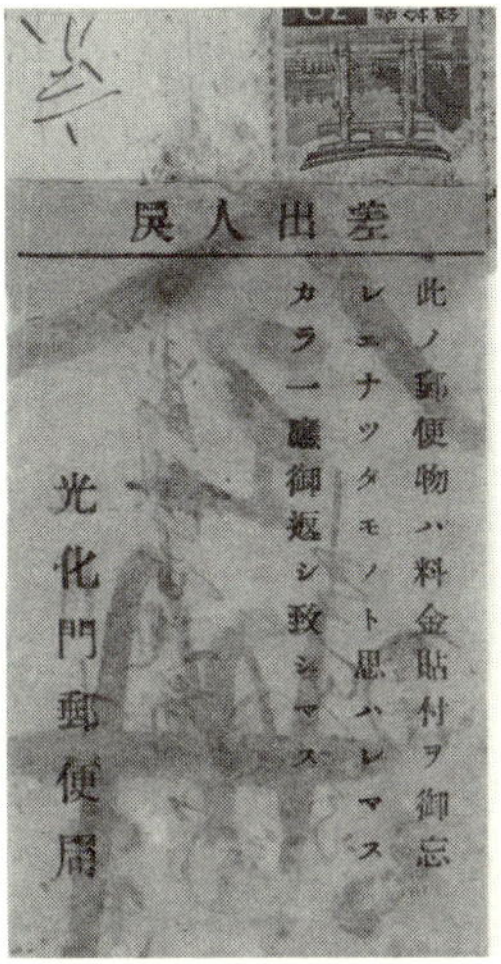

図16　日本切手を無効なものとして処理した郵便物と差出人に返送される際に貼られた付箋

その後、この郵便物は宛先の配達を担当する市内の光化門郵便局へと回されたのだが、六月三十日までは日本切手は有効のはずだったにもかかわらず、光化門郵便局の職員は、この切手を無効のものとして、この郵便物を全州の差出人に返送してしまった。

その際、事情を説明する付箋が貼られているのだが、そこには、日本語で「此ノ郵便物ハ料金貼付ヲ御忘レエニナツタモノト思ハレマスカラ一應御返シ致シマス」と記されている。

付箋の事務的な文言は、それが事務的であるがゆえに、誰もが理解できるように記されていなければならない。日本の植民地時代を否定するために日本切手を無効とし、新たに（日本製の）解放切手が発行された後であっても、当時の南朝鮮社会の現実では依然として汎用性が高いと判断したからこそ、光化門郵便局ではこうした日本時代の付箋を用いたのだろう。

いずれも、第二次大戦後の南朝鮮が日本時代との訣別を宣言しようとしても、そのためには〝日本〟に依存せざるを得なかったという現実が反映された厳然と存在していたことも忘れてはならない。

北朝鮮臨時人民委員会の発足

一方、モスクワ協定の後、北朝鮮内において信託統治反対の世論を抑え込むことに成功したソ連は、「朝鮮が真に民主主義国家となり、侵略主義勢力が朝鮮を再びわが国を侵犯するための根拠地、練兵場として利用できなくすることに死活的利害関係を有している」との基本的な方針の下、米国との話し合いにより南北朝鮮全体にわたる統一臨時政府を樹立することは不可能と判断。朝鮮全体が無理なら、せめて北半部だけでも衛星国化することを意図して、予備会談終了から三日後の二月八日、事実上の北朝鮮単独政府となる北朝鮮臨時人民委員会を樹立した。

当時、北朝鮮市民に対しては、臨時人民委員会は当面の改革推進のための中央権力機構として必要なもの（当初、ソ連占領下の北朝鮮には、地方の行政組織は存在していたが、それらを統括する朝鮮人の中央組織は存在していなかった）と説明され、その組織は「統一政府」樹立までの暫定的なものとされていた。なお、臨時人民委員会は、委員長に金日成を、副委員長に金枓奉を選出した。

さて、臨時人民委員会は、創設当時に発表した「当面の課題」として

①親日分子および反民主的反動分子の徹底粛正
②朝鮮人大地主の土地と森林を国有化し、農民に無償分

配する土地改革の実施
③生産企業を人民の生活必需品をまかなう企業に変更する
④ソ連赤軍総司令部の行う全ての行事の援助

などを掲げ、社会主義体制の建設に着手した。一方、ソ連側は、臨時人民委員会の行動がソ連の統制から外れないように規制し、ソ連軍司令部の発する法令と決定を実施することを臨時人民委員会の最大の任務と規定していた。なお、臨時人民委員会は、一九四七年二月、北朝鮮人民委員会（〝臨時〟の文字が外された）の成立により、発展的に解消される。

臨時人民委員会の成立に伴い、その下部機関として逓信局（局長：趙永烈）が発足し、北朝鮮における郵政事業が正式にスタートした。これを受けて、一九四六年三月には、北朝鮮最初の切手として槿を描く二十チョン切手と金剛山の奇岩・萬物相を描く五十チョン切手が発行された（図17）。

ところで、金剛山の萬物相は、日本統治時代の一九三九年十月に発行された七銭切手（図18）にも取り上げられている。

当時、逓信省は通常切手の図案を「世界に冠たる神国・日本」を表現するものとして統一していたが、金剛山は大日本帝国の植民地・朝鮮を象徴するものとして取り上げられたのである。切手は濃い青緑色の精巧な凹版印刷で製造されており、戦前期の日本の国力のピークを示すものとなっている。

図17　北朝鮮臨時人民委員会の下で発行された最初の切手のうち、金剛山の萬物相を取り上げた50チョン切手

図18　同じく萬物相を取り上げた日本統治時代の7銭切手

さて、一九四六年三月に北朝鮮で発行された萬物相の切手は簡素な平版印刷で、刷色を変えるなどして一九五〇年頃まで北朝鮮の一般的な通常切手として流通していた。

いわゆる太平洋戦争の前後で日本切手の品質も大いに劣化した。たとえば、厳島神社の鳥居を描く三十銭切手を例に取ると、一九三九年に発行のものと一九四四年発行のもの、さらには一九四六年発行のものを並べてみると、その印刷物としての品質の差異は明らか（図19）である。しかし、北朝鮮の発行した萬物相の切手は、そうした点を考慮しても、極めて粗悪であることは一目瞭然である。

終戦直後、旧満洲に進駐したソ連軍が日本人資産を大量

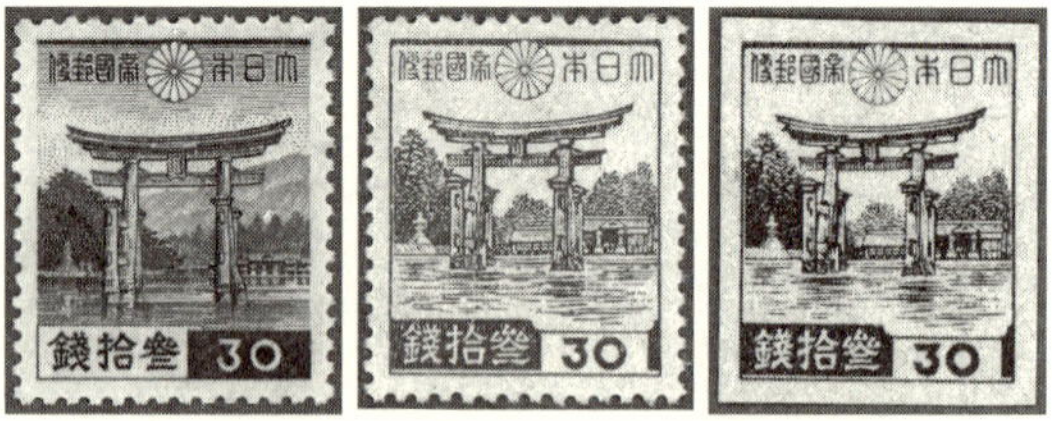

図19　日本国内で発行された厳島神社の30銭切手の変遷。左から順に、1939年、1944年、1946年のもの

に接収していったことは広く知られている。同様に、北朝鮮の場合も、旧満洲ほどではなかったにせよ、機械や施設、食料などがソ連軍によって大量に奪取されていった。この結果、ソ連による北朝鮮の〝解放〟は、結果として北朝鮮経済、特に一般民需に大きな打撃を与えることになった。

　北朝鮮の粗悪な金剛山切手は、そうした当時の北朝鮮経済の状況を反映したものと考えるべきであろう。

　ちなみに、金剛山の萬物相は一九四九年には発足後間もない韓国の二十ウォン切手（図20）にも取り上げられている。北朝鮮領内にある金剛山を韓国があえて通常切手の図案として取り上げた背景には、自分たちこそが朝鮮半島を代表する正統政府であることを、切手を通じて内外に示す意図があったものと考えられる。ただし、韓国の切手は、日本時代の切手には及ばないものの、北朝鮮の切手に比べるとはるかに印刷物としての品質が上なのは明らかである。

図20　韓国が1949年に発行した萬物相の切手

　現在でも、しばしば、一九六〇年代までは韓国よりも北朝鮮の方が豊かだったという記述が見かけられる。たしかに、北朝鮮の発表した公式の統計データがすべて正しいとすれば、国家全体のGDPレベルにおいては北朝鮮が韓国を凌駕していたということになるのだろう。しかし、国民が日常的に使用している切手の品質がこれほどまでに異なっているということは、国民生活の実態において、北朝鮮は決して韓国よりも〝豊か〟ではなかったと考えるのが自然ではなかろうか。

　いずれにせよ、南朝鮮では〝朝鮮郵票〟の文字が加刷された暫定切手が発行されていたが、臨時人民委員会はその使用を拒否して、独自の切手を発行し、自らの統治が及ぶ範囲において使用させていた。このことは、臨時人民委員会の発足が南北分断の歴史において極めて重要なターニングポイントとなっていたことを郵便の面からも裏付ける出来事として注目に値する。

北朝鮮の土地改革

　ところで、北朝鮮臨時人民委員会が行った社会主義化政策のうち、最も重要視されていたのが、土地改革であった。日本敗戦時の北朝鮮では、全農家の四％の地主が総耕作地の五八・二％を所有していた。このため、北朝鮮を占領したソ連は、北朝鮮社会のソヴィエト体制化の手始めとして、農地解放に着手。まず、解放直後の一九四五年秋、小作料を収穫の七割とする政策が採用され、反対する地主との間に闘争が展開された。

一九四六年二月八日、北朝鮮臨時人民委員会の発足に伴い、委員長に選出された金日成は、同年三月、土地改革法令を公布し、本格的に土地改革を開始する。

北朝鮮の土地改革は、日本人や親日派の所有地と、五町歩以上の朝鮮人地主の所有地、さらに全ての継続小作地を完全に無償で没収し、土地なき農民に無償で分配するかたちで行われた。この結果、全耕作地面積一九五万二〇〇〇町歩のうち、半数を超える一〇〇万三〇二五町歩が没収されたうえ、九九万九二二町歩が小作農に対して分配され、五〇万戸以上の農家（当時の北朝鮮の農家総数は一〇〇万四六〇〇戸）が地主への隷属から解放されたといわれている。

一連の土地改革は、一九四六年三月五日の「土地改革法令」発表によって電撃的に進められ、反対する者は容赦なく収容所送りにするという強権的な行政的手法により、わずか二十日あまりで完了した。

土地所有者となった農民に対しては、改革から三ヵ月後の一九四六年六月二十七日、現物税制の実施が決定され、農民は二三〜二七％の現物税を国家に納めることになった。

なお、土地改革法令はその第四条で「朝鮮の自由と独立のための反日本侵略闘争に功労のあった者およびその家族の所有地、朝鮮民族文化の発展に特別の功労のあった者およびその家族の所有地は、人民委員会の特別の決定によって割譲を免れる」との例外規定を設けており、「親日」と「反日」の判定が、客観的な基準によるのではなく、行政側の裁量にゆだねられていたことがうかがえる。

また、財産を没収された元地主は、北朝鮮内で農業を続けるためには他郡に移住しなければならず（土地改革法令第六条には、自力で耕作しようとする地主は他郷において土地を与えられるとの規定がある）、これが後の行政的移住政策のルーツとなったと考えられる。実際、この規定により九六二二町歩が旧地主に与えられたとの報告があり、約三二〇〇戸の地主が移住させられたものと推測されている。

土地改革によって多くの小作農が土地を所有するようになったことで、北朝鮮のソヴィエト体制化の基盤が築かれた。公式発表によれば、一九四七年には農民によって耕作面積が三〇万町歩も拡大されたほか、一九四八年度には穀

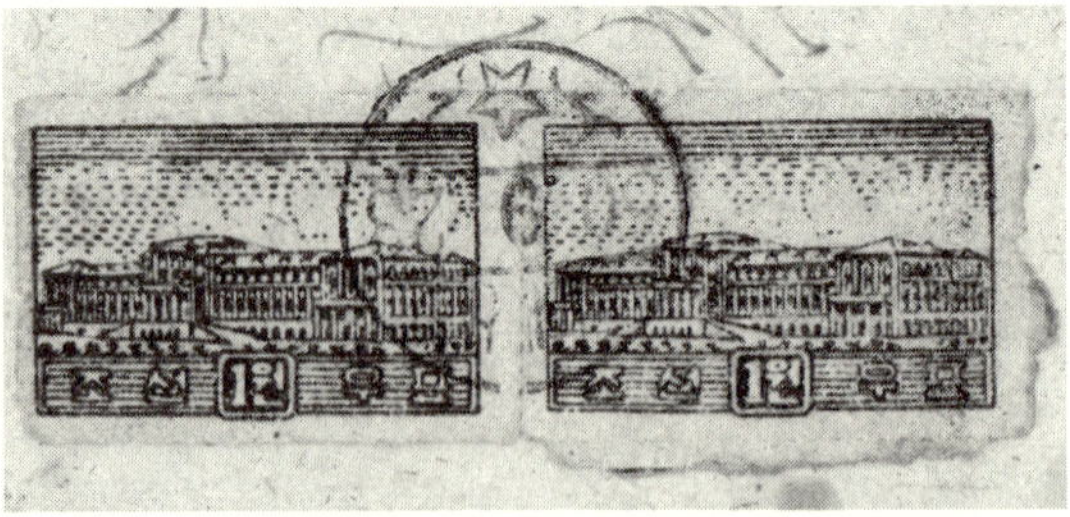

図21　創立当初の金日成総合大学を取り上げた北朝鮮の切手

図22　1947年4月に北朝鮮で発行された“土地の主人”の1ウォン切手

物生産高が解放前の最高水準だった一九三九＝昭和十四年度に比して一一〇・三％増加したとされている。ただし、そうした公式統計の数字が正確なものであったとしても、一般国民の実質的な生活水準は決して向上しなかったであろうことは、四七頁で示した切手の品質からも容易に想像がつく。

　ちなみに、〝土地改革に感謝する農民の発意〟という名目で展開された「愛国献米運動」という名のコメの徴発が行われたが、この運動によって〝献納〟されたコメは、「総合大学の最も重要な任務は、優秀な民族幹部を多く輩出する事である」という金日成の号令の下、一九四六年十月一日に創設された金日成総合大学の建設資金に充当されたという。北朝鮮当局は、上記のような創設時の建前から、金日成総合大学を〝人民の大学〟であると主張しているが（図21）、現実の問題として、エリート家庭の出身ではない、本来の意味での〝人民〟が同大学に入学することは、学業成績のいかんにかかわらず、ほぼ絶望的であるという状況が建国以来現在に至るまで続いている。

　農地以外の土地のうち、没収された果樹園は各道の人民委員会が、山林（農民所有の小規模のものを除く）は北朝鮮臨時人民委員会が、それぞれ処理することとされた。これらは、没収農地のうち分配されず人民委員会保有地となったものと併せて、以後、国営農業の拠点となっていく。

　土地改革から約一年後の一九四七年四月に発行された一ウォンの通常切手（図22）には農村の収穫風景が描かれている。切手上には直接的に土地改革やその成功を記念する文字などはないが、現在北朝鮮で発行されている切手カタログによれば、この切手には「土地の主人（Master of Land）」との標題がつけられている。このことから、この切手には、単に当時の農村の風景を描くというのではなく、土地改革の成功を内外に誇示する意図があったものと考えてよかろう。

急速なソヴィエト体制化

土地改革に続いて、北朝鮮臨時人民委員会はソヴィエト体制下のための諸法令を相次いで公布し、北朝鮮社会のソヴィエト体制下を急速に推し進めていく。そうした諸法令のうち、特に重要なものに関しては、周年ごとの記念切手もしばしば発行されているので、いくつか紹介してみよう。

①労働法令

一九四六年六月二十四日、労働者・事務員の労働条件を改善することを目的に公布された。

同法令では、労働者・事務員の八時間労働制（地下および有害労働は七時間）、年齢・性別にかかわらず同一労働に対する同一賃金制、二～四週間の定期有給休暇制、七十七日間の産前産後休暇制を制定し、少年労働の禁止、社会保険制と労働安全・健康保険対策が講じられたことになっている。

ただし、北朝鮮国内の実際の労働現場では、基本設備・装備の不備を人海戦術で補おうとする大衆動員方式が横行しており、生産効率は極めて低い水準にとどまっているのが現状である。特に、炭鉱のように過酷な労働環境の現場では、労働力の確保が容易ではないこともあって、人民軍最高司令官命令により、除隊軍人が強制的に炭鉱に配置されるほか、出身成分の悪いとされる人々（日本統治時代の地主・資本家の子孫など）や〝政治犯〟とされる人々、淪落女性（〝身を持ち崩した〟とされる女性、性犯罪やセクシュアル・ハラスメントの被害女性もこのように呼ばれる）などが強制的に現場へ送られ、作業に従事させられているのが実情である。このため、炭鉱における作業は、軍隊式の指揮命令系統を持った〝懲罰労働〟の様相を呈しており、作業の安全や作業員の衛生に関する配慮はなきに等しいといわれている。

図23　北朝鮮が発行した“労働法令公布６周年”の記念切手

なお、朝鮮戦争中の一九五二年に発行された公布六周年の記念切手（図23）では、工場を背景に労働者を描くというデザインだが、工場の背後には砲身と国旗が描かれており、戦時下の緊張状態が表現されている。

②男女平等権法令

一九四六年七月三十日、〝女性を社会的に解放する〟との目的で公布された。

この法令により、「国家・経済・文化・政治生活の全領域で女子は男子と同等の権利」を持ち、「男子と同等の選挙権と被選挙権を有する」ことが規定された。また、自由結婚の保障、一夫多妻制の禁止、公・私娼および妓生制度の廃止などが宣布された。これを引き継ぎ、朝鮮民主主義人民共和国発足時の一九四八年憲法（第二二条）でも男女平等が保障され、現在にいたっており、一九五六年には、こうした女性の労働環境の改善をアピールするため、〝男女平等権法令十周年〟の記念切手（図24）も発行されている。

図24　北朝鮮が発行した"男女平等権法令10周年"の記念切手

　しかし、こうした法的な面での平等や末端での女性幹部の登用に対して、中央の政策決定に関与する高級幹部に女性はほとんどいない。また、社会的にも伝統的な儒教道徳に基づく男尊女卑原則が厳然と存在しており、家事・育児の一切は女性の仕事とされている場合が多い。このことが、北朝鮮の女性を、否応なしに「働き者」にしているとの指摘もなされている。

③重要産業国有化

一九四六年八月十日に公布された「産業、交通運輸、逓信、銀行などの国有化に関する法令」によって実施された。日本人ならびに民族反逆者の所有する企業所、鉱山、発電所、鉄道、運輸、逓信、銀行、商業および文化機関を無償で没収し、国有化（朝鮮人民の所有と表現された）した。この結果、全産業の九割以上を占める千三十四ヵ所の企業所が国有化され、このうちの八百八十二の企業所と十六の炭鉱で一九四七年には操業を再開した。なお、朝鮮人の個人中小事業者に関しては、一九四六年十月四日、「個人の所有権を保護し、産業および商業において個人の創意性を発揮させるための対策に関する決定」が採択され、私営企業を法的に認め、保護する姿勢が示されている。

　郵政（逓信）に関しては、すでに、一九四六年三月、北朝鮮臨時人民委員会の下部機関として北朝鮮臨時人民委員会逓信局（局長は趙永烈）が発足し、北朝鮮最初の切手も発行されていたが、産業国有化によって日本時代の郵便局や関連資材の接収はさらに進むことになった。

　たとえば、図25は、一九四七年九月、咸鏡北道の城津（現金策）から道内の吉州宛に差し出された葉書だが、日本時代の葉書を接収し、葉書の印面の楠公銅像を抹消するとともに、臨時人民委員会の下での新たな額面を表示するための円形の印を押したうえで使用されている。印の中央には、郵便のみならず電信電話も取り扱っていた逓信局の象徴で

図25　北朝鮮臨時人民委員会の統治下で日本時代の葉書を接収し、“郵便葉書”等の文字の入った印を押して使用した例（部分）

ある電信柱が大きく描かれ、柱の両脇にはハングル表示の〝朝鮮〟の文字、柱の下にはムクゲの花が描かれている。また、印の上部には〝郵便葉書〟の漢字表記があり、両脇には漢字とハングルで額面の〝五十銭〟の文字も入っている。

ソ連軍政下の北朝鮮の郵便事情については、現在でも不明な点が多いのだが、何らかの形で日本時代の葉書（の用紙）を利用して差し出された郵便物の残存数は一九四七～四八年に集中している。このことは、重要産業国有化に伴い、郵便局の現場でも日本時代の葉書類を接収して使用することが公に認められたという事情によるものではないかと推測できるかもしれない。なお、この葉書に押されている消印も、日本時代の郵便局で使用されていた印類を、年号のみ西暦（の下二桁）に変更して使用したものである。

図26　北朝鮮が発行した“重要産業国有化10周年”の記念切手

ちなみに、三九頁でご紹介した南朝鮮の一九四七年五月に差し出しの葉書では、日本時代の葉書の印面は南朝鮮のウォンと等価で有効とされていたが、北朝鮮の葉書では印面の三銭は無効とされ、葉書は単なる用紙として利用されているに過ぎない。

さて、重要産業の国有化は、土地改革とともに、社会主義体制の基盤を作ったものとして、北朝鮮ではその歴史的意義が高く評価されており、その十周年にあたる一九五六年をはじめ、節目の年には必ずといってよいほど記念切手も発行されている（図26）。

混乱の中で迎えた南朝鮮の解放一周年

このように、ソ連の軍政下で北朝鮮のソヴィエト体制化が着々と進行していったのに対して、南朝鮮に進駐した米軍の占領行政は混乱を極めていた。

日本時代の官吏の留任を打ち出して猛反発にあい、すぐさま方針の撤回を迫られた占領当局は、日本時代の供出・配給制度を廃止して自由市場を導入したが、この結果、インフレが発生する。あわてた軍政庁は、一九四六年二月、供出・配給制度を復活させたものの、火のついたインフレを収束させることはできなかった。さらに、日本や旧満洲などからの帰国者、共産主義支配を嫌って北朝鮮から逃れてきた人々などが南朝鮮に大挙して流入。失業者は百万人を超え、各地でストライキが頻発した。その一方で、〝通訳政治〟の通弊として、軍政庁とむすびついた一部朝鮮人による不正・腐敗が蔓延。米国の占領行政に対する住民の不満は高まっていった。そして、それを吸収するかたちで左翼勢力の社会的な影響力が増大する。

そうした中で、ともかくも〝解放一周年〟にあたる一九四六年八月十五日になると、南朝鮮では記念切手と記念葉書が発行された。

解放一周年の記念切手は、小枝をくわえた鳩と朝鮮半島の地図（ちなみに、この時代の切手に描かれた朝鮮半島の地図には〝竹島〟を含むものは一つもない）を描くもので、朝鮮半島の全域が解放されたことを示すと同時に、統一朝鮮の独立という理想が表現されている。

切手は梁在憲が原画を作成し、ソウルの精巧社で製造された。ちなみに、これが南朝鮮内で印刷された最初の切手

図 27　南朝鮮で発行された解放 1 周年の記念切手が多数貼られた封筒

である。

切手の額面は五十チョン。一年前の一九四五年八月十五日時点では、南朝鮮内の書状基本料金は十チョンだったが、切手が発行される直前の八月十二日、一挙に五倍の五十チョンに値上げされている。ちなみに、日本国内の書状基本料金は一九四六年七月二十五日に値上げされて三十銭になっている。終戦時の日本円と南朝鮮のウォンは等価だったから、郵便料金の値上げ率から単純計算すると、南朝鮮のインフレは日本の一・六倍のスピードで昂進したことになる。

図27は、その解放一周年の記念切手を二十枚貼り、十ウォン分の切手を貼って米国宛に差し出した封書。押されている消印は解放一周年の記念スタンプで、断ち切られた鎖（植民地支配からの解放を示す）を背景に、太極旗（韓国国旗）を掲げる青年が描かれている。

終戦と同時に、連合軍の占領下に置かれた旧〝大日本帝国〟の支配地域では、域外との郵便物の交換が停止されていたが、米国宛の郵便物に関しては、一九四六年七月四日（米国独立記念日）に合わせて取り扱いが再開された。

図28は、その再開第一便として差し出された郵便物で、差出人は米軍政庁の関係者であることがリターン・アドレスからわかる。当時の米国宛の料金は十ウォンで、郵便料金としては解放切手の十ウォン分のみが有効である。封筒の右上に貼られている十ウォン分のハングル加刷切手は、すでに七月一日以降は無効となっていたが、一種の記念品として封筒に貼りつけたのだろう。

なお、日本国内発の外国宛郵便物の取り扱いが再開されたのは一九四六年九月一日のことであったから、その点においては、南朝鮮は日本よりも優遇されていたと言えるのかもしれない。

また、記念切手と並行して、記念の官製絵葉書（図29）も発行された。

こちらの絵面には民族衣装を身に着け、太極旗を掲げて行進する

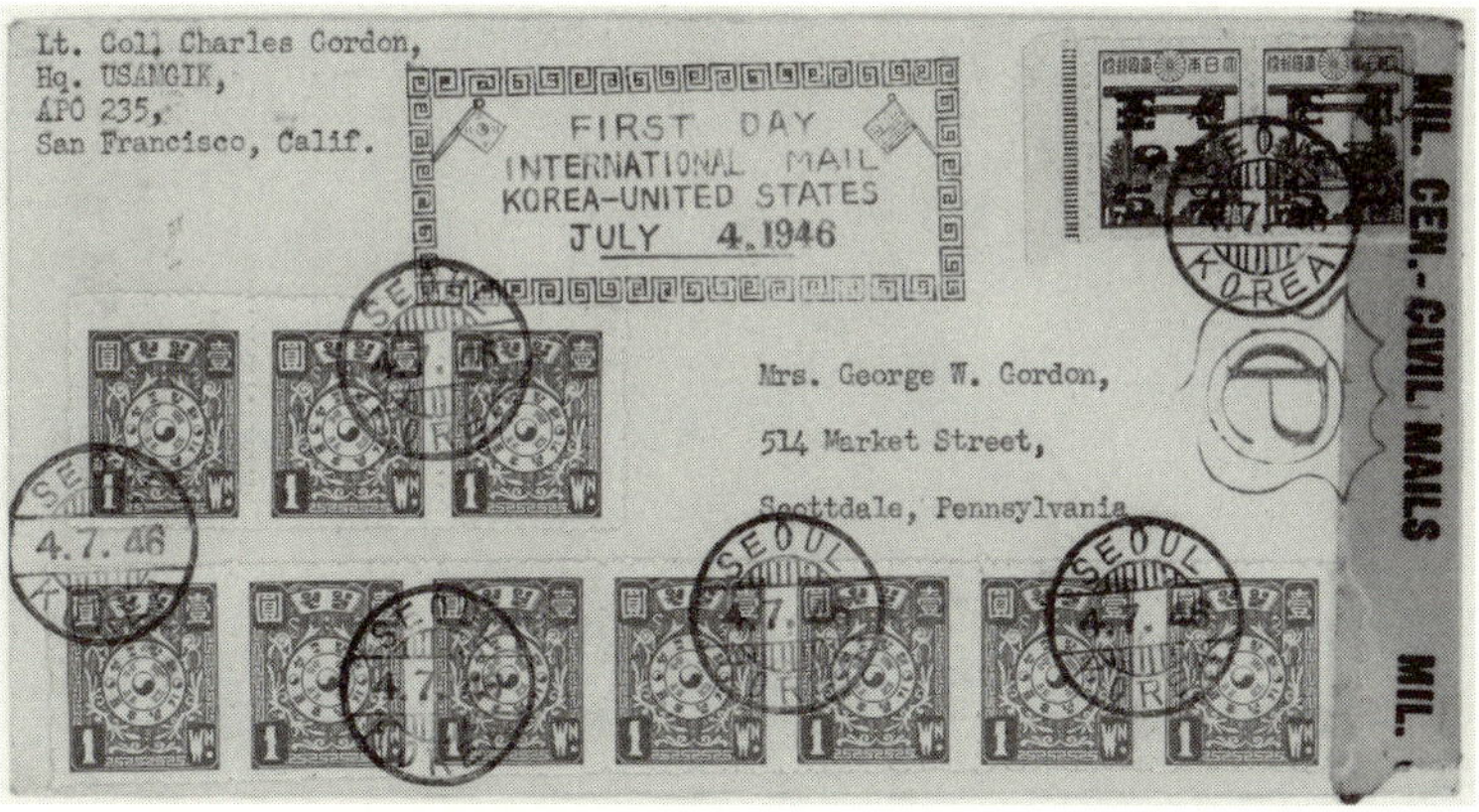

図28　南朝鮮から米国宛の再開第1便として差し出された郵便物

図29　解放１周年の記念絵葉書とその印面

人々の姿が描かれている。彼らの足元には、日本統治からの解放を象徴するものとして断ち切られた鎖が転がっているほか、〝日本帝国主義〟のシンボルである日章旗が踏みつけられ、引き裂かれている。

　印面には、豊臣秀吉の朝鮮出兵の際に活躍したとされる亀甲船が描かれている。

　亀甲船に関する記録は、朝鮮王朝の歴史書である『太宗実録』一三年二月五日甲寅条に「上過臨津渡観亀船倭船相戰之状」との記述が最初のもので、亀船という名で、首都防衛のために臨津江に浮かべられていたらしい。ここでいう太宗一三年というのは西暦一四一三年で、いわゆる倭寇の時代に相当する。おそらく、日本刀での斬り込みを得意としていた倭寇に対抗するための工夫を凝らした船だったのだろうが、この記述だけではその実態はよくわからない。なお、『太宗実録』には一五年七月十六日辛亥条として「其六亀船之法衝突衆敵而敵不能害可謂決勝之良策更令堅巧造作以備戰勝之具」との記述もあるが、これは「亀船は敵に衝突し損害を与える。勝利を決める良策として建造された堅い船である」という以上のものではなく、具体的な大きさなどは、やはり不明である。

　ちなみに、一四一九年、すでに世宗に王位を譲っていた太宗は、倭寇の拠点とされていた対馬の襲撃を命じたが（応永の外寇）、その際、亀甲船が使われたのかどうかは、やはり定かではない。

　李舜臣が亀甲船を用いて日本の水軍を破ったとされるのは一五九二年の出来事で、李舜臣とともに海戦に参加した甥の李芬の「李舜臣行録」によれば、「亀甲船の大きさは、板屋船（当時の主力戦船）とほぼ同じく上を板で覆い、その板の上には十字型の細道が出来ていて、やっと人が通れるようになっていた。そしてそれ以外は、ことごとく刀錐

（刀模様のきり）をさして、足を踏み入れる余裕も無かった。前方には龍頭を作り、その口下には砲口が、龍尾にもまた砲口があった。左右にはそれぞれ六個の砲口があり、船形が亀のようであったので亀甲船と呼んだ。戦闘になると、かや草のむしろを刀錐の上にかぶせてカモフラージュしたので、敵兵がそれとも知らず飛び込むとみな刺さって死んだ。また、敵船が亀甲船を包囲するものなら、左右前後から一斉砲火でやられた。」という。

この内容が広く人口に膾炙することになって、亀甲船イコール李舜臣というイメージが定着。解放後、韓国のナショナリズムが形成されていく過程で、日本を破った民族の英雄、李舜臣のシンボルとしてもてはやされ、解放一周年の葉書にも取り上げられることになったというわけだ。ただし、李舜臣の時代の亀甲船の実物は現存しておらず、その姿はあくまでも想像するしかない。

葉書の印面に採用されているデザインは、李舜臣の死後およそ二百年後の一七九五年にまとめられた『李忠武公全書』の想像図を基に作成されたもの。『李忠武公全書』の想像図は日本の教科書の図版などにも取り上げられているので、見覚えのある読者もあるかもしれない。

表裏ともに、極めて反日色の強いデザインの葉書だが、日本統治の終焉イコール朝鮮の解放・独立とするデザインには、モスクワ協定の信託統治案に対する強烈な異議申し立ての表現という面があることも見逃してはなるまい。

新羅時代の文化遺産と李舜臣の肖像

続いて、一九四六年九月から十一月にかけて、解放切手に代わってソウルの京和印刷所が製造した新普通切手が五種類発行された。その内訳は、慶州の瞻星台を描く五十チョン切手、国花のムクゲを描く一ウォン切手、朝鮮半島の地図を描く二ウォン切手、新羅時代の王冠を描く五ウォン切手、李舜臣を描く十ウォン切手となっており（図30）、解放後の南朝鮮でのナショナリズムを喚起するような題材が選ばれている。また、解放切手では額面の表示に漢数字も使われていたが、この時発行された切手からは漢字はなく

図30　1946年9月以降に南朝鮮で発行された普通切手

なり、すべてハングル表示となった。なお、切手の原画はすべて呉周煥が制作した。

このうち、五十チョン切手に取り上げられた慶州の瞻星台は、東洋最古の天文台とされている遺構で、高さは九・一七メートル。円筒形で下から四・一六メートルの場所に一メートル四方の出入口がある。新羅最初の女王である善徳女王（在位六三二～四七年）の時代に建立されたと考えられており、一九六二年に国宝に指定された。ただし、天文台ではなく、仏教の祭壇ないしは巨大な日時計ではないかとの説もある。

五ウォン切手に取り上げられた新羅の金冠は、日本統治時代の一九二一年、慶州市路西里で発見された金冠塚古墳の埋葬品で、薄い金板を切り抜いて作った帯輪の上に三本の樹枝形の飾りを、さらに二本の鹿角形装飾をつけており、五～六世紀に作られたものと推定されている。冠全体に五十七個の勾玉と百三十三個の瓔珞を下げており、韓国の国宝にも指定されている。

数多ある朝鮮の文化財のうち、あえて三国時代の新羅のものが二点選ばれた背景には、西暦四世紀以降、北緯三八度線以南の朝鮮半島南東部を拠点に出発した新羅が、六七六年、朝鮮半島をほぼ統一することに成功した歴史的経緯に倣って、米軍政下の南朝鮮も将来的に南北統一の独立国家へと発展的に解消されるべきであるとの寓意が込められていたと考えることも可能かもしれない。

これに対して、十ウォン切手の李舜臣は〝抗日の英雄〟として、日本からの解放を象徴する題材として取り上げられたことは明白である。

李舜臣は一五四五年、漢陽（現ソウル）生まれ。一五七六年、科挙の武科に及第し、一五九一年、幼馴染で右議政（副首相に相当）に出世していた柳成竜の推挙で全羅左道水軍節度使に抜擢された。翌一五九二年に始まる豊臣秀吉の朝鮮出兵に際しては、水軍の指揮官として、亀甲船を用いるなどして火砲戦法を用い、玉浦の戦いや閑山島海戦等で戦果を挙げた。その功績により、一五九三年、三道（慶尚・全羅・忠清）水軍統制使に任じられたが、一五九七年一月、慶尚右道水軍節度使の元均らの中傷により無実の罪で捕らえられ、将軍から兵卒に身分を落とされた。しかし、元均が亡くなった後の一五九七年に復権。第二次朝鮮出兵の日本水軍と戦ったが、翌一五九八年、露梁海戦で島津軍の鉄砲により戦死した。

李舜臣は死後、朝鮮王朝から忠武公の諡号を賜ったほか、忠清南道牙山市に祠堂として顕忠祠が建立され、正一品議政府領議政（首相に相当）を追尊されるなど、救国の英雄として朝鮮王朝からは最大級の勲功を与えられたものの、一般の朝鮮人の間では次第に忘れられた存在になっていた。

ところが、日本による朝鮮統治の開始と前後して、日本を撃退した民族的英雄としての李の存在に再び関心が集まり、日本統治時代には、朴殷植による『救国の名将李舜臣』をはじめ、朝鮮人による李舜臣伝もさかんに発表され、李の戦功に対する朝鮮人の認知度も急速に高まった。さらに、〝伝説の抗日英雄・キムイルソン〟（とされる金成柱）が北朝鮮の政治指導者として姿を現したこともあり、南朝鮮としては、彼に代わる抗日のシンボルとして、李舜臣の存在がクローズアップされ、切手にも肖像が取り上げられることになったのである。

ただし、李に関しては、彼の生前に作成された肖像画が確認されていないことから、切手の肖像は原画作者の呉周煥による創作である。ちなみに、現在、韓国で李舜臣の〝国家標準画像〟として切手や紙幣、教科書の図版などに用いられている肖像画は、朴正熙政権時代の一九七三年に作成されたもので（図31）、呉周煥のデザインした切手の肖像とはかなり雰囲気が違う。

図31　李舜臣の国家標準画像を取り上げた1978年の韓国切手

ハングル五百年

ところで、一九四六年は一四四六年に朝鮮王朝第四代国王の世宗が〝訓民正音〟の名で公布してから五〇〇年になることから、十月九日、南朝鮮ではハングルの文字表を図案化した〝ハングル五百周年〟の記念切手（図32）が発行された。なお、この時期の北朝鮮は同種の記念切手を発行していない。

図32　南朝鮮で発行されたハングル500年の記念切手

訓民正音は、古くから〝諺文〟との通称で呼ばれていたが、それが〝ハングル〟の名で呼ばれるようになったのは、日本統治時代の一九一二年以降のことで、その由来は〝偉大なる文字〟の意味とも、〝韓の文字〟の意味ともいわれている。その後、一九二一年に結成された朝鮮語研究会（現ハングル学会）が、一九二七年に雑誌『ハングル』を刊行し、さらに翌一九二八年に〝ハングルの日〟を制定（一九二六年以来の〝カギャの日〟から改称）するなどして普及活動に努めたことから、しだいに諺文よりもハングルの呼称が定着することになる。

一九一〇年の韓国併合当時、朝鮮の識字率は非常に低かった。このため、朝鮮総督府は、日本語による学校教育と併行して、初等教育での諺文（朝鮮総督府としては、一九四五年までハングルという呼称は正式には使用しなかった）の使用を推進した。この結果、漢字とハングルの混用という文体が急速に普及し、朝鮮内の識字率も飛躍的に向上する。

しばしば、日本統治時代は朝鮮人によるハングルの使用が厳しく制限されていたというような記述を目にすることがあるが、それは歴史的事実と異なり、多くの朝鮮人はハングルを日常的に使用していた。

たとえば、図33の葉書を見ていただこう。

この葉書は、一九四四年四月一日、大阪海軍施設部に勤務していた朝鮮人兵士から忠清南道瑞山宛に差し出

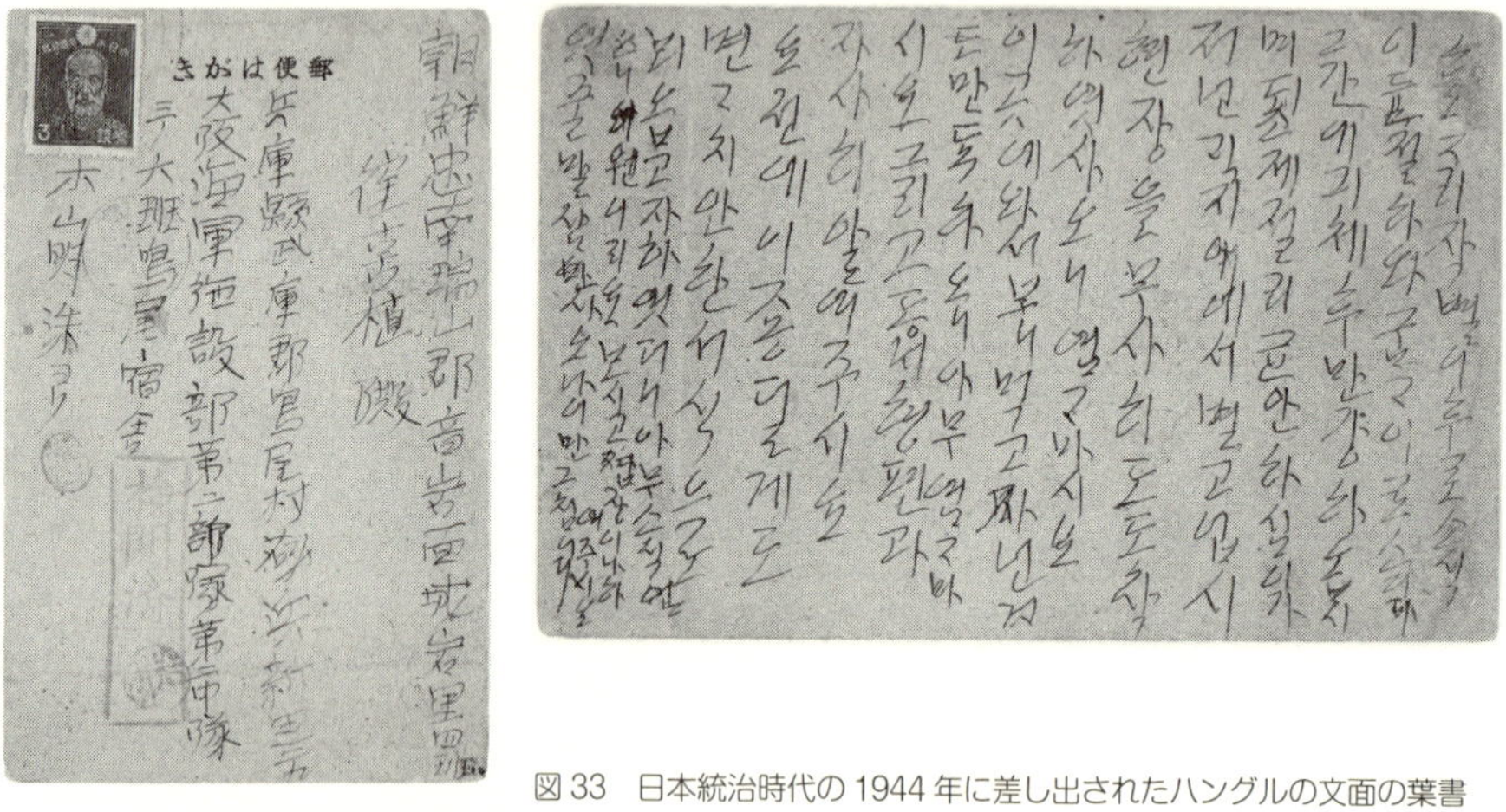

図33　日本統治時代の1944年に差し出されたハングルの文面の葉書

されたが、差出人の木山明洙は日本風に改姓された名前で、わざわざ〝ヨリ〟との日本語も付け加えられている。名宛人の崔喜植とのコミュニケーションには日本語ではなくハングルの方が好都合だったためか、裏面の文面はハングルで記されている。この文面は、木山の所属部隊において検閲を受けてから（戦時下においては、差出人が日本人であろうと朝鮮人であろうと、軍機の漏洩を防ぐために検閲が行われる）差し出されている。このことは、当時の朝鮮人兵士にはハングルを使用して郵便を差し出すことが認められており、そのためにハングルを理解する検閲スタッフが配属されていたことの証拠と言ってよい。

ところが、一九四五年の解放後、日本語が漢字を使用していたことにくわえ、新羅以来の中国への従属の歴史への反発などもあって、漢字を排斥し、朝鮮語をハングルのみで表記しようとする機運が

南北朝鮮で盛り上がった。

早くも一九四五年九月には、一九四二年以降活動休止に追い込まれていた朝鮮語学会（一九三一年に朝鮮語研究会から改称）は国語講習会を開催し、九月二十九日、「漢字廃止実行会発起趣旨書」を発表。日本の敗戦の原因は漢字かな交じり文の非効率性にも一因があり、漢字学習の時間を減らして、その分を科学教育に割り当てるべきとする日本の国語学者・保科孝一の言説（戦後日本の国語審議会が推進した〝漢字制限〟は、こうした発想による）に依拠しつつ

①初等教育からの漢字の除外（ただし、中等教育以上においては、古典研究のため漢字教育を否定しない）
②日常の文章からの漢字の排除
③新聞・雑誌からの漢字の排除
④書簡封筒・名刺・表札の純ハングル化
⑤古今東西のあらゆる書籍のハングルによる翻訳

を活動目標として掲げた。

これを受けて、十一月三十日、ソウル市寿松町の淑明女子校講堂で漢字廃止実行会発起準備会が正式に発足。軍政庁に対して初等学校教科書から漢字を廃止するよう建議した。

一方、軍政庁でも、教育部門の責任者であったロッカード大尉の補佐官として文教部長に就任した呉天錫や、呉の推挙により朝鮮語学会の常務理事から学務局編修課長となった崔鉉培により、朝鮮語学会の唱えるハングル専用路線が文教政策の柱として採用される環境が整いつつあった。

かくして、軍政庁は朝鮮語学会の建議を受けて、英語を〝公用語〟としつつもハングルの専用を指示。一九四八年八月に大韓民国が正式に発足すると、ハングル専用法が公布され、漢字廃止運動は国家の制度として動き始めることになる。

一九四六年十月に発行された〝ハングル五百周年〟の記念切手は、そうしたプロセスにおいて、軍政庁の政策を周知宣伝するための一手段として発行されたものと考えてよい。

十月人民抗争と朴憲永の越北

さて、日本の降伏から一年を迎えた一九四六年八月、米軍政庁は経済再建のため、鉄道・運輸部門の従業員二五％の解雇と、月給制から日給制への変更を発表した。しかし、多くの労働者がこれに憤激。九月二十三日、朴憲永をはじめとする共産主義者の指導による鉄道労働者のストライキを機に、これに同調する労働者・市民が続出し、南朝鮮全

域はゼネスト状態に突入した。

　軍政庁はゼネストを武力で制圧しようとしたが、十月一日に大邱駅前で警官隊の発砲でデモ隊に死者が出ると、軍政に対する一般住民の不満が爆発。ゼネストは南朝鮮全域で暴動化し、以後、十月人民抗争と呼ばれるようになる。

　結局、人民抗争は、非常戒厳令を施行した米軍により、十一月中旬までにほぼ鎮圧され、以後、左翼陣営は非合法活動を余儀なくされた。反面、占領行政の失敗は誰の目にも明らかとなり、南朝鮮における反米感情は鬱屈したかたちで蓄積されていくことになる。

　図34は、そうした人民抗争の興奮さめやらぬ一九四七年一月末に、朴憲永の逮捕令取消を求めてホッジ宛に差し出された

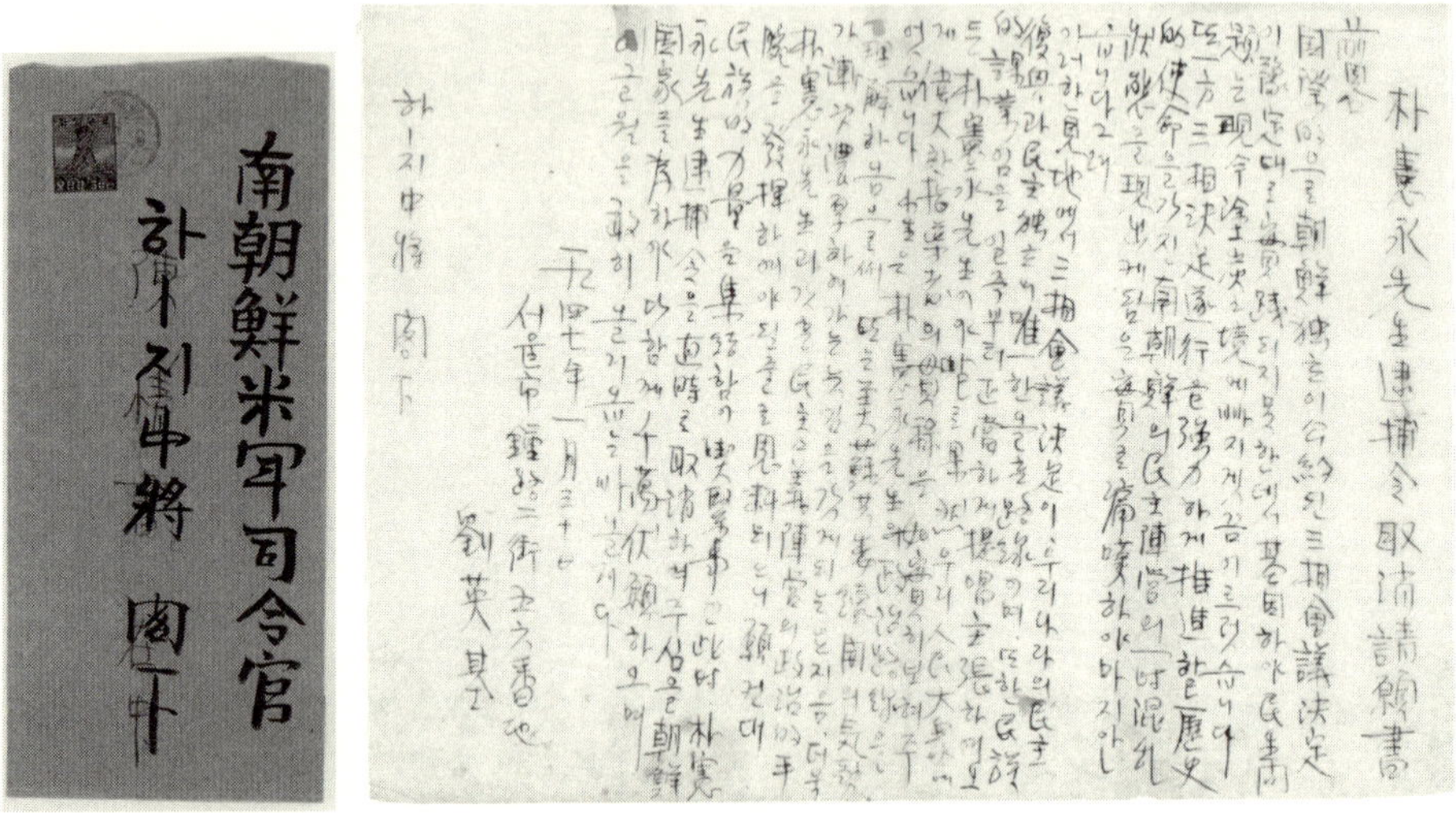

図34　ホッジ宛に朴憲永の逮捕取消を求めた嘆願書

陳情書である。

　朴憲永は、一九〇〇年、忠清南道礼山郡新陽面生まれ。京城高等普通学校在学中の一九一九年、三・一独立運動に参加し、事件後、上海に亡命する。上海では高麗共産党イルクーツク派に参加し、一九二二年一～二月、コミンテルンがモスクワおよびペトログラード（現サンクトペテルブルク）で開催した〝極東の共産主義的・革命的組織の第一回大会（通称・極東諸民族大会）〟に参加すべくソ連に渡ったが、帰国後、逮捕・投獄された。

　出獄後は新聞記者として活動しながら、一九二五年四月、非合法組織として（第一次）朝鮮共産党の創立に参加。同年末には再度逮捕されるが、精神錯乱を装い、一九二八年に釈放。その後、ソ連に逃亡し、モスクワ共産大学で学んだが、一九三二年に上海で逮捕され、一九三九年ま

で獄中で過ごした。

その後は、光州の煉瓦工場で労働者を装い、地下組織〝ソウル・コム〟を指導していたが、一九四五年の日本の敗戦とともに、朝鮮共産党再建準備委員会（再建派）を結成する。この時点で、ソウルではすでに朝鮮共産党（長安ビルに拠点があったことから〝長安派共産党〟とも呼ばれる）が結成されていたが、朴は長安派に解散を求めた。当然のことながら、長安派はこれに抵抗したが、最終的に解党し、一九四五年九月十一日、朴を最高指導者としてソウルに中央委員会を置く朝鮮共産党が正式に再建される。

このように、朴憲永は戦前からの土着の共産主義者としての活動実績があり、朝鮮共産党の指導者として、当時、朝鮮の左翼陣営の間で絶大な影響力を持っていた。

これに対して、北朝鮮に進駐したソ連軍は、占領行政の円滑な実施のため、自らの意に添う共産党組織の設立を当初から目論んでいたが、朝鮮共産党がすでにソウルで再建されてしまった以上、〝一国一党原則〟（一九四三年にコミンテルンが解散した後も、一九二八年に採択された基本方針は有効であった）に矛盾しないかたちで北朝鮮に共産党組織をつくるという難問に直面することになる。

このため、一九四五年十月十日から十三日にかけて、平壌で「西北五道党責任者および熱誠者大会」が開催され、金鎔範を責任秘書とする〝朝鮮共産党北部朝鮮分局〟が設置された。同分局は、形式的にはソウルの党中央に従属する地方機関とされたが、その実態は明らかに北朝鮮独自の共産党であった。なお、「金日成将軍歓迎平壌市民大会」において、金日成が北朝鮮市民の前に初めて公式に姿を現すのは、大会終了翌日の十月十四日である。

現在、北朝鮮の支配政党である朝鮮労働党は一九四五年十月十日を創建記念日としているが（図35）、これは、朝鮮共産党北部朝鮮分局の設置、すなわち、一国一党原則を骨抜きにして、ソウルの朝鮮共産党とは別の共産党組織を樹立したことを、自らの起源と位置づけていることを意味している。

一九四六年二月、北朝鮮臨時人民委員会が事実上の北朝鮮政府として発足すると、北朝鮮地域における共産党組織の再編も行われることになった。このため、同年八月、前衛党（共産党）とその友党との合同による〝大衆的政党〟の建設というスターリンの方針に沿って、朝鮮新民党（中国・延安にあった朝鮮独立同盟のメンバーが組織していた）と朝鮮共産党北部朝鮮分局とが合同し、北朝鮮労働党が組織された。なお、北朝鮮労働党の初代委員長は、旧新民党の金枓奉で、金日成は一九四九年六月までは副委員長であった。

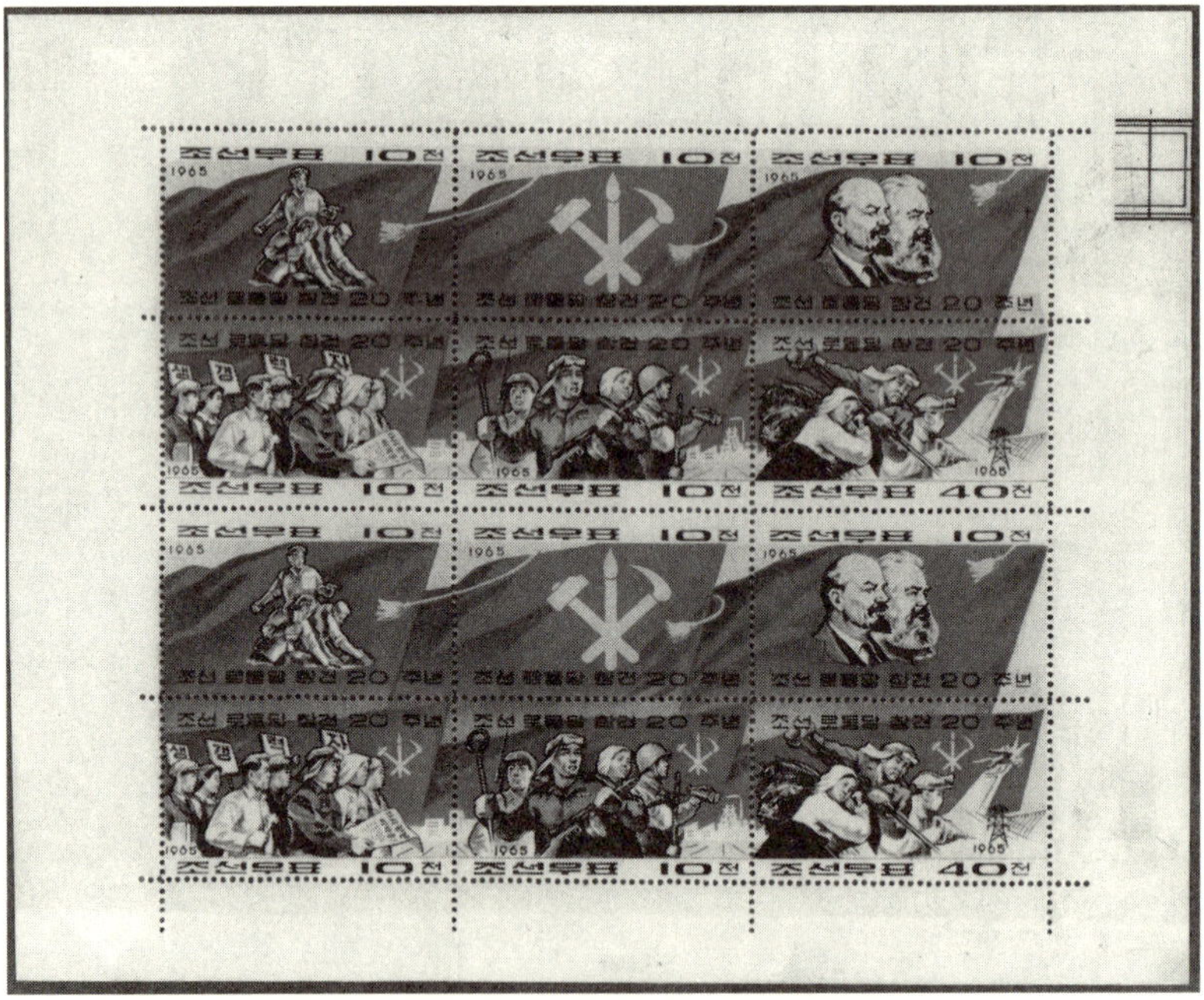

図35　1945年の朝鮮共産党北部朝鮮分局から起算して、1965年に発行された“朝鮮労働党創建20周年”の記念切手

北朝鮮労働党は、一九四六年八月三十日に開催された創立大会において、南朝鮮における朝鮮共産党・新民党・人民党の三党合同の促進を呼びかける決定を採択。これを受けて南朝鮮では、〝大衆的政党〟の組織が急速に進み、同年十一月、朝鮮共産党・新民党・人民党は合同して許憲を委員長とする南朝鮮労働党が結成された。なお、現在の朝鮮労働党が、南北の党の合体（形式的には対等な合同だが、実質的には北の党による南の党の吸収合併）という形式を取って正式に発足するのは、朝鮮民主主義人民共和国発足後の一九四九年六月のことであった。

このように情勢がめまぐるしく変化する中で、解放当初、米軍を〝解放者〟と規定していた朴憲永も、一九四六年六月末、これを撤回。米国帝国主義を〝敵〟と規定し、〝正当防衛の逆攻撃〟をとなえて反米活動を展開するようになった。その結果、九月二十三日のゼネスト開始直前の同月六日、軍政庁は朴を指名手配する。

このため、九月ゼネストと十月人民抗争に際して、朴は地下から左翼陣営に対する指示を発していたが、十月下旬、米軍による逮捕が迫ったとして北朝鮮に脱出。以後、〝安全地帯〟の北朝鮮から南朝鮮内の左翼運動を指導した。しかし、朴というカリスマ指導者を失った南朝鮮内の左翼陣営は闘争戦術をめぐって分裂。さらに、米軍政庁の弾圧もあり、南朝鮮の左翼運動は大きな打撃を受けることになる。図34の嘆願書が差し出された時点では、すでに、朴は軍政庁による逮捕を避けるために北朝鮮へと逃れていたが、この差出人のように、依然として、朴が統一朝鮮の指導者となることを期待していた左翼人士も南朝鮮内には少なからずいたのである。

ちなみに、朴は、一九四八年九月に朝鮮民主主義人民共和国が成立すると、金日成の下で副首相・外相に就任するが、朝鮮戦争の休戦後、クーデター未遂および〝米帝国主義のスパイ〟〝反党分裂分子〟などの容疑で逮捕され、一九五六年十二月十五日、弁護人なしの裁判で死刑・全財産没収の判決を受け、即日処刑された。

南朝鮮過渡政府

一九四七年三月十二日、米国大統領トルーマンは、議会への特別教書演説で、〝武装少数派、あるいは外圧によって試みられた征服に抵抗している、自由な民族〟を支援するとして、世界的規模での共産主義封じ込めの方針を明らかにした。いわゆるトルーマン・ドクトリンである。

トルーマン・ドクトリンの発表を機に東西冷戦の時代が開幕し、南朝鮮では左派勢力の排除が本格的に進められることになった。

こうした状況の下で、南朝鮮政治において存在感を増してきたのが李承晩である。

李承晩は、一八七五年三月、現在は北朝鮮領となっている黄海道平山郡で朝鮮王室にもつながる名家に生まれた。一九一九年に上海で大韓民国臨時政府が組織されるとその初代〝大統領〟となったが、一九二一年に上海を脱出し、その後は、主として、ハワイ、米国で独立運動家として活動。日中戦争期の米国の対中支援政策と絡めて、朝鮮独立に対する支援を訴えていた。特に、一九四一年三月に発表された著書『私の日本観（原題はJapan inside out: the challenge of today）』は一九四一年末の日米開戦を予見したものとして米国内で脚光を浴び、李は自称〝大韓民国臨時政府・大統領〟の肩書をもって、日本の〝極悪非道ぶり〟を宣伝しながら朝鮮の独立を訴える積極的なロビー活動を展開していた。

解放後の一九四五年十月、李は米国軍政下の南朝鮮にいったん帰国する。

帰国後の李は、米国で独立運動の闘士として活動していた実績により、南朝鮮代表民主議院（米軍政庁の諮問機関）の議長に就いていたものの、長年の亡命生活の故に、朝鮮内での政治的基盤は極めて脆弱であった。このため、彼は、米国に対しては自らを強硬な反共主義者として売り込むと同時に、南朝鮮内では米本国が最も支持している政治家との印象を植え付けることに腐心した。

一九四六年五月、米ソ共同委員会はなんら成果を得ることなく無期休会となったが、混乱の中でも李は米国とのパイプを最大限に活用し、権力基盤を拡大していく。そして、同年十二月には再び渡米し、国務省に対してソウルの軍政庁は〝親共〟であると非難。そのうえで、早急に総選挙を行い、南半部だけでも独自の政府を樹立すべきと訴えていた。

果たして、一九四七年五月に再開された米ソ共同委員会はまたしても決裂。この機をとらえて帰国した李承晩は、軍政庁と対立したまま、六月、米国務省の圧力を利用して南朝鮮過渡政府を設立させることに成功する。さらに、翌七月には左右合作を目指していた呂運亨が暗殺されたことで左右対立は決定的になり、南朝鮮も単独政権樹立に向けて大きく舵を切ることになる。

図36　南朝鮮過渡政府の発足後、新たに発行された普通切手

さて、南朝鮮過渡政府の設立を受けて、一九四七年八月一日と一九四八年四月十日の二回に分けて、新しいデザインの切手が四種類発行されている（図36）。

原画の制作を担当したのは、前回同様、呉周煥で、新切手の内訳は、李儁の肖像を描く五ウォン切手、李舜臣の肖像を描く十ウォン切手、独立門を描く二十ウォン切手、亀甲船を描く五十ウォン切手であった。

このうち、五ウォン切手に取り上げられた李儁は、いわゆるハーグ密使事件の当事者として知られている。

一九〇四～〇五年の日露戦争は、朝鮮半島の支配権をめぐって日本とロシアが争った戦争だったから、この戦争に勝利を収めた日本は、一九〇五年十一月、第二次日韓協約を結んで、大韓帝国を保護国化し、韓国に統監をおいて外交権を接収した。

これに対して、韓国皇帝の高宗は、一九〇七年六月十五日、オランダのハーグで開催されていた第二回万国平和会議に密使を直接派遣し、列強諸国に大韓帝国の外交権保護（第二次日韓協約の無効化）を訴えようとした。このとき、密使として派遣された三人のうちの一人が李儁であった。

ところが、会議に現れた密使たちに対して、出席していた列強諸国は大韓帝国の外交権が日本にあること、大韓帝国の利益は条約によって日本政府が代表していることなどを理由に、三人の会議出席を拒絶。そこで、密使たちは会議場の外でビラ撒きなどの抗議行動を行ったとされている。

当然のことながら、韓国皇帝による密使の派遣は、大韓帝国の外交権が日本にあると定めた第二次日韓協約に違反しているから、日本は韓国を強く非難。高宗は譲位を余儀なくされ、七月二十日、息子の純宗が皇帝として即位した。そして、同月二十四日、第三次日韓協約が調印されて、韓国は内政面でも日本の統監の管轄下におかれることになった。

一方、三人の密使のうち李儁は列強の姿勢に抗議して現地で自殺したとされており、現在の韓国・北朝鮮では彼は殉国の義士として尊敬を集めている。ただし、彼が亡くなったのは会議への出席を拒絶されてから十日以上も経過してからのことで、そのタイミングでの自殺は不自然で、李儁の死は単なる病死ではないかとする見方も根強く、議論が分かれている。

一方、二十ウォン切手に取り上げられた独立門は、高さ一四・二八メートル、幅一一・四八メートルの御影石の門で、フランス・パリの凱旋門を模して作られた。定礎は朝鮮王朝時代末期の一八九六年十一月二十一日で、国号が大韓帝国と改められた直後の一八九七年十一月二十日の完成である。したがって、独立門は、一九一〇年に始まる日本の植民地支配からの独立を記念して建立されたものではありえず、ここでいう〝独立〟とは、清朝からの独立を意味していることに留意すべきである。

長年にわたって清朝を宗主国とし、事実上の鎖国体制を採ってきた朝鮮王朝は、一八七六年に日朝修好条規を結んで開国。その後、列強諸国の圧力に対して、清朝の属国としての地位から脱して近代独立国家の建設を目指すべきだという勢力（開化派）と、清朝との関係を維持・強化することで危機を脱すべきと考える勢力（事大派）が対立した。こうした朝鮮国内の対立は、朝鮮半島の権益をめぐる各国の対立ともリンクし、一八九四年には日清戦争を引き起こしている。

日清戦争は、朝鮮での農民反乱の鎮圧をめぐる両国の対立が直接の発端となったことにみられるように、朝鮮に対する清朝の宗主権を認めるか否かというのが最大の焦点だった。結局、戦争は日本の勝利に終わり、清朝は朝鮮に対する宗主権を放棄して朝鮮が独立国であることを承認。

朝鮮からの朝貢なども廃止された。

清朝の属国ではなくなったことを受け、朝鮮ではいつまでも属国の首長である〝国王〟を名乗るのはおかしいということになり、国王を皇帝とし、国号を大韓帝国と改める。その一環として、ソウル四大門の一つで、敦義門とも呼ばれていた西大門と、清朝への服属のシンボルであった大清皇帝功徳碑などを破壊し、その隣に建てられたのが、切手に描かれている独立門である。その建設費用は、開化派の団体である独立協会が中心となり民間の浄財を募り、新生大韓帝国の臣民によって独立を祝賀する式典も行われている。

このように、独立門は日本からの独立を記念して建てられたわけではなく、清朝からの独立を記念して建てられたものであり、間接的には、日清戦争での日本の勝利を記念する門とみなすことさえできるのだが、実際には、〝独立〟という単語に引きずられて、現在の韓国では、残念ながら、日本支配からの解放を記念して建てられた門だと誤解する人が多いのだという。というよりも、李儁や李舜臣、亀甲船の切手などとともに、独立門の切手を発行した背景には、解放後のナショナリズムを涵養するため、そうした〝誤解〟をあえて助長しようという意図もあったのかもしれない。もちろん、この切手が発行された一九四八年当時は、独立門が日本統治時代以前から存在してきたことを知っている人も多かったはずなのだが……。

南北連席会議の裏で朝鮮人民軍が創建

一九四七年五月に再開された米ソ共同委員会が決裂したことをうけ、問題解決の目途を失った米国は、九月十七日、朝鮮問題を第二回国連総会に上程。国連臨時朝鮮委員会(UNTCK：United Nations Temporary Commission on Korea)を設置し、一九四八年三月末までに同委員会の監視下に総選挙を実施するとの決議を採択させた。しかし、すでに北朝鮮のソヴィエト化をほぼ完成させていたソ連は、朝鮮半島からの米ソ両軍の同時撤兵を主張。選挙監視のために国連委員会が北緯三八度線以北に立ち入ることを拒絶する。

このため、一九四八年二月、国連総会中間委員会は〝選挙の可能な地域〟での選挙実施を決議。この結果、同年五月、南朝鮮での単独選挙が実施されることになった。

これに対して、北朝鮮側は、南朝鮮での単独選挙が行われる直前の一九四八年四月、全朝鮮の代表者による会議として「全朝鮮政党・社会団体代表者連席会議(以下、連席会議)」を招集。同会議には、南北の政党・社会団体五十六の代表者六百九十五名が参加したが、このうち、三八度線を越えて南朝鮮からは金九をはじめ三百九十五名が参加した。

しかし、会議はなんら具体的な成果をもたらすことはなく、四月三十日に発表された共同声明は、外国軍隊の即時・同時撤退、全朝鮮政治会議の招集による臨時政府の樹立、南北統一の総選挙の実施と憲法の制定、南朝鮮単独選挙の正統性の否定等、ソ連側の主張を追認するだけのものでしかなく、南北統一政府樹立のための最後の機会とも期待された連席会議は不調に終わった。

もっとも、北朝鮮側にとっては、連席会議の開催は、あくまでも、南朝鮮が単独選挙によって先に分断国家を作ったために、自分たちもやむを得ず、独自の政府を樹立したという形式を整えるためのセレモニーのようなものでしかなかった。

実際、連席会議の開催に先立つ一九四七年十一月、北朝鮮側は、南朝鮮とは別の政府を樹立すべく、太極旗とは別の国旗の制作を開始している。

さらに、会議開催二ヵ月前の一九四八年二月八日には、後に北朝鮮の国防軍となる朝鮮人民軍が、朝鮮民主主義人民共和国政府よりも先に創建された。

北朝鮮における軍事組織は、解放直後の一九四五年十月、ソ連占領軍による武装解除と二千名からなる〝保安隊（隊長は金日成）〟の創設が最初である。その後、同年十一月、占領下の地域行政機関として北朝鮮五道行政局が設置されると、その一部局として「保安局」が設置された。また、これに先立ち、十月には早くも新義州で航空隊が創設されている。

一九四六年になると、一月に五道行政局の傘下に鉄道施設の保護を目的とした鉄道保安隊（同年七月、鉄道警備隊に改編）が組織されたほか、同年七月には水上保安隊が、翌八月には海岸警備隊が、それぞれ組織された。これらが、後の朝鮮人民軍の母体となる。

一方、一九四六年二月には幹部養成のための平壌学院（ただし、一九四五年十一月創立説もある。一九四九年に第二軍官学校と改称）が、六月には保安訓練所が、七月には軍事指揮官を養成するための中央保安幹部学校（一九四九年に第一軍官学校と改称）が、それぞれ創設され、政府・軍隊の正式発足前に軍幹部の養成も開始されている。

さらに、解放一周年にあたる一九四六年八月には、実質的な軍司令部として保安幹部訓練大隊部が創設されるとともに、北朝鮮労働党の創立にあわせて「民族軍隊組織と義務的軍事徴兵制を実施すること」が確認された。

一九四七年に入ると、ソ連からの軍事援助が本格的に到着するようになり、五月には全将兵に階級章が付与される

図 37　朝鮮人民軍創建 6 周年の記念絵葉書

図 38　朝鮮人民軍創建 12 周年の記念切手

とともに、保安幹部訓練大隊部も人民集団軍に改編された。そして、一九四八年二月四日、北朝鮮人民委員会の下に民族保衛局が設置されると、これを受けて同月八日、人民集団軍は朝鮮人民軍に改称され、国家の正式成立以前に国軍が誕生する。

こうした経緯から、朝鮮人民軍の創立記念日は、ながらく、二月八日とされ、節目の年には記念切手・葉書（図37、38）も発行されていたが、その後、金日成から金正日への権力世襲の過程で、満洲での金日成の抗日武装闘争の経歴が誇張して宣伝されるようになると、一九七八年以降、朝鮮人民軍のルーツは〝朝鮮人民革命軍〟（金日成の抗日遊撃隊）に求められるようになり、建軍記念日も、本来の一九四八年二月八日から、朝鮮人民革命軍が結成されたとされる一九三二年四月二十五日（ただし、これは北朝鮮当局がそう主張しているだけであって、資料的な裏付けはない）に変更され、現在に至っている。

いずれにせよ、連席会議を呼びかける裏で、北朝鮮は着々と独自の政府樹立のための準備を進めていたことになる。

なお、現在の北朝鮮政府は、一九四八年八月の最高人民会議代議員選挙で誕生した最高人民会議（代議員選挙は、形式的に南朝鮮代表も含まれていたため、全朝鮮の代表から構成されていることになっている）に直接的な正統性の根拠をおいているが、最高人民会議代議員選挙の実施は、連席会議の共同声明に基づいて、同年六月に南朝鮮の単独選挙の無効を宣言した結果、行われたものである。それゆえ、連席会議は、北朝鮮政府にとって、韓国の存在を非合法とするうえで、重要な歴史的意義をもつものとされ、一九九八年には会議開催の

図 39　北朝鮮が発行した連席会議 50 周年の記念切手

五十周年を記念する切手（図39）も発行されている。

南朝鮮単独選挙

さて、米軍政下の南朝鮮での第一回総選挙は、一九四八年五月十日に実施された。

一九四七年九月に設置された国連の臨時朝鮮委員会は、一九四八年三月末までに朝鮮で総選挙を実施することを決定したが、ソ連が北緯三八度線以北への選挙監視団の立ち入りを拒絶したため、〝選挙の可能な地域〟、すなわち南朝鮮のみでの実施となったものである。このため、第一回の総選挙は〝単独選挙〟と呼ばれることもある。

総選挙が行われた当時、南朝鮮の総人口は約二千万人で、選挙前日の五月九日までに選挙登録を行ったのは、全有権者の八割弱にあたる七百八十三万七千五百四名であった。選挙は一区一人の単純小選挙区制で総定数二百である。

日本の植民地支配下では、ながらく、朝鮮を含む〝外地〟に関しては選挙区が設定されておらず、その結果、住民の選挙権もなかった。終戦直前の一九四五年四月になってようやく、朝鮮・樺太・台湾で男子住民に対する選挙権が与えられたものの、選挙が行われる前に終戦となってしまう。

したがって、一九四八年の総選挙は朝鮮史上初の本格的選挙というべきもので、それを記念し、あわせて周知するための切手（図40）が投票日当日の一九四八年五月十日に発行された。

切手のデザインは二種類あり、二ウォン・五ウォン・十ウォンの切手は、太極旗を前に投票用紙を掲げる手を描いている。一方、二十ウォンおよび五十ウォン

図40　1948年総選挙の記念切手を貼り、ニューヨーク宛に差し出された封筒。切手発行初日にソウルで使用された記念印が押されているほか、逓送途中で、米軍政庁による開封・検閲を受けている

の切手には韓服姿で投票する男女の姿が描かれており、日本時代には認められていなかった婦人参政権も認められるようになったことがアピールされている。

ただし、あくまでも南北統一政府の樹立を主張する金九や金奎植は、単独選挙が南北分断を固定化するとの理由から選挙をボイコットするなど、総選挙をめぐる国内情勢は非常に不安定であった。

済州島四・三事件

ところで、一九四八年五月十日の総選挙は南朝鮮内のみでの単独選挙といわれるが、厳密にいうと、南朝鮮内でも済州島では選挙は行われなかった。いわゆる四・三事件をきっかけにした大規模な暴動の最中だったためである。

朝鮮王朝時代に政治犯の流刑地であったことから、済州島とその住民は、日本時代を経て米軍政下でも、朝鮮本土から差別され続けてきた。こうした背景の下、一九四七年三月一日、三・一独立運動二十八周年の記念式典の後のデモに対して軍政庁の警官隊が発砲して六名が死亡すると、三月十日から島内では抗議のゼネストが行われた。これを〝アカの蠢動〟とみなした軍政庁と李承晩ら本土の保守派はゼネストを武力で粉砕する。彼らに対する島民の不満を背景に、一九四八年四月三日、左翼勢力の南朝鮮労働党済州島委員会は警察支署や右派人士に対する一斉襲撃を開始した。これが済州島四・三事件である。

事件は一般島民や本土から派遣された警官隊の家族らも巻き込んでエスカレートし、次第に、当時の南北朝鮮での左右対立の最大の争点であった五月十日の単独選挙阻止を主張するものへと変質していった。結局、蜂起の指導部は、

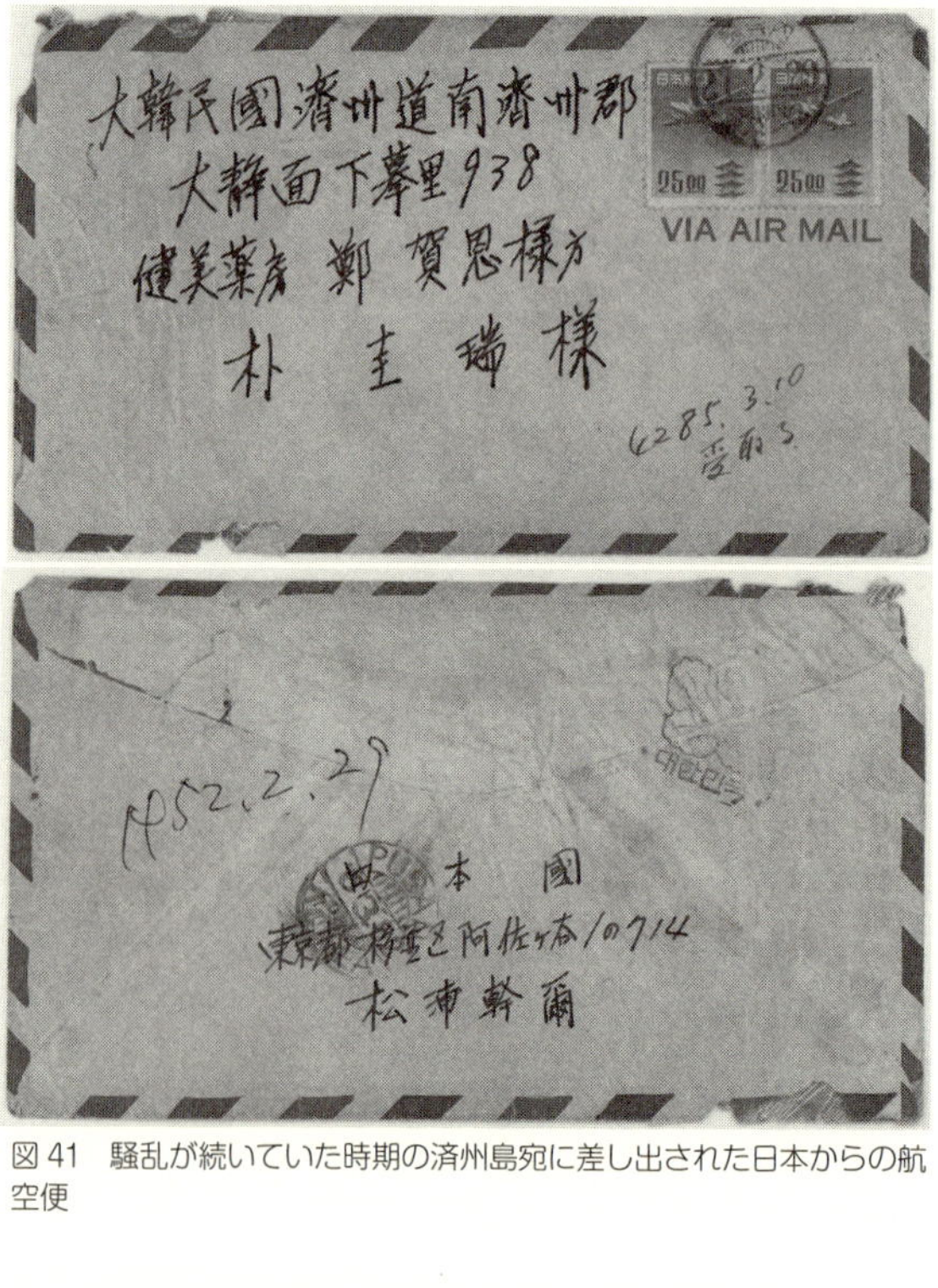

図 41　騒乱が続いていた時期の済州島宛に差し出された日本からの航空便

朝鮮国防警備隊（後の韓国軍）や警察、西北青年団（北朝鮮から南朝鮮へ逃れてきた反共・右翼青年の組織）などの治安部隊によって短期間で鎮圧されたが、残存勢力は一九五七年まで山間部でゲリラ戦を展開して抵抗。最終的に、八万名の島民が犠牲になったといわれている。

図41は、朝鮮戦争中の一九五二年二月二十九日、日本から済州島宛に差し出された郵便物で、釜山経由で名宛人に届けられている。途中、この郵便物は釜山で検閲を受けており、そのことを示すムクゲ型の印も押されている。当時、済州島内では左翼ゲリラに対する掃討戦が展開されている時期であり、そうした緊張状態が郵便物にも反映されていると考えてよかろう。

なお、済州島での混乱と殺戮を逃れて、この時期、多くの密航者（一九五五年八月十八日付の『朝日新聞』には、警視庁公安三課の調査結果として、推定六十五万人の在日朝鮮人のうち、密入国者は十万人を超えるとみられているとの記事も掲載されている）が日本に渡ってきたことも忘れてはなるまい。この郵便物も、そうした日本への密入国者と済州島に残った家族との通信だったのかもしれない。

済州島四・三事件は一九五七年までに完全に鎮圧されるが、おびただしい数の犠牲者が出たことに加え、韓国が長らく反共を国是としていたため、左翼勢力の武装蜂起として一種のタブーとなっていた。

ところが、民主化運動や学生運動を経験した三八六世代（一九九〇年代に三十歳代を過ごし、一九八〇年代に大学に通った一九六〇年代生まれの世代）を支持基盤とする盧武鉉政権が二〇〇三年に発足すると、その経歴から〝過去清算〟に熱心な支持者の要請に応えて、盧武鉉政権は済州島四・三事件の問題にも熱心に取り組むことになった。

韓国における〝過去清算〟というと、日本では「日本の植民地支配による被害を明らかにし、植民地権力に対する協力者を断罪する作業」に限定して考えられがちだが、正確には、その範囲は植民地支配に関する諸問題のみならず、民主化以前の国家権力による暴力・虐殺・人権蹂躙なども対象となっている。じっさい、過去清算に関する最初の法律は、盧泰愚政権下の一九九〇年に制定された「光州民主化運動関連者補償等に関する法律」だった。

その後、民主化運動の指導者であった金泳三、金大中の両政権下でも過去清算に関する法律がいくつか制定されたが、いずれも、解放後の南朝鮮ないしは韓国政府による弾圧の被害者救済が対象となっており、必ずしも、日本統治時代の〝親日派〟を具体的に処罰しようとするものではなかった。

これに対して、解放後の一九四六年に生まれた盧武鉉は、過去清算の対象を〝日帝時代〟にまで拡大したことが従来の政権とは大きく異なっていた。

すなわち、二〇〇四年十二月に成立した「日帝強制占領下反民族行為の真相糾明に関する特別法」では、一九〇四年の日露戦争から一九四五年の解放までの間に、旧日本軍や朝鮮総督府などの行政機関で一定以上の地位に就いていた者や、独立運動家への弾圧や戦時中の戦意高揚のための活動を行った者を調査し、糾弾するというものである。

さらに、二〇〇五年五月には「真実・和解のための過去事（過去史の字を当てることもある）整理基本法」が成立。対象が日本関連だけでなく、韓国軍、北朝鮮人民軍、国連軍、米軍などが起こした人権侵害事件も含まれるようになった。

図 42 「済州・平和の島宣言」に合わせて発行された記念切手。済州島のシンボルともいうべき石像などが描かれている

済州島四・三事件に関しても、二〇〇六年一月に韓国政府は「済州・平和の島宣言」を発し、それに合わせて記念切手（図42）も発行。さらに、同年四月の犠牲者慰霊祭には盧武鉉が大統領として初めて出席し、島民に対して正式に謝罪している。

ただし、盧武鉉政権の場合、日本との外交関係の悪化もあって、過去清算の主眼が〝親日派〟への糾弾に置かれていたことは明白で、二〇〇五年十二月に成立した「親日反民族行為者財産の国家帰属に関する特別法」では〝反民族行為認定者〟の子孫の土地や財産を国が事実上没収できることになり、二〇〇七年五月には、日韓併合条約を締結した李完用の子孫に対して約二五万四九〇六平方メートル、三十六億ウォン（当時のレートだと日本円で約四億八千万円）の土地を没収し、韓国政府に帰属させる旨の決定も下されたことは記憶に新しい。

国会開院

さて、一九四八年五月十日の総選挙の投票率は九〇・八％で、選挙の結果、済州島の二選挙区を除き、百九十八名が当選した。

このうち、五十三議席を獲得して第一党となったのは、大韓独立促成国民会（一九四六年二月に米軍政庁の支援を受けて組織された李承晩系の組織）で、二十九議席を獲得した韓国民主党（韓民党）がこれに続いた。

韓民党は、解放後あい次いで結成された、朝鮮民族党・韓国国民党・朝鮮国民党・大韓民国臨時政府還国歓迎準備委員会の各団体が統合して成立したもので、政治的には地主・資産家の利益を代弁していたが、李承晩とはつかず離れずの距離を保っていた。

選挙が終了すると、国連の臨時朝鮮委員会は選挙の成功を発表。これを受けて、五月三十一日、国会が開院する。

この国会は、大韓民国政府の成立に先立ち、憲法を制定することが最大の目的で、そのため、制憲国会と呼ばれている。

国会はまず、李承晩を議長に選出したうえで、六月十日、国会の組織・運営方法等を正式に定めた南朝鮮国会法を制定した。この国会法の成立を受け、国連の臨時朝鮮委員会が正式に南朝鮮国会の成立を認定したのが、六月二十五日のことである。

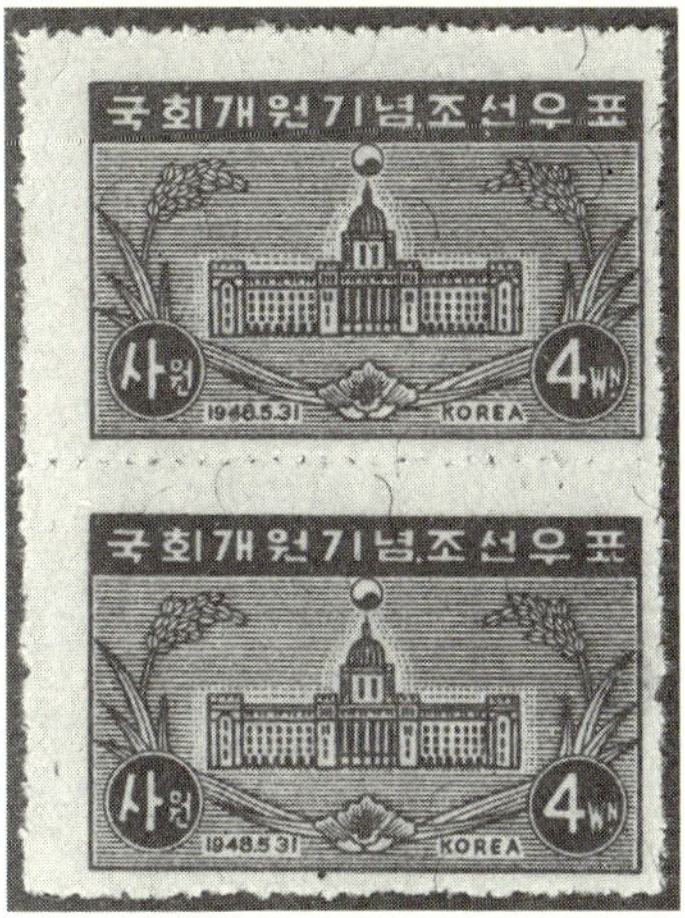

図43　国会開院の記念切手。この切手は日付部分の月と日の間のピリオドの有無によってタイプⅠとⅡに分けられるのだが、図版は両者のタイプがペアになったものである

国会の開院に際して、南朝鮮郵政は記念切手（図43）を発行した。

切手は、太極マークの下に国会議事堂を描くもので、印面下部には国会の開院日にあたる〝一九四八年五月三十一日〟との日付が入れられている。

切手上の日付は〝一九四八年五月三十一日〟だが、この切手が実際に発行されたのは七月一日である。おそらく、五月三十一日に実際に国会が開院したことを確認してから切手の制作作業が開始されたため、このようなズレが生じたのであろう。

なお、南朝鮮では、一九四七年十月一日から一九四八年七月三十一日まで、書状基本料金は二ウォンで、一九四八年八月一日以降、四ウォンに値上げされるが、この切手は料金値上げ一ヵ月前の発行だったこともあり、すでに四ウォンの額面で発行されている。

さて、切手に取り上げられた議事堂の建物は旧朝鮮総督府庁舎である。

旧朝鮮総督府庁舎は、朝鮮王朝の王宮、景福宮の一部を破壊し、正門の光化門と正殿の勤政殿の間に建てられた。竣工は一九二六年、設計は日本で事務所を開いていたドイツ人建築家、ゲオルグ・デ・ラランデである。

旧総督府の建物は、米軍の進駐とともに米軍政庁のオフィスとして接収され、制憲国会の議事堂として用いられたが、一九四八年八月の大韓民国政府成立とともに中央庁（政府庁舎）となり、国会はソウル市民会館（日本統治時代の旧京城府民館の建物で現ソウル特別市議会議事堂）で開かれた。

韓国の国会は、一九五〇年六月の朝鮮戦争勃発まではソウル市民会館の建物が利用されていたが、朝鮮人民軍の南侵によりソウルが陥落すると、大邱の文化劇場（一九五〇年七月二十七日から八月十七日まで）、釜山の文化劇場（同年九月一日から十月六日まで）へと移転する。ちなみに、開戦二週間前の六月十日、ソ連の政府機関紙『イズベスチア』には「八月五日から八日の間に、南北朝鮮を通ずる総選挙を実施し、十五日にソウルで統一国会を開くであろう」との記事が掲載されており、北朝鮮による南侵（の可能性）が暗示されていた。

同年九月二十八日、韓国・国連軍がソウルを奪還すると、十月七日から十一月二十六日まで、国会は、再びソウルの中央庁で開催されるようになったが、同年十二月から翌一九五一年一月には市民会館での開催となる。そして、中国人民志願軍の参戦により戦況が悪化すると、国会も再び釜山に移り、文化劇場（一九五一年一月四日から同年六月十一日まで）、慶尚南道庁舎（旧武徳殿。一九五一年六月二十七日から一九五三年八月十四日まで）が議事堂として使われた。

一九五三年七月二十七日の休戦を経て、八月十五日に韓国政府がソウルに帰還すると、一九五四年五月末まで中央庁が議事堂となったが、その後は、市民会館が改修されて議事堂として使用されていたが、一九七五年八月以降は汝矣島に新議事堂が完成し、現在でも使われている。

一方、中央庁の建物は、一九七二年以降は国立中央博物館の建物として利用されていたが、解放五十年にあたる一九九五年、屈辱の植民地時代の遺構として、尖塔部分を除いて解体された。

もっとも、一九四八年の時点では、ソウルでは旧総督府の庁舎を凌駕する建造物は存在しなかったから、これを取り壊そうという議論も起こらず、国会ないしは中央庁として活用することはすんなりと決まったようだ。

旧総督府庁舎が切手に取り上げられたのは、日本時代も含めて、一九四八年の国会開院の記念切手が最初で、以後、この建物は、ソウルの象徴として、一九四八年八月以降、切手にもしばしば登場することになる。

憲法公布

一九四八年五月末にスタートした制憲国会によって、七月十七日、政府組織法とともに前文と一〇三条の条文からなる憲法が公布された。いわゆる制憲憲法（第一共和国憲法ともいう）である。すでに、同月十日には、制憲国会は軍政終了後の国号を「大韓民国」とすることを正式に決定しており、大韓民国は事実上ここに誕生したといってよい。

当初、憲法の草案では、大韓民国の政体は、国務総理を置く議院内閣制とされていた。これに対して、制憲国会議長の李承晩は、米国式の大統領制を強硬に主張し、調整は難航した。このため、八月十五日に予定されていた新国家発足に間に合わせるべく、大統領の下に国務総理を置き、大統領は国会議員の間接選挙で選ぶとする妥協案が出され、ようやく決着した。

ちなみに、憲法の前文には以下のように、建国の理念が謳われている（以下、本書における法律・法令の条文の日本語訳は、原則として「韓国Ｗｅｂ六法」ならびに同旧憲法バージョンによる）。

悠久の歴史及び伝統に光輝く我が大韓国民は、己未三・一運動で大韓民国を建立して世界に宣布した偉大な独立精神を継承し、これから民主独立国家を再建するに際し、正義人道及び同胞愛により民族の団結を鞏固にし、すべての社会的弊習を打破し、民主主義諸制度を樹立して政治、経済、社会、文化のすべての領域において各人の機会を均等にし、能力を最高度に発揮させて各人の責任と義務を完遂させ、内には国民生活の均等な向上を期し、外には、恒久的な国際平和の維持に努力して我々及び我々の子孫の安全と自由と幸福を永遠に確保することを決議し、我々の正当かつ自由に選挙された代表により構成された国会で檀紀四二八一年七月十二日この憲法を制定する。

さて、憲法公布に際して、南朝鮮郵政は記念切手（図44）を発行した。

この切手に関してまず注目すべきは、切手の国名表記が、それまでの〝朝鮮郵票〟から〝大韓民国郵票〟に変更されている点であろう。

図案は、四ウォン切手が中央庁を背景にした家族で、十ウォン切手（一九四八年八月一日以降の書留料金に相当）が太極旗である。一九四八年五月の総選挙の記念切手（六六頁）では、投票する男女はともに伝統的な韓服姿で描かれているが、一九四六年の解放切手（四二頁）とこの切手では、男性は洋服、女性は韓服という組み合わせである。

朝鮮半島では、日本統治時代に洋装が急速に普及し、男性の日常的な外出着は洋装が主流となっていたが、一九六

○年代までは日常的にチマチョゴリを着用している女性も少なくなかった。日本国内でも、昭和四十年代頃までは、年配の女性を中心に、日常的に和服で過ごしているケースが少なくなかったから（「サザエさん」のフネや「ちびまる子ちゃん」の祖母こたけが和服姿で描かれていることを想起していただきたい）、南朝鮮ならびに韓国も似たような状況だったのだろう。

なお、切手上の日付は七月十七日（憲法公布の日）となっているが、実際の発行日は八月一日までずれ込んでいる。また、国会開院の記念切手では、切手上の日付は西暦年号で記されていたが、憲法公布の記念切手の場合は、憲法の文面にあわせて〝（檀紀）四

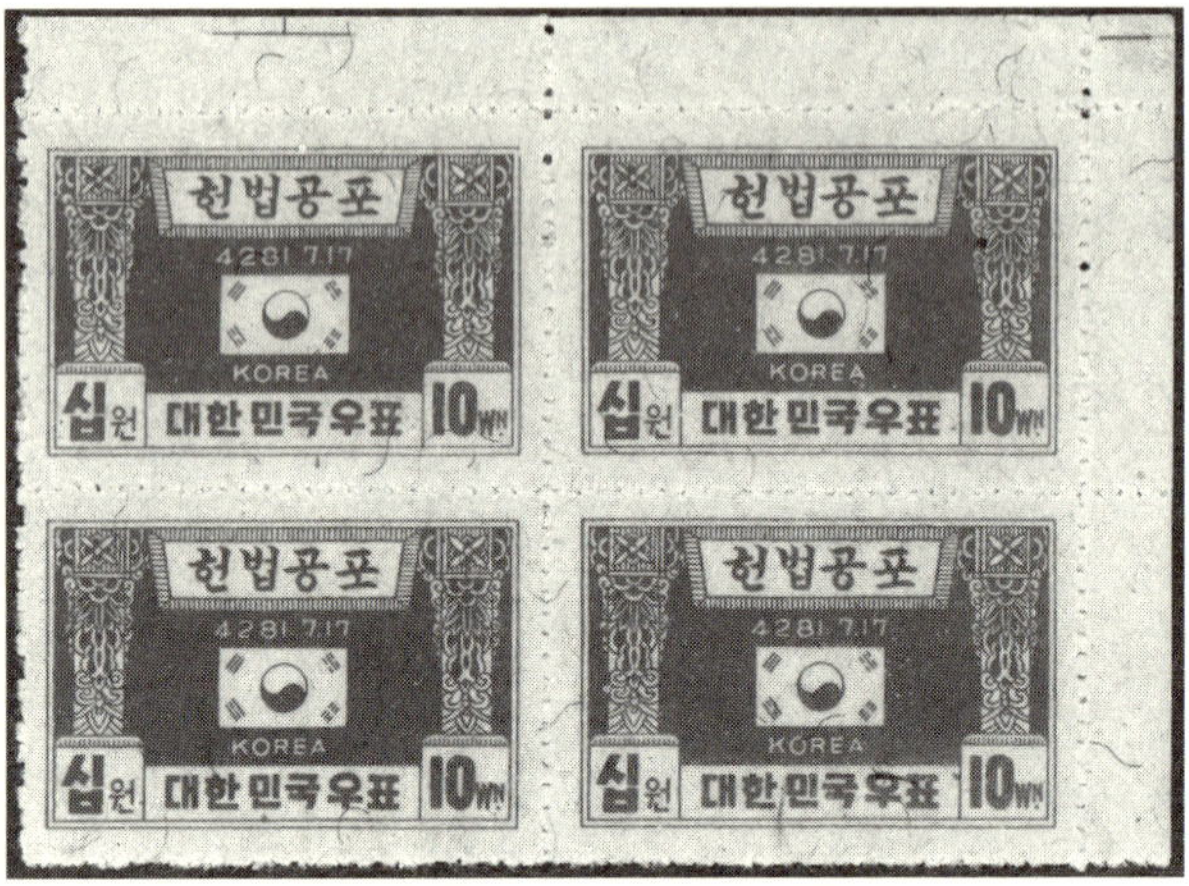

図44　憲法公布の記念切手と発行時に使用された記念印

二八一年〟との表記が見られる。

檀紀（檀君紀元）は朝鮮の建国神話に登場する最初の王、檀君王倹の即位を紀元とする暦で、檀君が「堯（中国の伝説上の皇帝）の即位から五十年目」に即位したとする『三国遺事』や『東國通鑑』の記述などを根拠に、西暦の紀元前二三三三年を元年としている。

大韓民国政府成立後の一九四八年九月二十五日、「年号に関する法律」（法律第四号）が制定され、以後、一九六一年末に朴正熙政権下で年号廃止の法令が制定され、西暦に一本化されるまで、韓国の公文書には檀紀での日附が使用されている。ただし、この場合の檀紀は年号のみを西暦の年号に二三三三年プラスしたというもので、月日は太陽暦のものをそのまま用いていた。

もっとも、「年号に関する法律」の施行以前から、〝悠久の歴史及び伝統に光輝く我が大韓国民〟として、憲法の前文には檀紀が使用されているため、切手も

それにならって檀紀が採用されている。

ロンドン五輪

一九四八年八月十五日の大韓民国政府成立に向けて、単独選挙から制憲国会の開院、憲法制定などの作業が慌ただしく進められていく中で、一九四八年七月二十九日に開幕したロンドン五輪に、南朝鮮は代表チームを派遣している。これは、〝朝鮮〟として最初の五輪参加であった。

朝鮮系アスリートが国際大会に本格的に参戦したのは、植民地時代の一九三二年に行われたロサンゼルス大会が最初のこととされている。このとき、〝日本代表〟としてマラソンに初出場した金恩培は六位に入賞した。

次いで、朝鮮系アスリートが世界的に注目を集めたのは、一九三六年のベルリン大会である。この大会では、マラソン競技に出場した孫基禎が二時間二十九分二十九秒二のタイムで金メダルを獲得したほか、南昇龍も銅メダルを獲得するなどの好成績を収めた。なお、孫の金メダル獲得は朝鮮の民族感情を大いに鼓舞することになり、『東亜日報』紙は彼の胸の日の丸を塗りつぶした写真を掲載して、無期停刊処分を受けている。また、ベルリン大会では、サッカーの日本代表チームのメンバーに少なからぬ朝鮮系の選手が含まれていたことも見逃せない。

しかし、当時は、朝鮮そのものが日本の統治下にあったため、朝鮮系の選手は国際的には〝日本人〟という扱いになっていた。

一九四五年の解放により、国際スポーツの世界においても〝朝鮮〟は独立した存在として認知されたが、南北の分断が固定化されていく中で、一九四七年六月二十日、〝KOREA〟のIOC（国際オリンピック委員会）加盟が承認されたものの、全朝鮮の統一的なスポーツ組織の結成は、事実上、不可能となった。

このため、ロンドン五輪の際には、米軍政下の南朝鮮が〝KOREA〟チームを構成。選手団は列車でソウルから釜山へ移動し、釜山からは米軍用船で博多へ渡り、進駐軍の用意した特別列車で横浜まで行き、そこから香港へ渡り、以下、タイ、インド、イラク、エジプト、イタリア、オランダを経由して、二十一日間の長旅の末に英国入りしている。

しばしば誤解されていることだが、一九四八年のロンドン五輪に日本人選手が参加を許されなかった直接の理由は、日本が敗戦国だったからではなく、一九四〇年に予定されていた東京大会を支那事変という日本側の都合で返上したことによる懲罰である。その証拠に、旧枢軸国であっても、イタリアやハンガリーは参加を認められている。一九四五年まで国際社会から〝日本〟の一部とみなされていた南朝鮮が、大韓民国の正式な発足以前にもかかわらず〝KOREA〟代表として参加を許されたのも同様の理由によるものだった。

図45　南朝鮮で発行されたロンドン五輪の記念切手

　さて、五輪の開幕当時、李承晩は、国連決議に基づいて、南朝鮮での単独選挙を実施するなど、ソ連軍占領下の北朝鮮地域を除く大韓民国の樹立に向けて準備を進めていた。ロンドンへの代表チーム派遣も、そうした政治的な文脈の下、南朝鮮から大韓民国につながるラインこそが朝鮮の正統政府であることを内外にアピールする意図をもってなされたものと考えられる。

　なお、ロンドン大会に関して、南朝鮮郵政は、七月二十九日の大会開会よりも二ヵ月近くも早い六月一日に〝オリンピック参加〟の記念切手（図45）を発行している。

　切手の図案は五ウォン切手が太極旗と五輪マーク、十ウォン切手が朝鮮半島と五輪マークを背景にした韓国人聖火ランナーである。

　切手が発行された六月一日は、国連決議では単独選挙の実施期日が五月中とされていたことに基づいて設定されたものと考えるのが妥当であろう。彼らの主張によれば、（単独）選挙の結果、朝鮮を代表する正統議会が誕生し、それゆえ、そうした議会を有する地域こそが五輪の代表チームを派遣しうるからである。

　一方、北半部での単独政権樹立を着々と進めていた北朝鮮にとっても、南朝鮮の一連の動きは、南北分断に向けた自分たちの過去の行動をカムフラージュするとともに、「南側が先に分断を仕掛けたために〝やむをえず〟自分たちも独自の政府を樹立するにいたった」と主張する〝アリバイ〟を補強する役割を果たすことになった。このため、北朝鮮は、南側のこうした動きに抗議していたものの、ソウル五輪の時のように、直接的な妨害行動には出ていない。

　ちなみに、ロンドン五輪での〝KOREA〟代表は、重量挙げミドル級の金晟集とボクシング・フライ級の韓水安の二人が銅メダルを獲得したが、競技日程の関係から、韓国初の五輪メダリストの栄誉は、金晟集が獲得した。

李承晩が大韓民国初代大統領に

ところで、制憲国会では、李承晩系の大韓独立促成国民会が五三議席で第一党となっていたが、これは全一九八議席のうちの四分の一に過ぎない。このため、李は多数派工作を開始し、第二党の韓国民主党（韓民党）と連携。七月二十日、念願の初代大統領に選出された。

初代大統領の就任にあわせて、南朝鮮では一九四八年八月五日に李の肖像を描く記念切手（図46）を発行しているが、それが韓服姿となっている点は興味深い。

図46　李承晩を描く、初代大統領就任の記念切手

前述のように、長年にわたって李承晩は米国を拠点に独立運動を展開していた。そして、そのキャリアゆえに国際的な知名度を獲得し、国内では米本国が最も支持する政治家との印象を植え付けることで権力を掌握した。こうした経緯からして、現在残されている李の写真は、韓服姿ではなく、背広姿のものが圧倒的多数を占めている。

しかし、彼の権力基盤であった米国との関係は、民族独立を果した新国家の長としては、「事大（＝大国追従）主義」とのマイナス・イメージとも重なり合う危険性をはらんでいる。このため、李は、切手上の肖像を伝統的な韓服姿とすることによって、李朝の王室とも血縁関係にある名家出身の民族主義者という自己演出を企図したのであろう。

なお、この切手は八月五日に発行された。李の大統領就任式は七月二十四日であったから、切手の発行はそれからわずか十二日後ということになる。仮に国会での間接選挙が行われた七月二十日から数えたとしてもわずか半月後であり、いずれにせよ、政治日程どおりに考えると、切手制作の期間は極めて短い。おそらく、デザインの大半を事前に準備しておき、実際に大統領に選出されるのを確認してから、日付のみを加えて印刷に回すという方式を採ったのだろう。

しかし、いかなる理由があろうとも、事前に大統領就任の記念切手を準備させていたとしたら、公正な選挙で選ばれた大統領としての正統性にも大きな疑問符がつけられるのはいうまでもない。その意味で、後年はげしくなる李政権の独裁的な性格は、このときすでに、国民の前に露呈されていたと考えてよかろう。

第三章　南北両政府の成立——一九四八〜五〇年

大韓民国政府成立

一九四八年八月十五日、解放三周年にあわせて、大韓民国（以下、韓国）政府が樹立され、翌十六日午前零時をもって米国軍による南朝鮮の軍政は解消された。新たに発足した韓国政府の主要メンバーは以下のとおりである。

大統領	李承晩
副大統領	李始栄
国務総理	李範奭
内務部長官	尹致暎
外務部長官	張沢相

八月十五日にソウルの中央庁（旧総督府庁舎）前で行われた政府樹立式典には、来賓として、東京から訪れたダグラス・マッカーサー連合国最高司令官も出席。式典の席上、すでに大韓民国初代大統領に就任していた李承晩は、大韓民国政府の樹立を宣言した後、「いかに強大な国といえども…（中略）…その弱い隣国の領土を占領することは許されない」として、北朝鮮地域での衛星国建設を進めていたソ連を非難した。

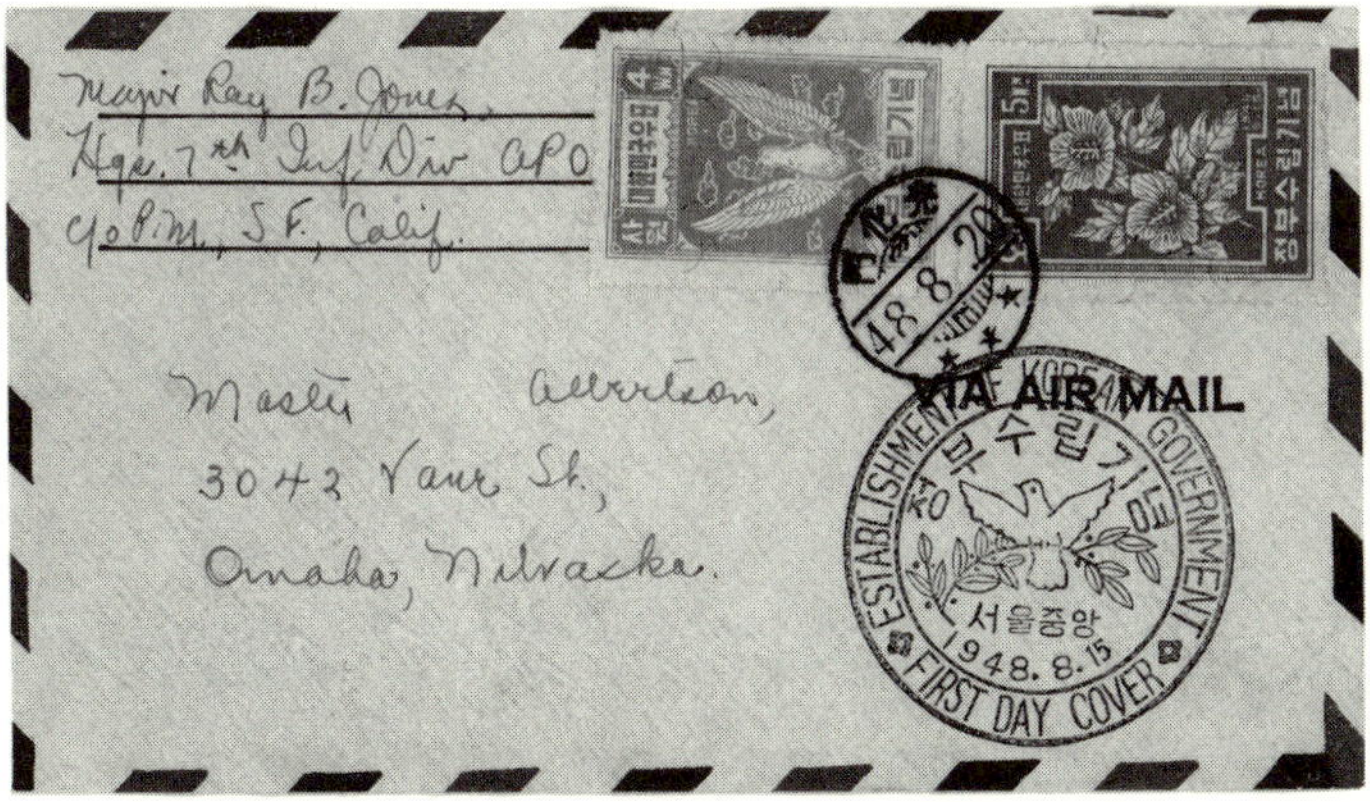

図1　大韓民国政府樹立記念の切手が貼られた米国宛の封筒

さて、新政府成立当日の一九四八年八月十五日、韓国逓信部は、〝政府樹立記念〟の切手二種類を発行している。

そのデザインは、四ウォン切手が「鳩（洋の東西を問わず通信のシンボルとされている）と瑞雲（慶事をあらわす雲）」、五ウォン切手が「ムクゲの花（韓国の国花）」であった。

図1は、その記念切手を一枚ずつ貼って米国に差し出した郵便物で、ソウルの汝矣島飛行場分室印が押されているが、消印の形式は依然として日本統治時代のものがそのまま踏襲されており、局名の表示も漢字がそのまま使われている。

一方、記念切手の国名表示はすでに七月発行の〝憲法公布記念〟の切手から大韓民国郵票となっていたが、日常的に使用される普通切手に関しても、大韓民国政府の成立後の一九四八年十月一日以降、国名表示を変更した新デザインの切手が順次発行されることになった。ただし、旧南朝鮮郵政の切手は大韓民国政府の成立後も有効であったため、一九四八年十月以降、一九五〇年六月の朝鮮戦争勃発前後くらいまで、〝朝鮮郵票〟表示の切手と〝大韓民国郵票〟表示の切手が同じ郵便物に貼られている例もしばしば見受けられる。

図2はその一例で、一九四九年九月十四

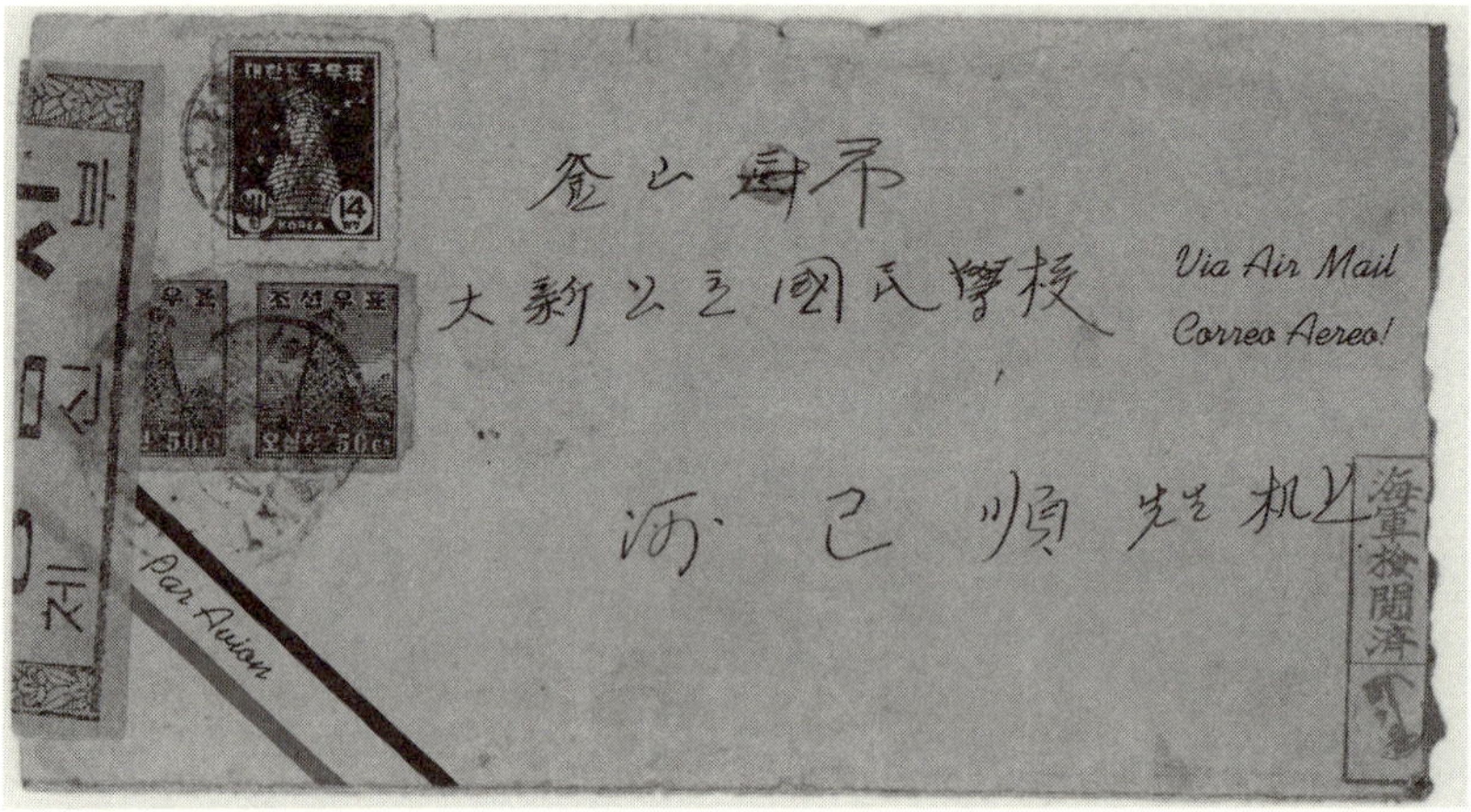

図2　瞻星台を描く〝朝鮮郵票〟表示の切手と〝大韓民国郵票〟の切手を同時に貼って差し出された封筒

日、慶尚南道の鎮海から釜山宛に差し出された郵便物で〝朝鮮郵票〟の五十チョン切手（一九四六年十月五日発行）二枚と〝大韓民国郵票〟（一九四八年十月一日発行）の計十五ウォン分の切手が貼られている。これは、一九四九年五月一日から一九五〇年四月三十日までの韓国内の書状基本料金に相当しているが、どちらの切手もほぼ同じ角度から見た瞻星台を取り上げているだけに、新旧の切手の対比が明瞭である。なお、図版では読みづらいが、消印の年号表示は檀紀四二八二年の下二桁〝82〟となっている。

ところで、この郵便物は鎮海の海軍統制府実務教育隊特殊班に所属していた人物が釜山の大新公立国民学校の教師宛に差し出したもので、海軍当局によって検閲を受けたことを示す印が封筒の右側に押されている。

ここで、大韓民国政府成立に伴い、韓国で国軍の制度が整えられるまでの経緯を簡単にまとめておこう。

一九四五年十二月五日、米軍政庁は朝鮮人の軍隊経験者（日本軍・満洲国軍の将校）を対象としてソウル西大門区冷泉洞に〝軍事英語学校〟を開校する。英語学校と名乗ったのは、米軍との連絡調整を担う幹部将校には英語の能力が求められたためで、教育期間は四十日間であった。

その一期生の卒業に合わせて、翌一九四六年一月十五日、米軍政庁は泰陵（現在の行政区分だとソウル特別市蘆原区）にあった旧日本軍の志願兵訓練所を駐屯地として〝国防警備隊〟（初代司令官は米軍のジョン・マーシャル陸軍中将）を創設。二月七日には国防警備隊司令部を設置した。その後、国防警備隊は同年六月十五日に〝朝鮮警備隊〟に改称され、大韓民国政府成立後の一九四八年九月五日、〝大韓民国陸軍〟に改編され、旧日本陸軍の大佐だった李應俊が

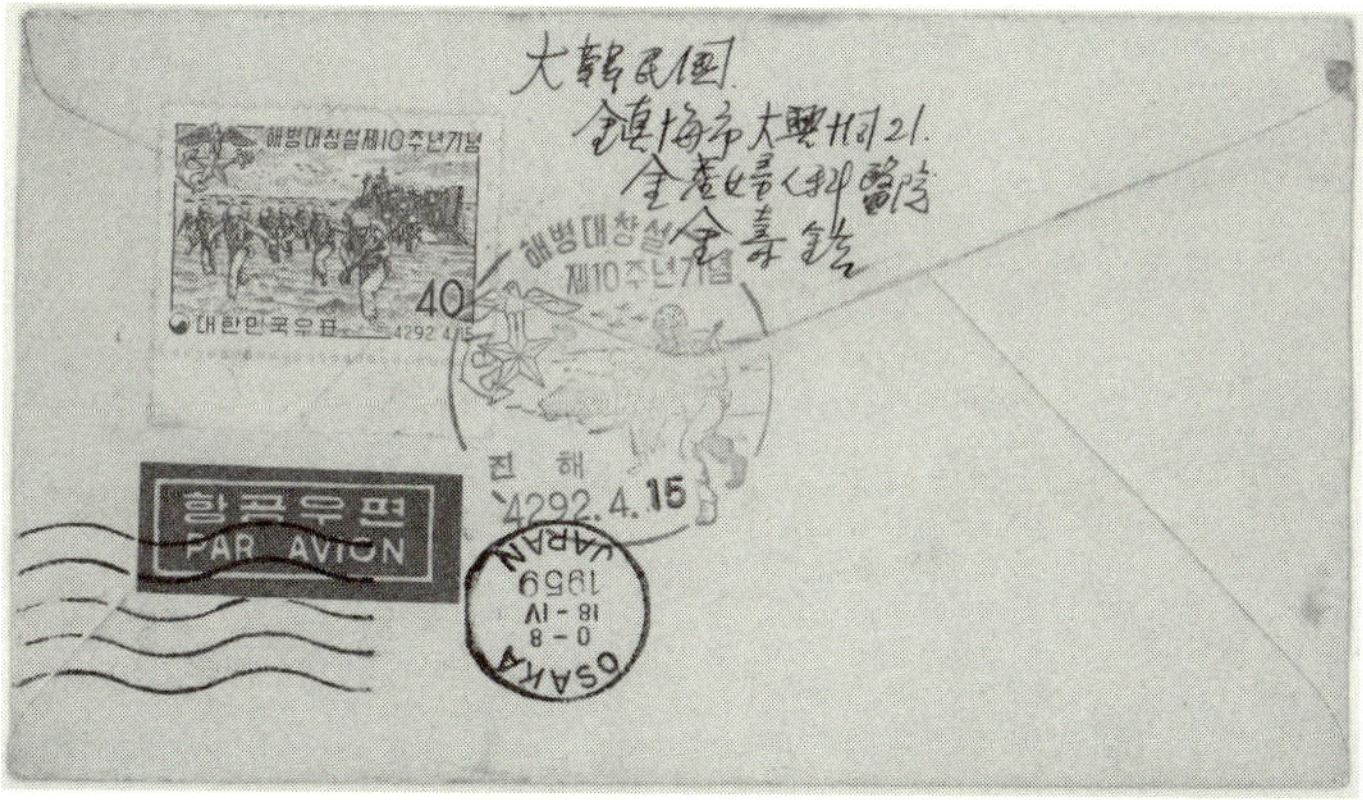

図3　1959年に発行された“海兵隊創設10周年”の記念切手を貼って、発行当日の記念印を押し、大阪宛に差し出された郵便物

初代参謀総長に就任した。

一方、海軍の前身は、一九四五年十一月十一日、元商船員らによって組織された〝朝鮮沿岸警備隊〟で、こちらも、大韓民国政府の発足に伴い、〝大韓民国海軍〟に改編された。初代司令官は孫元一である。

これに対して、空軍は、韓国航空建設協会（一九四六年創立）が一九四八年五月五日にごく小規模な部隊を設立していたが、一九四八年八月の時点では、実戦力としてはないに等しい状況だった。このため、一九四九年九月、米国から十機のパイパーL-4グラスホッパーの寄贈を受け、翌十月一日、ようやく正規軍として発足することになった。

なお、空軍の発足に先立ち、一九四九年四月十五日、満洲国軍出身の申鉉俊を初代司令官として、

鎮海で三百八十人規模の〝大韓民国海兵隊〟が組織されている（図3）。

このため、一九五〇年の朝鮮戦争勃発時には、韓国の国軍は陸海空の三軍と海兵隊で構成されていたが、このうち海兵隊に関しては、一九七三年に海軍隷下となったため、現在の韓国は陸海空の三軍構成になっている。

さて、図2の郵便物の左側には、〝大韓民国政府逓信部封緘紙〟が貼られ、円形の赤い印が押されており、この郵便物が鎮海の海軍施設から差し出された後、釜山までの逓送途中で韓国当局による開封・検閲を受けていたことがわかる。

米軍政下の南朝鮮で軍政当局による郵便検閲が行われていたことはすでに述べたが、一九四八年八月の軍政終了に伴い、郵便検閲もいったんは終了し、韓国内の郵便検閲を担当していたソウルおよび釜山の第四検閲支局は札幌に移転した。

しかし、済州島四・三事件などの社会的混乱もあったことから、一九四八年十二月一日、韓国政府はあらためて臨時郵便物取締法を公布し、郵便検閲を再開。これにより、この郵便物も開封・検閲の対象になったのである。

ところで、宛先の大新公立国民学校は、現在の大新初等学校のこと。同校は、日本統治時代の一九三七年、釜山府西大新町の山裾に九徳公立普通学校として開校した。ちなみに、普通学校とは日本語を常用としない朝鮮の児童を対象にする学校である。

翌一九三八年、釜山大新公立尋常小学校、さらに一九四一年に釜山大新公立国民学校に改称された。韓国では、解放後も一九五五年に〝国民学校〟が〝初等学校〟に改称されるまでは、日本統治時代の学校の名前がそのまま用いられていた。この郵便物の大新公立国民学校もその一例である。

朝鮮民主主義人民共和国の成立

一九四八年八月十五日の大韓民国政府樹立を受けて、八月二十五日、ソ連軍政下の北朝鮮でも総選挙が実施され、九月八日の朝鮮民主主義人民共和国政府（以下、北朝鮮臨時人民委員会と特に区別する必要がある場合は〝共和国政府〟、それ以外は〝北朝鮮政府〟と略す）の成立宣言を経て、翌九日には金日成が首相に就任。以来、九月九日が北朝鮮の建国記念日となった。

すでに述べたように、南北の分断と両政府の成立に関して、最初にアクションを起こしたのは、一九四六年二月に北朝鮮臨時人民委員会を樹立した北側であったという点は確認しておく必要がある。

同年五月、朝鮮に関する米ソ共同委員会が決裂すると、北朝鮮は、米国の南朝鮮占領を帝国主義的植民地政策であるとして公然と非難。同年八月の北朝鮮労働党創党大会では、北朝鮮での単独政権樹立ならびに南朝鮮の〝民主化〟とその革命が基本方針とされるにいたっている。

こうした北朝鮮の基本方針は、やがて民主基地路線（朝鮮半島が米ソの分割占領下に置かれている状況の下で、まず、北朝鮮を政治的・経済的・軍事的に強化し、その影響力によって北朝鮮主導の統一を実現することを目指す革命路線）として整理されていく。

たとえば、共和国政府発足時の「朝鮮民主主義人民共和国憲法」（以下、一九四八年憲法）には「いまだ土地改革が実施されない朝鮮内の地域においては、最高人民会議が規定する期日にこれを実施する（第七条）」との規定があるが、これは、「いまだ土地改革が行われていない朝鮮内の地域」すなわち韓国を北朝鮮がいずれ吸収することを宣言したものとみなしうる。

そして、こうした民主基地路線の最終的な帰結が、一九五〇年六月、北朝鮮の南侵による朝鮮戦争勃発となったことはあらためていうまでもないだろう。

こうしたことを念頭に置いて、一九四八年九月、北朝鮮で発行された〝朝鮮民主主義人民共和国中央政府樹立記念〟の切手（図4）を見てみよう。

図4　朝鮮民主主義人民共和国政府樹立の記念切手

まず、切手の記念銘になっている〝中央政府〟の語だが、韓国の記念切手が〝政府樹立〟と謳っているのに対して、あえて〝中央〟の文字を付け加えているのは、自分たちこそが朝鮮半島の唯一正統な中央政府であるという意思表示と見ることができる。ちなみに、一九四八年憲法では、第一〇三条において「首府は、ソウル市である」と規定していた。もちろん、北朝鮮国家の事実上の首都機能は平壌が担っていたが、法的に平壌が首都と定められたのは、一九七二年のことであった。

なお、一九四八年憲法においては〝政府〟の語が登場するのは、唯一、第五九条の「首相は、朝鮮民主主義人民共和国政府の主席である」との規定のみで、憲法では、中央政府に相当する語は「国家中央執行機関」ないしは「内閣」である。

北朝鮮の国章に描かれた水豊ダム

さて、図4の切手の中心的な図案は、上部に建国の日に当たる「一九四八年九月九日」の日付を記し、北朝鮮の国章（図5）を思わせる枠の中に、朝鮮半島と国旗を配したデザインとなっている。

図5　建国当初の北朝鮮の国章

北朝鮮の国章は、一九四七年十一月、〝共和国憲法〟（一九四八年憲法）制定作業の一環として制作が開始された。現在の北朝鮮の公式見解によれば、国旗のデザインは金日成・金貞淑夫妻の発意によるものと説明されているが、実際には、平壌美術大学の初代学長を務めた金周経（一九〇二～八二）がデザインを担当したと考えられている。

一九四八年憲法の第一〇一条によれば、北朝鮮の国章は『朝鮮民主主義人民共和国』という字を記した赤い帯で編み上げた稲穂の楕円形で、その中には雄大な水力発電所があり、その上には燦然と輝く赤い五角の星がある」と規定されている。その意味としては、国章の上部の星と光は共和国が受け継いだ革命伝統と朝鮮人民の明るい未来を、水力発電所は強力な重工業を軸とする自立的な近代工業と労働者階級を、稲穂は発達した農業と労働者階級の同盟者である農民を、そして、赤い帯は全朝鮮人民の統一団結とその威力の不変性を、それぞれ、象徴しているという。

このうち、〝稲穂の楕円形〟と〝燦然と輝く赤い五角の星〟は国章のデザインをそのまま用いて切手の図案としているが、切手の小さな印面では〝朝鮮民主主義人民共和国〟の国号を表示することには無理があったためか、省略されている。

また、国章の水力発電所は、切手では工場に代えられている。

日本統治時代の朝鮮の産業開発は〝北工南農〟と呼ばれ、平野部の比較的多い南部で食料供給のために農業開発を進め、鉱産資源は豊かだが山がちな北部に重化学工業設備を集中させるというスタイルになっていた。

このため、解放後、南北両政府の樹立当初は、北朝鮮の潜在的な工業力は南朝鮮および韓国を圧倒しており、そのことが記念切手の図案にも反映されたとみてよい。

ちなみに、国章に取り上げられている水力発電所は、中朝国境（朝鮮側・平安北道朔州郡と中国側・遼寧省寛甸満族自治県の間）の鴨緑江に建設された水豊ダムである。

水豊ダムは、一九三七年、日本統治下の朝鮮のみならず満洲国の電力をも確保するため建設が開始され、一九四四年に竣工した。ダムによって形成された水豊湖は長さ一〇〇キロ、面積三四五平方キロという巨大なもので、総工費の五億円は朝鮮最大の重化学企業だった朝鮮窒素肥料が負担した。発電能力は当時世界最大級の六〇万ワットであった。

第二次大戦末期、北朝鮮に進攻したソ連軍は、七基あった発電機のうち五基を略奪していったが、それでも、当時の朝鮮内では他を圧倒する発電量を誇っており、解放当初の朝鮮半島全体での電力量のうち、九六・一％が北朝鮮で発電されており、南朝鮮の発電量は全体のわずか三・九％しかなかった。しかも、当初こそ、北朝鮮から米軍政下の南朝鮮へも一定の送電が行われていたものの、冷戦の進行とともにその量は次第に減少。一九四八年五月、南朝鮮での単独選挙実施をきっかけに北朝鮮からの送電は完全に停止され、同年八月に発足した大韓民国はほとんど発電設備のない状態からのスタートを余儀なくされている。

したがって、北朝鮮側の思惑としては、いずれ電力不足の韓国は北朝鮮に屈する可能性が高く、それゆえ、主力発電所としての水豊ダム・発電所は結果として統一のシンボルになりうると考えられていたのではないかと思われる。なお、国章に水豊ダム・発電所を入れるようになったのは、金日成と妻の金貞淑の発意だという。

太極旗に代わって制定された北朝鮮国旗

続いて、図4の切手の中央に描かれている北朝鮮国旗についてみてみよう。

三七頁の〝解放一周年〟の記念切手に見られるように、解放直後の北朝鮮では太極旗を国旗として用いていた。しかし、一九四六年二月の北朝鮮臨時人民委員会成立を経て、北朝鮮当局が南北統一政府の樹立を放棄したことに伴い、一九四七年十一月、金日成は北朝鮮人民委員会第三次会議で太極旗に代わる新国旗の制作を指示した。デザインは、国章同様、金周経が担当したといわれている。

一九四八年憲法の規定（第一〇二条）によると、「朝鮮民主主義人民共和国の国旗は、横に、真中が赤く、その上下に白、青と三色の帯があり、旗棒側の赤い帯の中の白い円の中に赤い五角の星がある」と規定されている。なお、この色彩から、北朝鮮では国旗を「藍紅色旗」と呼ぶこともある。

国旗のデザインについて、北朝鮮当局は、「赤い星は、共和国が受け継いだ革命伝統と朝鮮人民の明るい未来を象徴している。太い赤地は、革命烈士の気高い愛国精神と朝鮮人民の不屈の闘争精神、不抜の力を象徴している。白い円と二条の細い白地は、朝鮮民族が古い歴史と輝かしい文化をもった単一民族であり、英知と勤勉、勇敢さと愛国心、潔白と強靭な闘志を持った英雄的人民であることを象徴している。上下の青地は、自主、平和、親善の理念を象徴している」と説明している。なお、当初のデザインでは、国旗には、星ではなく、社会主義のシンボルとして犂《すき》を入れる予定であったが、金日成の指示で星が入るようになったという。

図4の切手では、国旗は朝鮮半島の地図のほぼ中央に置かれているが、この結果、切手下部の工場とも重なって、地図中の韓国領に相当する部分がさりげなく隠されている点は見逃せない。

また、切手上部から発する星の光も北朝鮮領内にしか届いておらず、一九四八年憲法でいう〝いまだ土地改革が行われていない朝鮮内の地域〟（＝韓国）と、すでに土地改革が行われた北朝鮮の支配地域とを対比させる格好になっており、北朝鮮国家がいわゆる民主基地路線の延長戦上に成立したものであることを結果的に示していると言ってよいだろう。

なお、一九四八年九月九日の共和国政府樹立後も、一九四六年以降に北朝鮮臨時人民委員会が発行した切手はそのまま有効とされていたが（図6）、これとは別に、一九四九年二月九日、北朝鮮国旗を大きく描く六ウォン切手が発行されている。この切手が、共和国政府発足後発行された最初の切手となった。なお、額面の六ウォンは、当時の北朝鮮の料金体系では、書留郵便用（書状基本料金一ウォン＋書留料金五ウォン）に相当している（図7）。

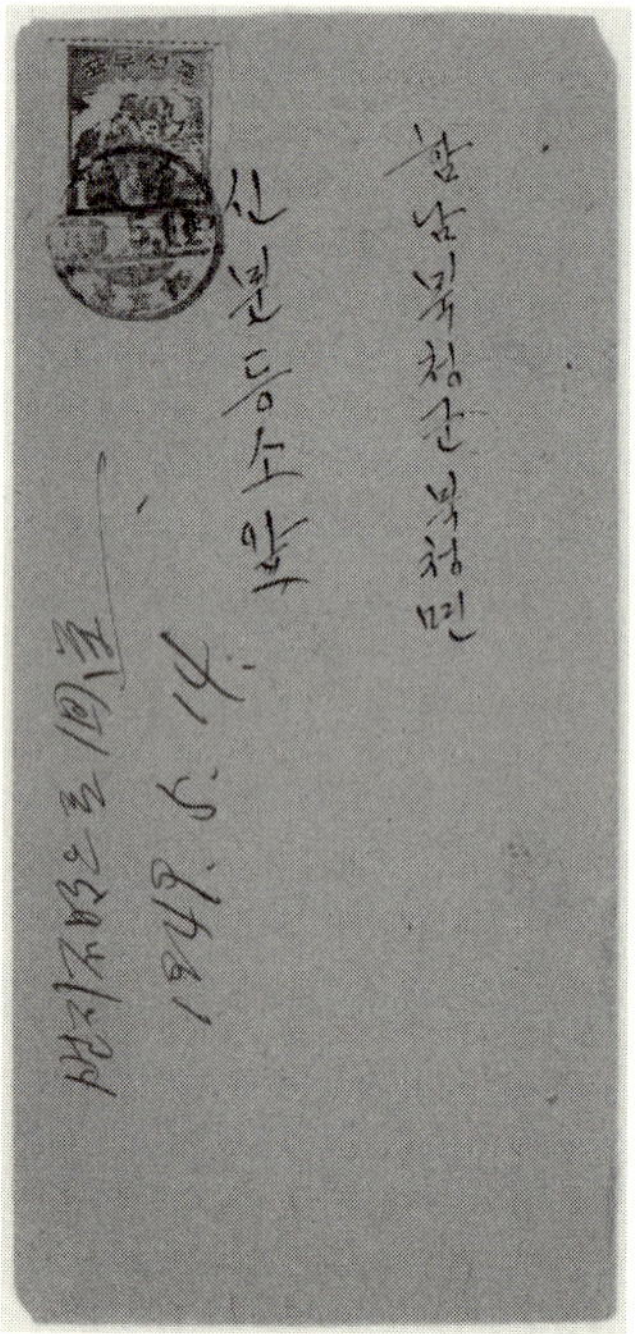
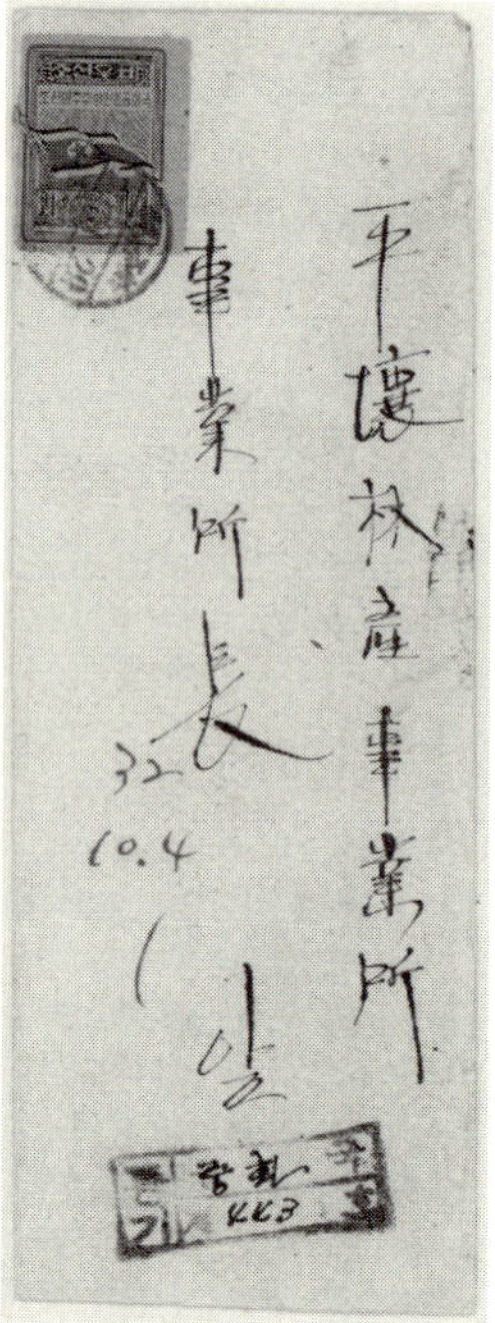

図6（左）　北朝鮮臨時人民委員会時代の“土地改革”の切手を貼って、共和国政府樹立後の1949年5月11日、羅南（咸鏡北道）から北青（咸鏡南道）宛に差し出された郵便物
図7（右）　1949年2月に発行された北朝鮮国旗の切手が貼られた書留便。朝鮮戦争勃発後の1950年9月29日、平壌近郊の中和から平壌宛に差し出されたもの

国連、韓国を唯一の正統政府と認定

韓国政府の成立に先立つ一九四八年五月十日、南朝鮮で単独選挙が行われると、選挙監視のために派遣されていた国連の臨時朝鮮委員会は、選挙が成功裏に終了したと宣言。同年六月二十五日、選挙により成立した南朝鮮国会を正統議会として認定した。

これを受けて、南北両政府成立後の一九四八年九月二十四日に開催された国連総会本会議では、朝鮮問題の審議は第一委員会（軍縮・安全保障）に付託されることになった。第一委員会では、

①臨時朝鮮委員会の報告を承認する
②新しい朝鮮委員会を設置する
③総会では大韓民国を朝鮮の正統政府とする
④新たに設置される朝鮮委員会は朝鮮の統一を援助する

ことを、米国、オーストラリア、中国（中華人民共和国ではなく、南京の中華民国）の三ヵ国が共同決議案として提出した。

これに対してソ連は、臨時朝鮮委員会の監視下で行われた南朝鮮の単独選挙は、政治的拘束と抑圧の中で実施された不当なものであるとしたうえで

①そもそも朝鮮問題はモスクワ協定で処理すべきものであり、国連総会は朝鮮に関して行動を起こす権利はない
②大韓民国は元対日協力者と米軍により構成された傀儡政権である
③南北双方の代表からなる朝鮮民主主義人民共和国こそが朝鮮人民の意思を代表している
④朝鮮人民の代表こそが国連に招請されるべきである

などとする決議案を提出して対抗した。

結局、一九四八年十二月八日、国連総会はソ連決議案を否決して共同決議案を採択。これを受けて、十二月十二日

①臨時朝鮮委員会の報告を承認する
②大韓民国政府は、臨時朝鮮委員会が観察した選挙で樹立された、朝鮮にある唯一の合法的な政府である
③臨時朝鮮委員会の任務を継承する組織として朝鮮委員会（英文名称はUnited Nations Commission on Korea）を設置する

ことを骨子とする総会決議一九五（Ⅲ）が採択され、国連の場では韓国が朝鮮半島の正統政府として認知された。

韓国政府としては、国連総会決議一九五（Ⅲ）を、自国の正統性に対する国際社会からの最大のお墨付きとし、極めて重要な意味を持つものだった。このため、その十五周

年にあたる一九六三年十二月には、国連マークを背景に、ニューヨークの国連本部ビルと太極旗を描く「国連韓国承認十五周年」の記念切手（図8）を発行している。

　ちなみに、図8の切手に描かれている国連本部ビルは一九四七年から建設工事が始まり、完成したのは一九五二年だった。この間、一九四八年十二月の国連総会はパリで開催されている。

　さて、国連総会決議一九五（Ⅲ）を受けて、一九四九年二月十二日、新たな朝鮮委員会がソウルで活動を開始した。

　これにあわせて、韓国では、国連のマークと鳩を描く「国連韓国委員会歓迎」と題する記念切手（図9）を発行し、切手上において、自らの主張に沿った内容の総会決議を採択した国連への謝意を表現した。

　なお、日本の歴史用語としては、

図8　国連韓国承認15周年の記念切手（左）とその原画（右）

図9　国連韓国委員会歓迎の記念切手

〝United Nations Temporary Commission on Korea〟に〝国連臨時朝鮮委員会〟の訳語を当てた関係から、〝United Nations Commission on Korea〟についても〝国連朝鮮委員会〟とするのが一般的となっているが、韓国では、この組織を〝韓国委員団〟と訳しており、これを踏まえて、切手の記念銘も〝UN韓委歓迎記念〟となっている。

　その後、韓国は朝鮮半島唯一の合法政府として国連に加盟申請を行うが、北朝鮮を支援していたソ連が拒否権を発動したため、一九四九年から南北同時加盟が実現した一九九一年まで、実に四十二年間にわたって、国連総会へは投票権を持たないオブザーバー資格での参加を余儀なくされていた。

　一方、当然のことながら、北朝鮮側は国連の対応を激しく非難したものの、後に自らが発行するような毒々しいプロパガンダ切手で反国連キャンペーンを展開することはしていない。

　さすがの北朝鮮郵政も、建国早々、国家

のメディアである切手上において、曲がりなりにも国際社会の多数を代表するとされている国連を罵倒する切手を発行することには、ためらいがあったということなのだろうか。

日本統治時代から継承されたこどもの日

すでに、本書でも何度か繰り返し紹介しているように、解放後、米軍政時代を経て成立した大韓民国は、良くも悪くも、日本統治時代の〝遺産〟なしには成立しえなかった。

そうした事情を如実に反映しているのが、一九四九年五月五日に発行された〝第二十回こどもの日〟の記念切手（図10）である。

図10　第20回こどもの日の記念切手

朝鮮半島の伝統では、子供は〝児孩《アヘ》〟または〝童蒙《ドンモン》〟と呼ばれ、一人前の人格とは認められていなかった。これに対して、子供を呼ぶ言葉として〝嬢鍵戚《オリニ》〟の語を考案し、子供の人格を尊重するよう主張したのが、朝鮮児童文学の祖とされる方定煥であった。

方定煥は、一八九九年、ソウルで商人の家に生まれた。八歳の時、父の事業の失敗で生家が破産。貧困の中で、一九一四年、家計を助けるために善隣商業学校に入学して商業を学ぶが、翌年には家庭の事情で中退を余儀なくされる。一九一七年、知人の紹介で天道教教主であり独立運動家の孫秉熙の知遇を得て、その三女と結婚した。

孫は、一八六一年、忠清北道清原郡生まれ。一八九四年の甲午農民戦争（いわゆる東学党の乱）では、指導者の全琫準を助けて官軍と戦い、翌一八九五年に全が逮捕・処刑されると、東学運動の再建に力を注ぎ、一九〇一年には日本に亡命。一九〇五年に東学を天道教と改称した後、帰国した。

一九一九年の三・一独立運動に際しては、独立宣言書を朗読するなど重要な役割を果たしたが、それゆえ、逮捕されて懲役三年の判決を受け、釈放後まもなく一九二二年に亡くなった。

孫の女婿であった方も、朝鮮内にはいづらくなり、一九一九年、日本に渡って東洋大学の哲学科で児童文学と児童心理学を学ぶとともに、朝鮮の児童のための児童文化運動に取り組むようになった。時あたかも、日本国内では、鈴木三重吉が雑誌『赤い鳥』を創刊（一九一八年）し、児童文学が社会的な地位を確立しつつあった時期で、方がその強い影響を受けたであろうことは想像に難くない。ちなみに、方は〝小波〟と号したが、これは、当時の日本児童文学の代表的な作家であった巌谷小波にあやかったものと考えられている。

一九二一年、方は帰国し、ソウルで〝天道教少年団〟を組織。子供の人格を尊重すべきと訴えて講演活動等を展開する傍ら、オスカー・ワイルドの「幸福な王子」やアミーチスの「クオレ」など、当時の日本でも人気のあった作品を朝鮮語で翻案し、一九二二年、朝鮮文学史上初の童話集『愛の贈り物』を出版。翌一九二三年三月には、朝鮮初の本格的な児童雑誌『嬢鍵戚《オリニ》』を創刊した。

こうした一連の活動の一つとして、一九二三年四月、毎年五月一日を〝嬢鍵戚効（こどもの日）〟として、子供の社会的な地位の向上をはかる機会とするよう、訴えた。

以後、一九二六年までは毎年五月一日、一九二七年以降は五月第一月曜日の〝こどもの日〟に記念行事が行われ、多数の少年少女が参加した。しかし、一九三一年に方が三十二歳の若さで亡くなったことに加え、天道教が朝鮮独立運動とも深くかかわっていたこともあり、一九三九年には〝こどもの日〟の行事は中断に追い込まれてしまう。

解放後、米軍政下の南朝鮮では〝こどもの日〟が復活したが、その日付は五月五日だった。なお、日本では、こどもの日とその元になった端午の節句は、明治以降、太陽暦の五月五日に祝うことになっているが、朝鮮半島では端午の節句は太陰暦の五月五日に祝うものであって、新暦の五月五日とは無関係である。現在の韓国政府の公式見解では、韓国の〝こどもの日〟が日本と同じ五月五日になったのは単なる偶然ということになっているが、方の活動とその歴史的背景などを考えると、日本の影響が全くないと考えるのは不自然であろう。

土地改革

解放当時、南朝鮮では人口の七割を農民が占め、耕地面積は二〇七万町歩あった。その内訳は、このうち、自作農六〇％で、小作農は二八％、日本人の所有が一二％である。

第二次大戦後、土地改革が世界的な潮流となる中で、米国軍政庁は、一九四五年十一月、日本時代に土地の買収と地主経営を行っていた日本の国策会社・東洋拓殖㈱を新韓公社に改編。旧日本人所有の土地を接収し、これを管理した。その後、一九四八年三月、新韓公社の土地を農民に払い下げるために中央土地行政処が設置され、東拓と旧日本人所有の土地は、年平均生産高の三倍の価格で朝鮮人に払い下げられた。

これに対して、戦前からの朝鮮人地主の土地の分配は、政治問題化してなかなか進まなかった。

しかし、日本でもGHQによる農地改革の結果、不在地主が一掃されていたことにくわえ、ソ連占領下の北朝鮮では、一九四六年三月の土地改革で、日本人や親日派の所有地と、五町歩以上の朝鮮人地主の所有地、さらに全ての継続小作地が無償で没収され、土地なき農民に無償で分配されていたこともあり、韓国政府も、なんらかのかたちで土地改革（農地改革）を行い、自作農を創設する必要に迫られるようになった。

結局、李承晩政権は、一九四九年九月、有償没収・有償分配を原則とする農地改革法を制定。自作農の創設と土地資本の産業資本への転化を期待して、年収穫量の一五〇%を補償価格とする地価證券を地主に交付するという農地改革が実施された。しかし、翌年に勃発した朝鮮戦争により、結局、補償はうやむやにされ、戦争による耕地の荒廃という外的な要因も加わって、農地改革は地主層を没落させただけで、所期の目標はほとんど達せられないままに終っている。

図11　1949年に韓国で発行された農民を描く切手

図11は、そうした韓国の農地改革が始まろうとしていた一九四九年七月一日に発行された五ウォンの通常切手で、収穫に励む農民の姿が描かれている。おそらく、農地改革によって新生韓国の経済建設を担う自作農が創設されるという意図を込めて、このようなデザインが採用されたのであろう。

うやむやに終わった〝親日派〟の処罰

一九四八年八月十五日、大韓民国が成立すると、九月七日、国会は、米軍政時代にはタブー視されていた〝親日派〟の処罰を求めて、韓国国会は反民族行為者処罰法（以下、反民法）を制定した。同法は、国会が中心となって、「日帝支配下での悪質な反民族的行為者」を調査し、公民権停止などの処罰を下すことを目的としたもので、十月二十二日には、その執行機関として、国会議員十人で構成される「反民族的行為特別調査委員会（反民特委）」も発足した。

反民特委は、〝親日派〟五百五十九名を検察に送致。うち、二百二十一名が起訴されている。

しかし、こうした反民特委の活動に対して、李承晩政権は消極的であった。

そもそも、強硬な反共主義を掲げていた李承晩からすれば、体制に脅威をもたらすのは、〝親日派〟ではなく、共産主義者であり、その摘発こそ優先されるべきであった。また、李承晩政権の内部やその支持者の中で、〝親日派〟の官僚や地主は重要な位置を占めていた。特に、実務経験のある官吏・官僚は、ほぼ例外なく、日本の植民地支配下で職業訓練を積んだ者であったから、〝親日派〟を例外なく一掃してしまうことは、ただでさえ遅滞しがちな行政実務をさらに混乱させる結果になりかねなかった。

このため、一部の国民世論や反民特委の意気込みとは裏腹に、〝親日派〟への追及は次第に尻すぼみになっていく。

実際、地域の有力者の意を汲んだ警察が反民特委の活動を妨害する事件が頻発したほか、一九四九年五～六月の国会フラクション事件（韓国からの米軍の撤退や南北協商などを唱えて李承晩に批判的だった金若水ら〝少壮派〟議員十四名が逮捕・投獄された事件）や、同年六月六日の六・六事件（反民特委内に共産主義者がいるとの理由で、警察が委員会を襲撃し、逮捕者が出た事件）が起こり、反民特委の活動は大きな打撃を受けた。

結局、六・六事件以降、反民法の公訴時効は、一九四九年八月末までとされ、同法で有罪判決を受けたのは七名のみ（うち五名は執行猶予付）という結果に終っている。

反民法問題が「泰山鳴動してネズミ一匹」という結果に落ち着きつつあった一九四九年八月二十五日、韓国郵政が発行した〝独立一周年〟の記念切手（図12）には、鳳凰と太極旗が取り上げられている。

鳳凰という語は、本来、伝説の神鳥の鳳（雄）と凰（雌）を区別したうえで雌雄一対であることを示すための語で、古典では、雌雄を区別しない場合には鳳の一字を用いた。

図12　独立1周年の記念切手

瑞祥の鳥としての鳳凰には、古来、さまざまな意味が付与されてきたが、特に、朝鮮半島では、朝鮮王朝時代の「鳳来儀」（伝説上の中国の皇帝・舜が天下泰平を成し遂げ、楽曲を作って演奏した際、鳳が飛来して舜とともに舞ったという故事に由来する宮中舞踊）にみられるように、天下泰平ないしは平和のシンボルという面が強調されていた。

　反民法問題による韓国社会の亀裂が致命傷となることを避けたかった李承晩政権としては、一刻も早く社会の平和と安定を回復したいという思いから、こうしたデザインの切手を発行したのかもしれない。

　続いて、一九四九年九月十八日、〝鉄道五十年〟の記念切手（図13）が発行された。

図13　鉄道50年の記念切手

　朝鮮半島における鉄道の歴史は、一八九四年、日本が朝鮮王朝に対してソウルから開港場までの鉄道建設を提案したことに始まる。

　一八九五年、米国人モールスが漢城（現ソウル）＝仁川間の鉄道敷設権を獲得した。しかし、資金難のため、一八九七年四月、モールスは鉄道敷設権を渋沢栄一らに百八十万円で譲渡。これを受けて、三井・三菱・渋沢ら日本の財閥によって京仁鉄道合資会社が設立され、同社によって、一八九九年九月十八日、鷺梁津＝済物浦間の鉄道が開通した。翌一九〇〇年には漢江鉄橋が開通し、鷺梁津＝南大門（現・ソウル駅）まで路線が延長された。これが、現在のソウル＝仁川間の京仁線のルーツである。

　一九〇五年には京釜線（ソウル＝釜山間）が全通、さらに翌一九〇六年には京義線（ソウル＝新義州間）が全通し、関釜連絡船から京釜線・京義線を経て南満洲鉄道に接続する路線が開かれた。

　その後、日本の統治下で朝鮮の鉄道網は拡充されたが、一九四五年の解放後は北緯三八度線をまたぐ鉄道は三八度線以南のみの運行となり、京義線や京元線（ソウル＝元山間）は分断された。

　切手に取り上げられているのは、日本統治時代に建造されたパシコ（パシフィック五形）蒸気機関車で、ここでもまた、日本時代の〝遺産〟が切手に取り上げられている。

　いずれにせよ、こうした切手は、〝親日派〟の糾弾を徹底するため、日本統治時代を全面的に否定し、その痕跡を抹消しようとするのであれば、決して発行されえないモノと言ってよい。

李承晩政権の混乱

さて、一九四八年八月の大韓民国成立から一九五〇年六月の朝鮮戦争までの間、新生大韓民国は、政治・社会・経済のあらゆる面で混乱の極にあった。

すなわち、新政府発足以前の一九四八年四月から、済州島では四・三暴動が起こっていたことにくわえ、政府発足後の同年十月には、暴動鎮圧の出撃命令を受けた国軍部隊が麗水・順天で反乱を起こしていた。

また、成立間もない国軍内には、旧日本軍系・旧満洲軍系・中国軍系・独立軍系などの派閥が乱立していたが、李承晩政権は〝共産分子一掃〟の名目で国軍の一割を超える八千名を粛清することで軍部のコントロールを握る一方、政府に対して批判的だった大物政治家・金九は、一九四九年、李承晩派の陸軍将校、安斗煕により暗殺された。

このような強権的な政治姿勢に加えて、経済失政も惨憺たるものであった。

すなわち、独立翌年の一九四九年度の国家予算は、歳出額の六割が赤字歳出であった。このため、韓国銀行の紙幣が増発され、物価は米軍政時代末期の二倍にまで跳ね上がった。これに対して、工業生産は電力難・原料難で一九四四年の一八・六%にまで落ち込んでいた。

さらに、米国の経済支援も、独立以前には一億七千万ドル以上あったものが、独立後は一億千六百万ドルに減額された。韓国内の政治・経済状況に危機感を抱いていた米国国務省は、一九五〇年度下期に韓国に対する六千万ドルの追加援助案を議会に提出したものの、これは野党・共和党の反対で否決されている。結局、一九五〇年四月、米国国務省は、韓国政府が財政政策を改め、インフレの抑制に真剣に取り組まないかぎり、軍事経済援助を再検討すると警告せざるを得なくなっていた。

インフレの進行は郵便料金にも反映されており、解放後、朝鮮戦争が勃発する一九五〇年六月までの郵便料金は以下のように変動した（金額は国内宛の書状基本料金―葉書料金の順、一ウォン＝百チョン）。

	書状	葉書
一九四五年八月十五日	十チョン（解放時の料金）	五チョン（解放時の料金）
一九四六年八月十二日	五十チョン	二十五チョン
一九四七年四月一日	一ウォン	五十チョン
一九四七年十月一日	二ウォン	一ウォン
一九四八年八月一日	四ウォン	二ウォン
一九四九年五月一日	十五ウォン	十ウォン
一九五〇年五月一日	三十ウォン	二十ウォン

これを見ると解放後五年間で、書状基本料金は三百倍、葉書料金は四百倍に値上がりしたことになる。大韓民国政府が発足した一九四八年八月からの二年間に限っても、葉書料金は七・五倍、葉書料金は十倍になっている。

ちなみに、終戦直後の日本も激しいインフレに見舞われており、それに伴い、終戦時に十銭だった書状基本料金は一九五〇年六月の時点では八十倍の八円に、五銭だった葉書料金は四十倍の二円になっていた。それでも、南朝鮮および韓国に比べると、料金の値上げ幅ははるかに小さい。逆に言えば、南朝鮮および韓国のインフレが、いかに激しいものであったか、このデータからも容易に想像がつく。

こうした状況の下で、一九五〇年五月、一九四八年の単独選挙によって開院した制憲国会は任期満了を迎え、総選挙が行われた。

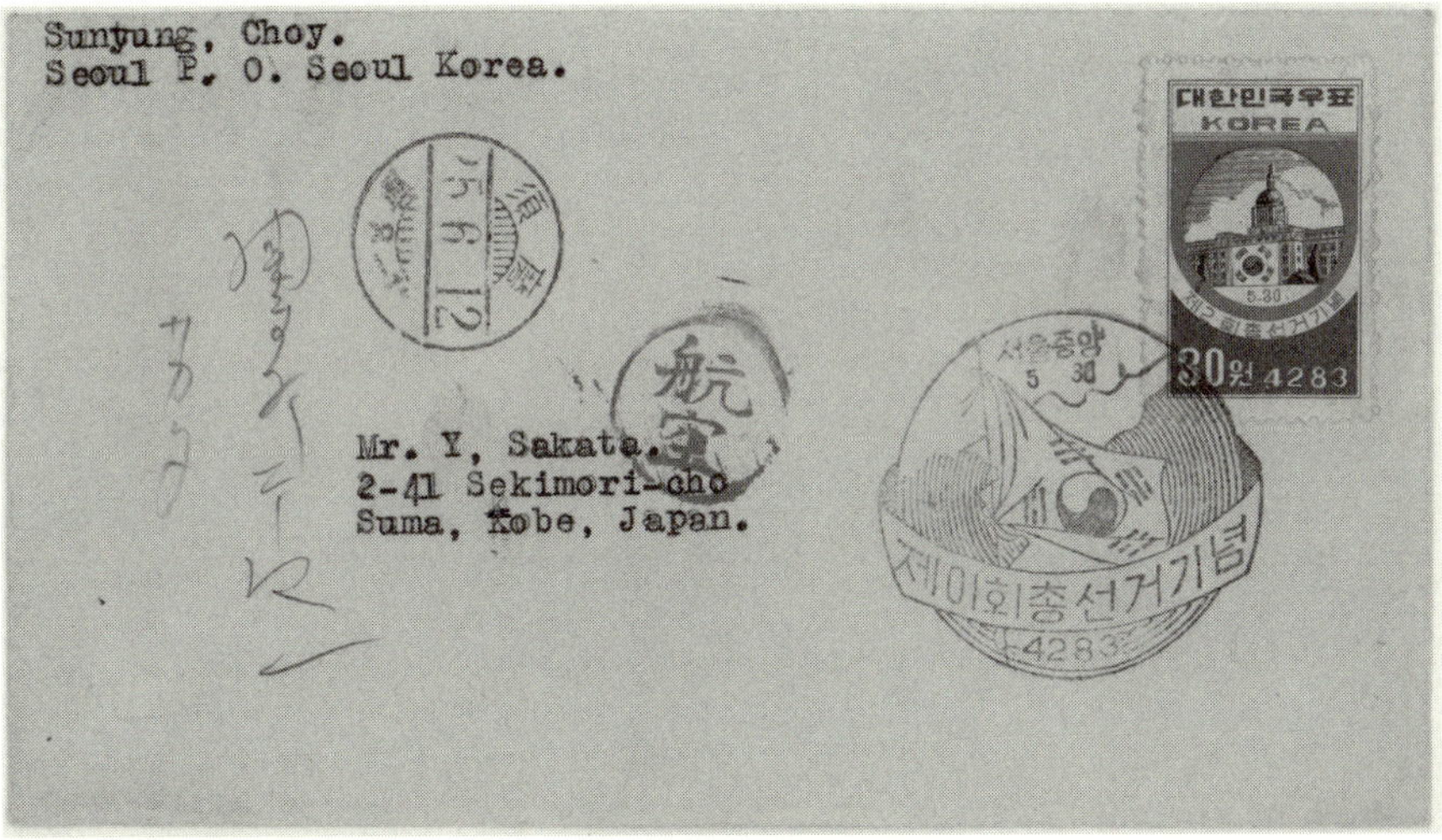

図14　第2回総選挙の記念切手を貼って、発行日の記念印を押した日本宛のエアメール

選挙を乗り切る自信のなかった李政権は、国内の治安悪化を名目に選挙の実施を延期しようとした。しかし、米国は、憲法の規定どおり五月中に選挙を行わない場合には援助の中止もありうると圧力をかけ、投票は予定通り、五月三十日に行われた。

なお、今回の選挙に際しても、第一回総選挙（いわゆる「単独選挙」）同様、韓国郵政は記念切手を発行している。その図案はソウルの中央庁と太極旗である。

図14は、第二回総選挙の記念切手を貼ってソウルから神戸宛に差し出されたエアメールで、切手発行当日のソウル中央郵便局の記念印が押されている。印には朝鮮半島を背景に太極旗が描かれているが、中朝の国境線を描くことで、

〝朝鮮半島唯一の正統国家〟の選挙であることをアピールしている反面、四・三暴動の余燼がくすぶっていた済州島は文字などでさりげなく隠されているのが興味深い。

ちなみに、切手の額面は、直前の郵便料金改定を受けて、書状基本料金用の三十ウォンとなっているが、万国郵便連合との兼ね合いもあって、日本宛のエアメールの料金は従来通り三十ウォンのまま据え置かれており、その結果、国内宛の普通郵便と同額になっているのも、当時の混乱した状況を物語っているといえよう。

いずれにせよ、この切手は、発行から一ヵ月と経たない六月二十五日には北朝鮮の南侵によって朝鮮戦争が勃発したこともあって、実際に郵便物に貼って差し出された例は決して多くはない。

さて、選挙の結果、与党・李承晩派は定数二百十議席中三十議席しか獲得できないという惨敗を喫した。代わって、前回の総選挙を分断固定化につながるとしてボイコットした中間派が百三十議席を獲得して躍進。こうして、国民の不満を前に李承晩政権が退場に追い込まれるかに見えた、まさにその瞬間、北朝鮮の南侵によって朝鮮戦争が勃発する。

南侵準備を進める北朝鮮

ところで、北朝鮮を〝民主基地〟として自らの藩屏と位置づけていたソ連は、一九四八年九月の朝鮮民主主義人民共和国政府樹立から一ヵ月後の同年十月、早くも北朝鮮を朝鮮における唯一合法政府として国交を樹立。これを受けて、一九四九年三月には金日成ら北朝鮮代表団がモスクワを訪問し、スターリンと会談。その際、金日成はスターリンに対して南侵計画を相談したといわれている。

これに対して、ソ連側は、朝ソ経済文化協力協定を結び、北朝鮮の新国家建設に対して各種支援を行ったものの、軍事支援に関しては北朝鮮の暴走を危惧して最小限にとどめられた。

次いで、同年五月、金日成は毛沢東と接触し、国共内戦で戦った満洲出身の朝鮮人部隊の〝帰国〟を要請。中国側はこれを受け入れ、ただちに人民解放軍第一六四師団および第一六六師団を派遣したが、武力南侵については否定的な姿勢を示した。しかし、一九四九年十月、中華人民共和国が成立を宣言し、翌一九五〇年一月、米国のアチソン国務長官が韓国・台湾をアメリカの不後退防衛線より除外するとの演説を発表すると、同年四月頃までにスターリンは金日成の武力南侵に承諾を与え、北朝鮮の戦争準備を本格的に支援するようになった。また、中国もソ連と北朝鮮の決定に追従し、戦争開始の環境が整えられていく。

図15は、こうした状況の下で、北朝鮮支援のためにソ連から平壌に派遣されていた技術者が、開戦直前の一九五〇年六月、ウスリースク宛に差し出した郵便物で、ソ連から派遣された技術者の特権として、料金無料の扱いとなっているのが興味深い。

ところで、北朝鮮は、南侵直前の一九五〇年六月二十日、突如、解放五周年の記念切手を四種セットで発行している。

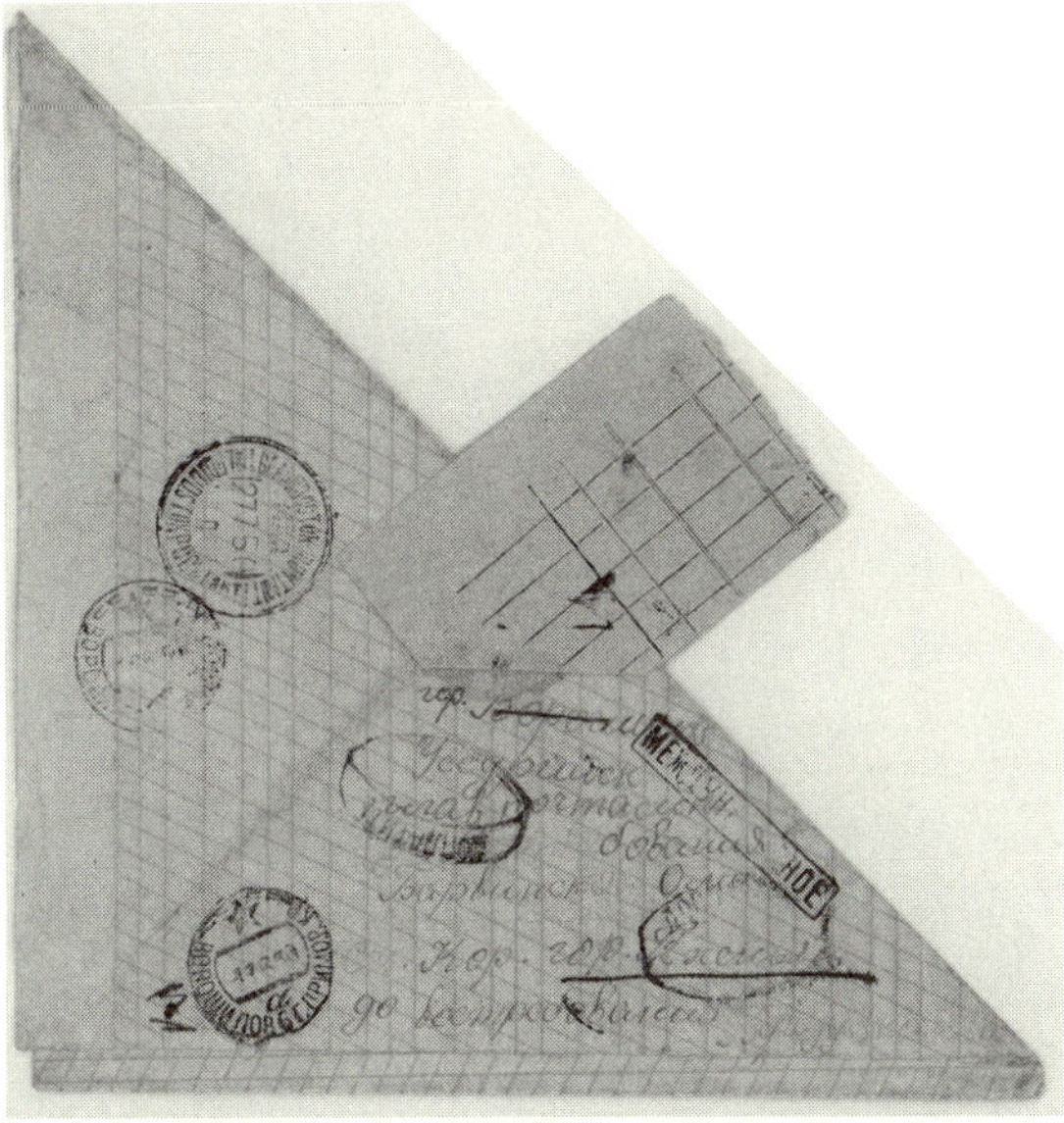

図15　北朝鮮支援のためにソ連から派遣されていた技術者が差し出した郵便物

図16は、そのうちの解放記念塔とソ・朝両国の国旗を取り上げた一ウォン切手を貼った郵便物（部分）である。

解放塔は、ソ連赤軍による北朝鮮解放を記念して平壌・牡丹峰の麓に建設された塔で、頂点の星が特徴となっている。ソ連の衛星国として出発した北朝鮮としては、朝鮮の解放と北朝鮮国家の建国は、ソ連のおかげであるというのが当時の公式見解であり、「（ソ連によってではなく）原爆が落ちて日本は戦争に負けた」との趣旨の発言をした人物が処罰されることさえあったという。解放塔は、そうしたソ連の〝恩恵〟を可視化するものとして、この切手を皮切りに、しばしば、北朝鮮の切手に取り上げられる題材となった。

さて、日本統治からの解放は、（それが誰によってもたら

図16　北朝鮮が発行した解放5周年の記念切手のうち、両国の国旗と解放記念塔を取り上げた切手の使用例（部分）

されたものであるかという議論はさておき）韓国・北朝鮮とともに、自らの国家の原点として極めて重要な意味を持っている。それゆえ、現在でも、毎年八月十五日にはこれを祝う記念イベントが両国で盛大に行われている。

したがって、五周年という節目の年にあたる一九五〇年の八月十五日には、本来であれば、南北ともに大規模な記念行事が行われていたことであろう。

しかし、この年は六月二十五日に朝鮮戦争が勃発したため、八月十五日に解放五周年の記念行事を行うことは事実上不可能となってしまった。じっさい、韓国では解放五周年の記念切手は発行されていない。

これに対して、北朝鮮は、ここに示すように、実際の解放記念日より二ヵ月近くも前の六月二十日に早々と解放五周年の記念切手を発行している。

北朝鮮当局が解放五周年の記念切手を本来の解放記念日よりも二ヵ月も前倒しして発行したのは、実際の解放記念日にあたる八月十五日に記念切手を発行することが困難であることを、彼ら自身が事前に認識していたためとは考えられないだろうか。

じっさい、彼らのこうした〝予想〟は、切手の発行からわずか五日後の六月二十五日に朝鮮戦争が勃発することで実現した。

これこそ、まさに、北朝鮮が周到な用意の上で武力南侵を開始したことをうかがわせる状況証拠であり、北朝鮮は、自らの切手により、朝鮮戦争は韓国側から仕掛けられたものという主張に信憑性がないことを、結果的に告白してしまったといってよい。

第四章　〝六二五《ユギオ》〟の三年間――一九五〇～五三年

朝鮮人民軍、南侵を開始

英語で〝Korean War〟と呼ばれる戦争は、かつて〝朝鮮動乱〟と呼ばれていた。これは、国家間の正式な宣戦布告なしに始まった〝内戦〟（お互いに相手を正式な国家と認めていないのだから、当然ではあるのだが）であるがゆえに、正規の〝戦争〟とは呼べないとの発想によるものだが、実際には、本格的な戦闘が三年間も続いており、現在では、〝朝鮮戦争〟の名称が日本では定着している。

一方、韓国では、〝Korea〟の訳語として〝朝鮮〟よりも〝韓国〟を好むことにくわえ、自分たちこそが朝鮮半島の唯一の正統政府であるとの認識から、かつては〝韓国動乱〟との呼称が主流であったが、現在では〝韓国戦争〟の呼称が一般的になっている。また、開戦日に由来する〝六二五《ユギオ》（戦争）〟の語もしばしば用いられる。

ちなみに、北朝鮮側の呼称は〝祖国解放戦争〟である。

さて、一九五〇年六月二十五日午前四時、北朝鮮の朝鮮人民軍が北緯三八度線全域にわたって南侵を開始したとき、韓国側には、これを迎え撃つだけの準備はなかった。

まず、韓国軍の組織だが、同年四月と六月に高級幹部の人事異動が行われていたことに加え、六月中旬には部隊の改編も行われるなど、各種の変更に伴う混乱が収拾されるにはしばらく時間が必要とされていた。また、六月十八日には、修理のため、韓国軍の各部隊の約三分の一にあたる武器や車両が仁川市内の富平武器補給処に集められており、三八度線地域の韓国軍の装備は手薄になっていた。

さらに、六月十一日から発せられていた北朝鮮の南侵に対する非常警戒令は、北朝鮮側の侵攻がないことを理由に、六月二十四日（北朝鮮南侵の前日である）午前〇時に解除されていた。このため、ほとんどの韓国軍部隊では、将兵たちに外出や休暇が許可されており、三八度線沿いでも少数の部隊が警備を行っているだけであった。首都ソウルでも、六月二十四日の夜には陸軍会館落成記念のパーティーが深夜まで行われ、韓国軍の高級幹部や米軍の顧問なども酔眼朦朧とした状態の中で北朝鮮南侵の第一報に接することになる。

　こうした状況であったから、当初、不意打ちを食らった韓国側の対応は混乱を極めていた。

　すなわち、韓国陸軍本部が全軍に非常呼集を発令したのは、朝鮮人民軍の南侵から約二時間後の午前六時三十分のことであったが、前夜の宴会のせいもあってか、幹部らの集合は遅れ（居所不明の者も少なくなかったといわれている）、陸軍作戦局長の張昌国が陸軍本部に登庁してきたのは九時三十分を過ぎてからのことであった。

　このため、大統領・李承晩に北朝鮮南侵が正式に報告されたのは午前十時のことで、戦争に対処するための最初の国務会議が開かれたときには、すでに午後二時になっていた。

　一方、国民に対しては午前七時にはラジオで北朝鮮南侵の第一報が伝えられたが、国防部の正式談話が発表されたのは午後一時になってからのことである。

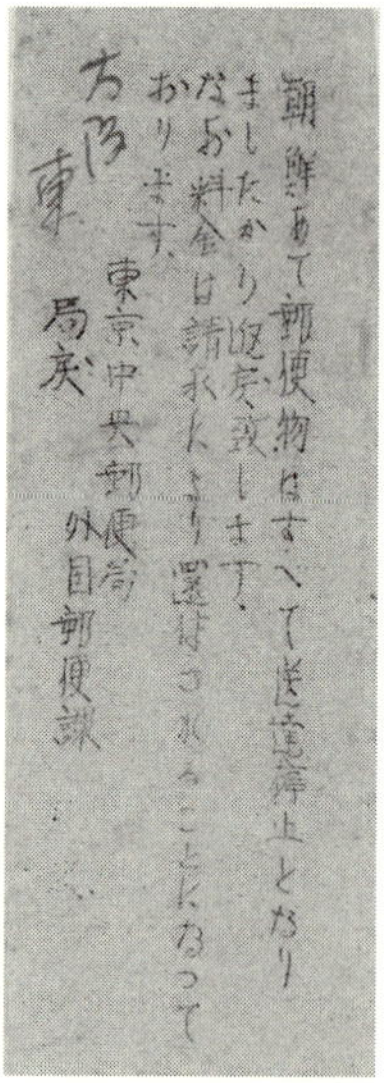

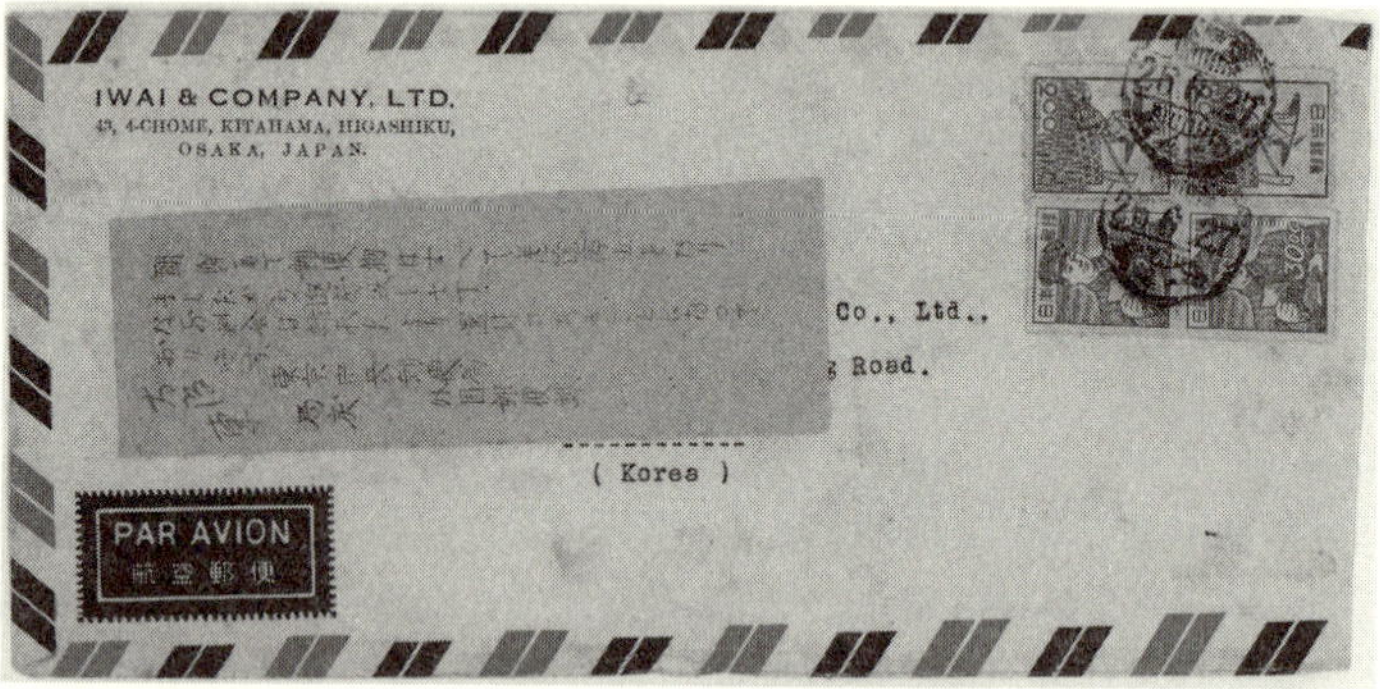

図1　朝鮮戦争の勃発により配達不能で差出人に返送された郵便物とその付箋

　しかも、その内容は、朝鮮人民軍が順調に南侵を続け、ソウルに迫りつつあったにもかかわらず、国民に不安を与えないようにとの配慮から、韓国軍が朝鮮人民軍を「撃退して追撃中」というもので、結果として多くの国民の情勢判断を誤らせるものとなった。

　さて、今回は、こうした朝鮮戦争初期の混乱した状況を示すものとして、一通の封筒（図1）を紹介したい。

　この郵便物は、朝鮮戦争の勃発から二日後の一九五〇年六月二十七日、大阪からソウル宛に差し出されたものだが、戦争の混乱により、韓国と諸外国との郵便交換は不可能となったため、「朝鮮宛の郵便物はすべて送達停止となりましたから返戻致します」との事情を説明した付箋が貼られて、差出人戻しとなったものである。

　ちなみに、この郵便物に貼られている切

手は、農婦を描く二円切手が二枚と郵便配達員を描く三十円切手二枚だが、当時の日本国内で使用されていた普通切手は、戦後復興のために主要産業で働く人々の姿を描いたもので、〝産業図案切手〟と総称されている。

朝鮮戦争に際して、日本は米軍を主力とする国連軍の後方基地となることで、韓国の犠牲の上に特需景気の恩恵で戦後の経済復興を達成することになる。その意味では、大阪発のこの封筒には、朝鮮戦争の勃発と同時に、日本の戦後復興の出発点も刻印されているとみなす事もできるかもしれない。

ソウル陥落

南侵を開始した朝鮮人民軍は、奇襲攻撃の利を活かして進撃を進め、開戦三日後の六月二十八日、ついに首都・ソウル（当時の北朝鮮憲法では、形式的に、ソウルが首都であると規定されていた）市街の一角に突入した。

当時、朝鮮人民軍の首都侵攻に対して、韓国軍の蔡秉徳参謀総長は、漢江に架かっていた漢江大橋と広壮橋、それに複線二本・単線一本の鉄道橋の爆破を命令。朝鮮人民軍の進撃を少しでも遅延させようとした。

しかし、このプランには、ソウル以北の韓国軍部隊の撤退やソウル市民の避難をどうするのかという視点が欠落していた。このため、蔡は、いったん、爆破の延期を決定したものの、混乱の中で司令部と現場との連絡が不首尾に終わり、漢江大橋と二本の鉄道橋が予定通り爆破されてしまう。この爆破により、橋の上にいた数百人の将兵・市民等が犠牲になったほか、ソウルの外郭を防衛していた韓国軍主力も士気を失い、なだれをうって崩壊。韓国側の極度の混乱状況の中で、開戦からわずか三日で、ソウルは朝鮮人民軍の前に陥落する。

当時、大方の予想では、ソウル陥落後、朝鮮人民軍はただちに漢江を渡河し、一挙に南下するものと見られていた。

しかし、朝鮮人民軍は六月二十八～三十日の三日間、政治犯の逮捕や囚人の解放、ソウル政庁での戦勝祝賀会などを開催して時間を空費。さらに、七月一・二日の両日は漢江鉄橋の修復・確保に時間を取られたこともあり、五日間の時間的な猶予を韓国側に与えることになった。それゆえ、北朝鮮が進軍を停止したこの三日間は、〝謎の三日間〟とよばれ、その理由をめぐっては、専門家の間でも意見が分かれている。

すなわち、南朝鮮労働党の呼応蜂起（北朝鮮側は、開戦にあたって、南側の人民が南侵に呼応して反李承晩の一斉蜂起に立ち上がるだろうと喧伝していた）を待っていたという説や、韓国側には漢江南岸での迎撃準備が整っていたと北朝鮮側が誤解したという説、またソウル占領があまりにも順調に進み、他の作戦との足並みをそろえるため、時間調整が行われたとする説、などがその主なものである。

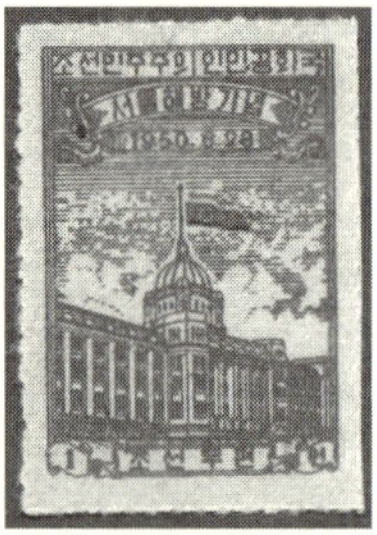

図2　北朝鮮の発行したソウル解放の記念切手

もっとも、作戦上の判断は別にして、当時の朝鮮人民軍の間には、ソウルの占領によって戦争は実質的に終結するとの楽観的な空気が強かったことも事実で、北朝鮮の首脳部はソウル占領後すぐさま戦勝祝賀会を開催している。

このように、ソウルの解放イコール〝祖国解放戦争（朝鮮戦争の北朝鮮での呼称）〟の勝利との認識から、彼らは図2のような記念切手を発行した。

この切手は、ソウル陥落からわずか十二日後の七月十日に発行されたもので、北朝鮮国旗の翻る中央庁が描かれている。オリジナル・デザインの切手の制作には、通常、最低でも一ヵ月はかかるから、この切手は、一九五〇年六月二十八日というソウル陥落の日付部分を除き、開戦前から制作作業が始められていたものと考えるのが妥当であろう。

開戦以前から準備されていたと思しきこの切手には、ソ

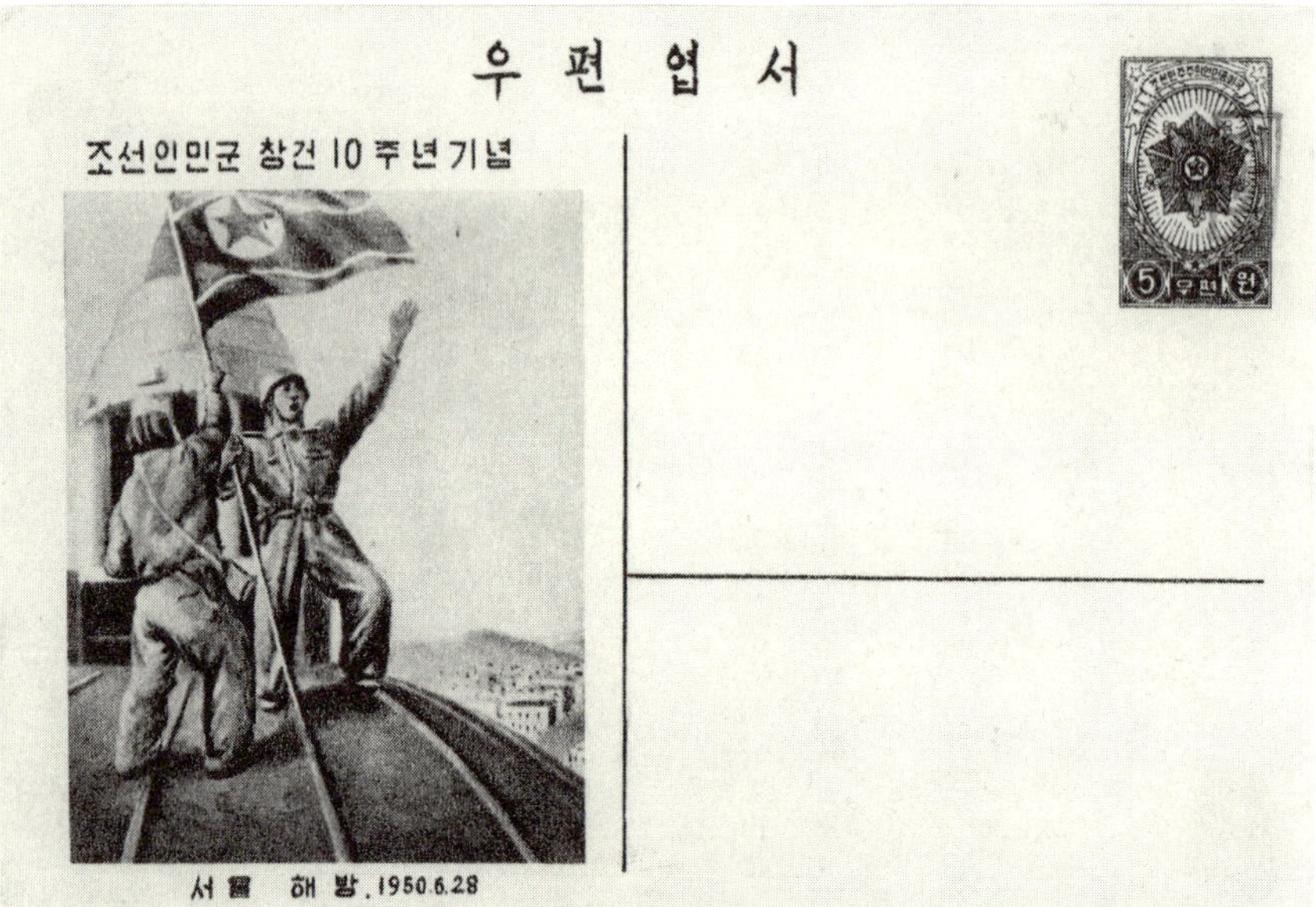

図3　ソウルの中央庁に北朝鮮国旗を掲げる兵士を描いた北朝鮮の絵葉書

ウルでの戦勝祝賀会の開催と同様に、ソウルの陥落で戦争が実質的に終わったとする北朝鮮側の楽観的な空気が流れているように筆者には思われてならない。

なお、開戦三日でのソウル陥落の場面は、朝鮮人民軍の輝ける戦果の一つとして、一九五八年には「朝鮮人民軍創建十周年」の記念絵葉書（図3）にも、中央庁のドーム型の屋根に上って北朝鮮国旗を掲げる朝鮮人民軍の兵士の姿が描かれている。

葉書の印面に取り上げられているのは〝国旗勲章〟で、単色のイラストでは識別できないが、中央の星の周囲が国旗の色と同じ赤色と藍色で装飾されているため、この呼び名がある。おそらく、このイラストで国旗を掲げている兵士（のモデル）にも授与されたのではないだろうか。

ちなみに、国旗勲章のデザインは、一九四五年にソ連が対独戦の勝利を記念して制定した〝祖国戦勝勲章〟（図4）のデザインと酷似しており、こうしたところからも、当時の北朝鮮に対するソ連の影響力の大きさをうかがい知ることができる。

図4　祖国勝利勲章を取り上げたソ連の切手

ソウルの人民軍

ソウルの陥落後、占領下の首都の行政責任者であるソウル市人民委員会委員長には、北朝鮮の司法相で南朝鮮労働党（南労党）系の李承燁が就任した。

これは、もともと、南労党が、一九四六年十一月、ソウルで、朝鮮共産党・新民党・人民党の三者が合同して結成された左翼政党だったという経緯によるものだが、副委員長には、平壌市人民委員会副委員長であった朴昌植（ソ連系）が任命されており、実質的には、ソウルの〝平壌化〟が志向されていたことがうかがえる。

占領後間もない六月三十日、ソウル市人民委員会は、政党・社会団体に登録を求め、構成員や役員の名簿の提出を義務づけた。また、韓国政府関係者には〝自首〟が呼びかけられ、ソウル市民には「反動分子」の摘発が義務として課せられた。さらに、午後九時から午前四時までの外出禁止令や、反北朝鮮宣伝は厳罰に処せられることなどが布告された。新聞・雑誌も、南朝鮮労働党機関紙の『解放日報』と『朝鮮人民報』、朝鮮労働党中央委員会（平壌）機関紙の『労働新聞』を除いて、すべて発行停止となった。

このうち、七月二日に発行された『解放日報』の第一号には、「反逆者たちを処断し、人民の政権機関である人民

図5 "朝鮮民主主義人民共和国"と加刷された切手

委員会を復活」させようと呼びかける金日成の演説と、彼のソウル解放の祝賀メッセージが掲載された。

さらに、『解放日報』は、翌三日の紙面で朝鮮民主主義人民共和国憲法の全文を掲載したほか、続く四日には、元南労党委員長・朴憲永（このときは北朝鮮の副首相兼外相であったが、『解放日報』はこの点を秘匿している）の演説を掲載し、南の人民に対して北朝鮮側に立って李承晩政権に対する武装蜂起に立ち上がるよう呼びかけている。

さて、ソウルを占領した北朝鮮側は、現地での郵便に使用するため、韓国切手を接収し、〝朝鮮民主主義人民共和国〟の文字を加刷した切手（図5）三種を発行した。これらの切手は、韓国領内の北朝鮮占領地域で使用させたが、朝鮮人民軍の占領が短期間で終わったため、現在残されているのは大半が未使用のものである。北朝鮮側が占領地域でこのような切手を発行したのは、韓国の主権を否定し、自らの支配を目に見えるかたちで人民に知らしめるためであったことはいうまでもない。

しかし、北朝鮮側が、どれほど自分たちは〝解放軍〟であると強調しても、ソウル市民にとっては、朝鮮人民軍は招かれざる侵入者でしかなかった。朴憲永らによる武装蜂起の呼びかけに応じる動きがほとんど起こらなかったのは、その何よりの証といえよう。

こうして、九月二十八日に国連軍がソウルを奪還するまでの三ヵ月弱、ソウル市民は朝鮮人民軍の占領下で面従腹背の生活を余儀なくされることになる。

国連軍の派遣

朝鮮人民軍の奇襲攻撃によって朝鮮戦争が勃発すると、国連安全保障理事会は、開戦翌日の一九五〇年六月二十五日午後二時（国連本部のあるニューヨーク時間。韓国時間では二十六日午前二時）、北朝鮮の南侵を侵略行為と規定し、北朝鮮に対して三八度線以北への撤兵を要求する。しかし、朝鮮人民軍はこの安保理決議を無視してさらに南侵を続け、六月二十八日にはソウルを占領した。

このため、米国大統領・トルーマンは、極東海・空軍に対して、三八度線以南の朝鮮人民軍への攻撃を指令。国連安保理も、「北朝鮮の侵攻を撃退するため、加盟国は韓国が必要とする軍事援助を与える」との決議を採択して、米国の軍事介入を追認した。

この時点では、トルーマンは、地上軍を本格的に投入して、朝鮮戦争に全面的に介入することには慎重であった。というのも、北朝鮮の侵略行為は阻止しなければならないが、さりとて、ソ連の介入を招き、〝第三次世界大戦〟を引き起こすことはなんとしても避けねばならなかったためである。

これに対して、日本占領の総司令官として東京にいたマッカーサーは、六月二十九日、陥落直後のソウルを漢江南岸から視察。本国政府に地上軍の本格的な投入を主張した。そして、このマッカーサー報告を受けて、翌三十日、トルーマンも地上軍の投入を決断する。

もっとも、急遽、朝鮮半島に派遣された米国陸軍第二四師団（開戦当時は九州に駐留していた）は準備不足のためもあって、七月五日に行われた烏山の戦闘で北朝鮮側にまさかの敗北を喫してしまう。

こうした状況の中で、七月七日、国連安保理は国連軍（正式には国連派遣軍）の創設を決議し、その司令官の任命をトルーマンに委任。これを受けて、翌八日、マッカーサーが国連軍司令官に就任する。

これら一連の安保理決議は、当時、ソ連が欠席した安保理（ソ連は、中華人民共和国を中国の正統政府として国連への代表権を与えるように主張し、それが否決されたことに抗議して安保理への出席を拒否していた）で採択された。このため、左翼陣営から、国連軍の創設は国際世論を反映したもので

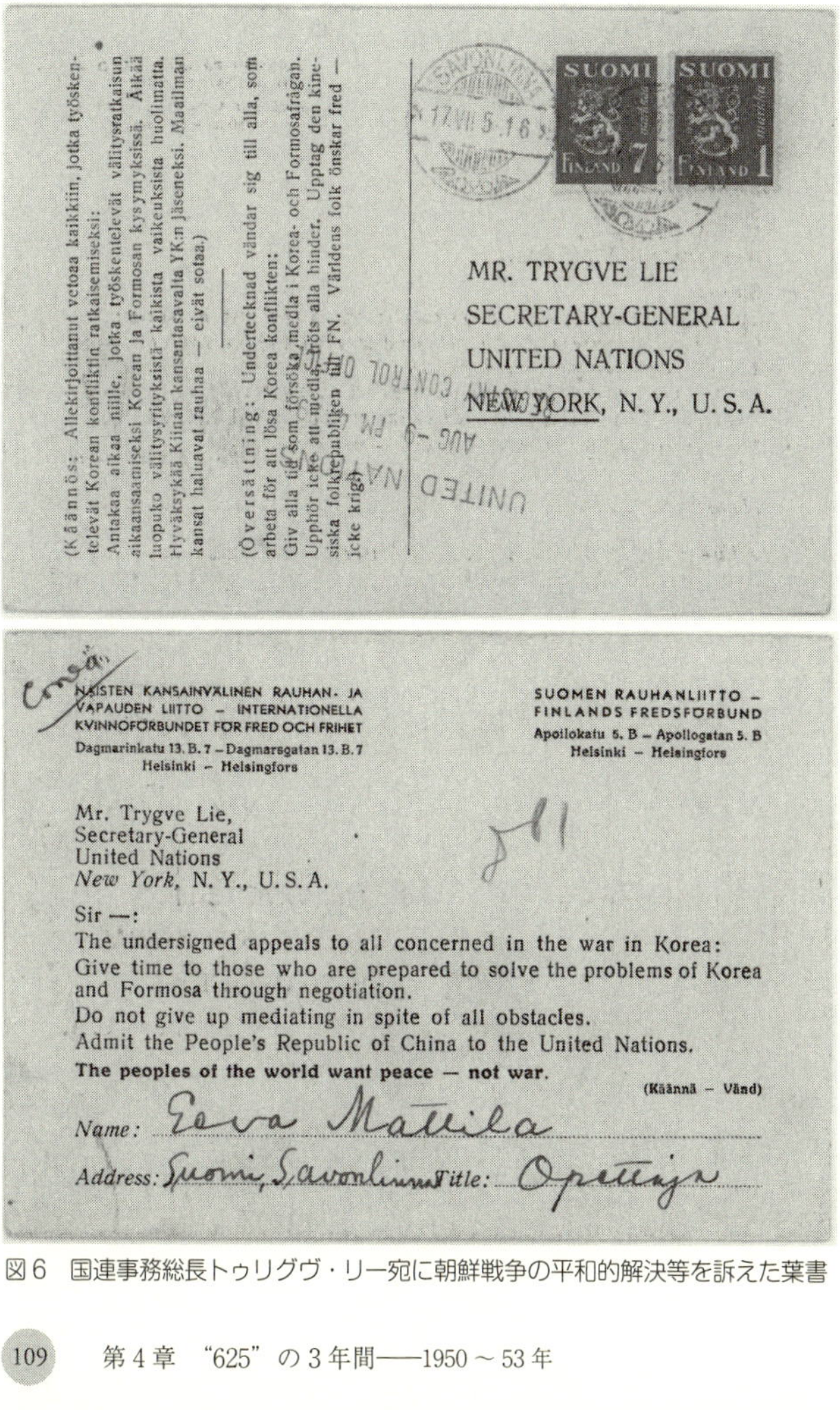

(Käännös: Allekirjoittanut vetoaa kaikkiin, jotka työskentelevät Korean konfliktin ratkaisemiseksi:
Antakaa aikaa niille, jotka työskentelevät välitysratkaisun aikaansaamiseksi Korean ja Formosan kysymyksissä. Älkää luopuko välitysyrityksistä kaikista vaikeuksista huolimatta. Hyväksykää Kiinan kansantasavalta YK:n jäseneksi. Maailman kansat haluavat rauhaa — eivät sotaa.)

(Översättning: Undertecknad vändar sig till alla, som arbeta för att lösa Korea konflikten:
Giv alla tid som försöka medla i Korea- och Formosafrågan. Upphör icke att medla, trots alla hinder. Upptag den kinesiska folkrepubliken till FN. Världens folk önskar fred — icke krig.)

SUOMI FINLAND 7 markka
SUOMI FINLAND 1 markka

MR. TRYGVE LIE
SECRETARY-GENERAL
UNITED NATIONS
NEW YORK, N. Y., U. S. A.

NAISTEN KANSAINVÄLINEN RAUHAN- JA VAPAUDEN LIITTO – INTERNATIONELLA KVINNOFÖRBUNDET FÖR FRED OCH FRIHET
Dagmarinkatu 13. B. 7 – Dagmarsgatan 13. B. 7
Helsinki – Helsingfors

SUOMEN RAUHANLIITTO – FINLANDS FREDSFÖRBUND
Apollokatu 5. B – Apollogatan 5. B
Helsinki – Helsingfors

Mr. Trygve Lie,
Secretary-General
United Nations
New York, N. Y., U. S. A.

Sir —:
The undersigned appeals to all concerned in the war in Korea:
Give time to those who are prepared to solve the problems of Korea and Formosa through negotiation.
Do not give up mediating in spite of all obstacles.
Admit the People's Republic of China to the United Nations.
The peoples of the world want peace — not war.

(Käännä – Vänd)

Name: Eeva Mattila

Address: Suomi, Savonlinna *Title:* Opettaja

図6　国連事務総長トゥリグヴ・リー宛に朝鮮戦争の平和的解決等を訴えた葉書

はないと批判する余地を残すことになった。

たとえば、図6は、一九五〇年七月、フィンランドのサヴォンリンナからニューヨークの国連事務総長トゥリグヴ・リー宛に差し出された嘆願書で裏面には、以下のように、朝鮮戦争の〝交渉による解決〟を訴えた（すなわち、国連軍の派遣に対して批判的な）文面がある。

朝鮮での戦争に関わる全ての人に訴えます。
朝鮮および台湾の諸問題を交渉により解決しようとしている人々に時間を与えてください。
あらゆる障害に負けず、仲介をあきらめないでください。
中華人民共和国の国連加盟を認めてください。
世界の諸国民は戦争ではなく平和を望んでいます。

文面は英語とフィンランド語で印刷されており、こうした葉書がフィンランド国内の左派リベラル勢力によって組織的に差し出されたものと推測できる。

名宛人となっている事務総長のリーはノルウェー人で、一八九六年七月十六日、オスロ生れ。一九一一年、十五歳でノルウェー労働党に入党し、一九一九年、オスロ大学法学部を卒業。一九二二年以降、ノルウェー労働組合の法律顧問として働き始めたのを契機に政界とのつながりができ、国会議員を経て、一九三五年の労働党政権発足に伴い、四十一歳の若さで法務大臣として初入閣を果たし、その後、通商産業大臣、物資船舶大臣を歴任した。

第二次大戦中の一九四〇年、ドイツ占領下で親独クヴィスリング政権が発足すると、ロンドンに樹立された亡命政府の外務大臣に就任。戦後、ノルウェーが国連の原加盟国となると、一九四六年国連総会のノルウェー使節団団長を務め、同年二月一日、初代国連事務総長に選ばれた。

事務総長としてのリーは、イスラエルおよびインドネシア共和国の建国を支援したほか、インドとパキスタンのカシミール紛争の停戦にも尽力した。

しかし、一九四九年十月に中華人民共和国の建国宣言後のソ連の国連ボイコット問題に関して、リーはソ連に対して国連に戻るよう働きかけたものの、ソ連はこれを受け入れず（最終的にソ連は国連に復帰するが、リーの関与は少なかったという）、一九五〇年の総会でのリーの事務総長再選（事務総長の任期は一期五年で連続二期まで）にも強く反対。総会で四十六対五の賛成多数でリーは再選されたが、ソ連は彼を事務総長として認めることを拒否している。

その後、東西冷戦下で米国内でもマッカーシー旋風が吹き荒れる中、リーに対しては米国内からも〝容共的〟であるとの批判が出たことから、一九五二年十一月十日、二期目の任期半ばで辞任を余儀なくされた。

事務総長辞任後のリーはノルウェー政界に復帰し、オスロおよびアーケシュフースの知事や閣僚を歴任し、一九六八年十二月三十日に亡くなった。享年七十二歳。

一方、東側諸国はより直接的に国連軍の派遣を批判し、〝侵略を受けた朝鮮〟を救えというプロパガンダを展開した。

たとえば、図7はハンガリーで作成されたプロパガンダ葉書で、欧米系・アジア系・アフリカ系の子供たちがにこやかに並ぶ写真を大きく掲げ、「朝鮮の子供を救え」と訴えている。国連軍の派遣によって罪のない朝鮮の子供が被害を受けていること、世界は平和を願っていることなどをアピールするために作られたのであろう。

しかし、どれほど左翼勢力が国連軍の派遣を非難しようとも、当時の国連加盟五十九ヵ国のうち、国連軍の派遣に賛成したのは五十二ヵ国と圧倒的多数を占めていた。また、米国以外にも計十五ヵ国（図8。このほか、病院船のみ派遣

図7 “朝鮮の子どもを救え！”と訴えたハンガリーのプロパガンダ葉書

図8 1975年に発行された“(国連軍の) 6・25動乱25年”の記念切手には、朝鮮戦争に参戦した各国の国旗が描かれている

図9 参戦感謝記念切手のうち、米国を取り上げたもの

のデンマークや当時は国連未加盟で赤十字のみ派遣したイタリアなどの国もある）が兵員を派遣していたことを考えると、国連軍の派遣は、当時の国際世論を反映したものとみなして問題あるまい。

なお、国連軍の派遣に感謝するため、戦況が落ち着きを取り戻した一九五一年九月以降、韓国は国連軍参加各国の国旗と太極旗を並べた切手（図9以下、参戦感謝切手）を発行しているが、それらと併せて、米軍以外で、国連軍として朝鮮に派兵した各国軍については、別途第五章でまとめている。

釜山橋頭堡をめぐる攻防

開戦から三日後の一九五〇年六月二十八日、首都・ソウルを陥落させた朝鮮人民軍は、その後も破竹の勢いで南侵を続け、七月四日には水原（京畿道）を、同二十日には大田（当時は忠清南道）を、それぞれ占領した。

この間、国連軍の創設を受けて、七月十三日には米第八軍司令部が横浜から大邱（慶尚北道）に進出したものの、朝鮮人民軍の南侵は止まず、十六日に大邱に撤退した韓国政府は、早くも翌十七日には釜山への移転を余儀なくされた。

図10　名宛人が国連軍に参加して日本から朝鮮半島に移動したため、それに伴って転送された郵便物

図10は、まさにこうしたタイミングで、一九五〇年七月二十一日、米アイオワ州のバーリントンから広島県の江田島（軍事郵便局：APO354というアドレスから特定できる）に駐留していた米軍兵士宛に差し出された郵便物だが、名宛人が国連軍の一員として韓国に派遣されたため、彼の移動に伴い、横浜（APO503）を経て、大邱（APO25）まで転送されている。

その後も、朝鮮人民軍は南侵を続け、七月二十七日には河東・咸陽・安義、三十日には晋州（いずれも慶尚南道）を占領した。

こうした事態を受けて、八月一日、米第八軍司令官のウォルトン・ハリス・ウォーカー中将は、洛東江陣地線への後退を指令。以後、いわゆる釜山橋頭堡（朝鮮半島南東部の馬山＝洛井里＝盈徳を結ぶ南北一五三キロ、東西九〇キロの防御線）の攻防をめぐり、激戦が展開された。

図11は、釜山橋頭堡をめぐる攻防戦最中の一九五〇年八月十八日、米オハイオ州から釜山宛に差し出されたエアメールの葉書だが、配達不能で差出人に返送されている。裏面には「エアメールでの通信ができません。連絡いただけると嬉しいです」との文面があるのが生々しい。

図11　1950年8月、釜山宛に差し出されたものの配達不能で返送された葉書

さて、一九五〇年八月の時点では、戦局は全体として北朝鮮側が圧倒的に有利ではあったものの、すでに北朝鮮の補給能力は限界を超えており、朝鮮人民軍は二度にわたって猛攻をかけたものの、結局、釜山橋頭堡を制圧できなかった。

一方、国連軍側は緒戦段階から制空権・制海権を掌握していたが、米本土からの弾薬船が釜山に到着するようになったのは八月下旬以降のことで、それまで、第八軍は日本本土に備蓄されていた弾薬で急場をしのぐしかなかったため、なかなか苦境を脱することができなかった。

仁川上陸作戦とマッカーサー像

一九五〇年八月以降、釜山に兵員・物資が続々と陸揚げされていったことで、国連軍は徐々に戦力を回復。こうした状況の中で、国連軍総司令官のマッカーサーは朝鮮人民軍の後背地にあたる仁川への上陸作戦を敢行する。

仁川は干満の差が激しいうえに、付近は泥洲で海浜もないため上陸用の船艇は使いづらい。このため、開戦後間もない一九五〇年七月上旬にも仁川上陸の〝ブルー・ハート計画〟が立案されたものの断念されていたという経緯があった。しかし、釜山橋頭堡をめぐる戦いの過程で、マッカーサーは「クロマイト一〇〇‐B号計画」として、再度、仁川上陸作戦を策定。リスクが大きすぎるという米統合参謀本部を説き伏せ、八月三十日、作戦命令を下達した。

一九五〇年九月上旬の時点で、北朝鮮の主力は洛東江戦線に集中しており、仁川の防御は手薄になっていたこともあって、マッカーサーの奇襲作戦は見事に成功。一九五〇年九月十五日、米国第一海兵師団の一個大隊が仁川市対岸の月尾島に上陸を開始し、国連軍は翌十六日までに仁川を奪還してソウルに向けて進撃する。朝鮮人民軍は上陸部隊の迎撃を試みたが失敗し、十七日には国連軍が金浦空港を奪還した。

一方、釜山橋頭堡をめぐる洛東江戦線では、米第八軍が仁川上陸に呼応して攻勢に転じ、大邱＝金泉＝大田＝水原のラインに沿って朝鮮人民軍を撃滅する作戦を開始。九月二十一日以降、退路を絶たれた朝鮮人民軍は総崩れとなる。仁川上陸作戦は、国連軍にとってまさに一発逆転の大勝利をもたらし、戦史に残る戦いになった。

こうしたことから、仁川自由公園には上陸作戦の成功を称えてマッカーサーの銅像が建てられている。

仁川自由公園は、朝鮮王朝が開国して間もない一八八九年頃、仁川在住の外国人のため、仁川港を見下ろす鷹凰山の高台に開設された朝鮮半島最初の西洋式公園で、当初は〝万国公園〟と呼ばれていた。しかし、日本統治時代の一九一六年、天照大神と明治天皇を祭神とする〝仁川神社〟が埋立地につくられ、周辺一帯の土地が〝東公園〟となったため、万国公園は〝西公園〟と改名された。

一九四八年の大韓民国成立後、公園は旧称の万国公園に戻されたが、朝鮮戦争休戦後の一九五七年、仁川上陸作戦を記念して園内の東寄りの場所にマッカーサーの銅像を建立するとともに、現在の〝仁川自由公園〟に改称されている。マッカーサー像を制作したのは、韓国を代表する彫刻家・金景承であった。

金景承は一九一五年生まれ。一九三四年、東京美術学校（現・東京芸術大）彫刻科に入学し、在学中の一九三七年に朝鮮美術展覧会で入選して彫刻家としてのデビューを飾った。一九四一年、国民総力朝鮮連盟傘下の朝鮮美術家協会で評議員と彫刻分科会の委員を務めたほか、一九四四年には決戦美術展覧会の審査員を務めた。

一九四五年の解放後はこうした経歴が問題視され、一時、朝鮮美術建設本部への参加が認められなかったが、一九四九年にソウル市の文化委員に選ばれ、その後の韓国の美術教育の基盤づくりに尽力した。

一九五〇年六月の朝鮮戦争勃発時には、鐘路区の豊文女子高校の校長職にあり、戦争中はパルチザン討伐作戦に参加した。

休戦後は、仁川自由公園のマッカーサー像のほか、国会議事堂内に長らく展示されていた李舜臣像、ソウル・南山の白凡広場の金九像（閔福鎮との共作）など、現代韓国において政治的に重要な銅像を数多く手掛けている。

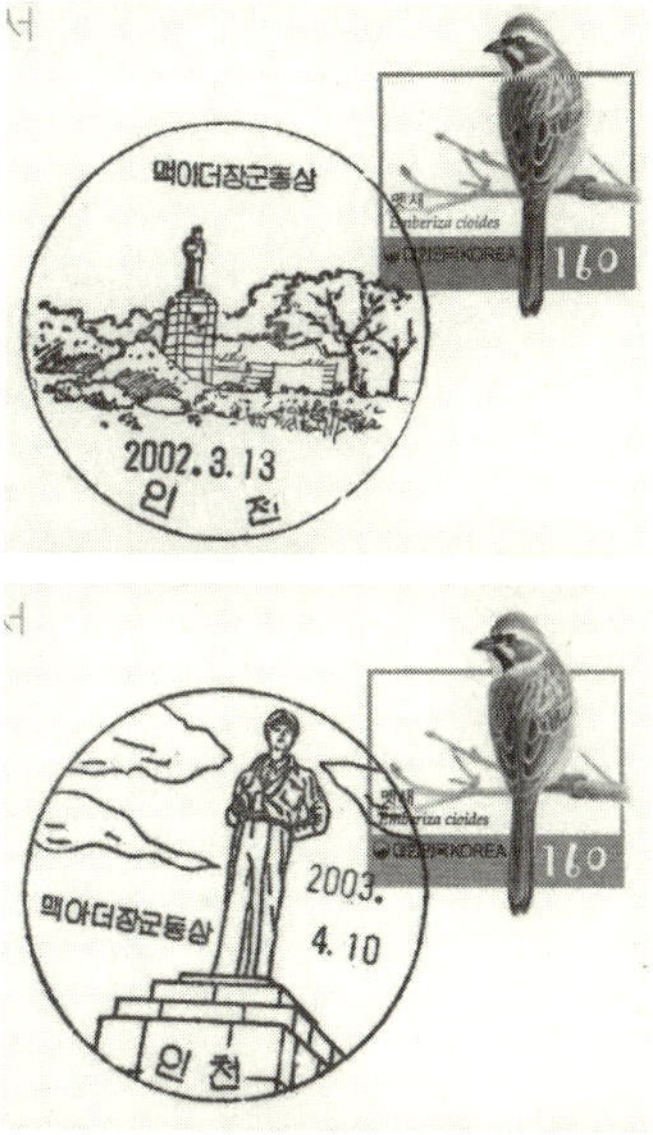

図12　仁川自由公園のマッカーサー像を取り上げた仁川郵便局の風景印（2002年のものと2003年のもの）

マッカーサー像は、仁川のシンボルとして、仁川郵便局の風景印にも取り上げられており、ハングルで〃メッカート将軍銅像〃とのキャプションもつけられている（図12）。ところで、図12の風景印は、二〇〇二年および二〇〇三年に使用されたものだが、この頃から、マッカーサー像の存在は一部左派勢力によって政治問題化され、多くの国民が困惑している。

すなわち、二〇〇三年、親北・左派色が顕著な盧武鉉政権が発足。その流れを汲んで、二〇〇四年六月、仁川市が〃平和都市〃を宣言すると、同年十一月、左派系市民団体の〃仁川連帯〃が「南北を分断した戦争の張本人」として、マッカーサー像の撤去を要求する。以後、左派系市民団体によるマッカーサー像撤去の運動が展開され、上陸作戦五十五周年を控えた二〇〇五年九月には、〃全国民衆連帯〃の主催の下、四千名余の参加者が自由公園内で銅像の撤去と在韓米軍の撤退等を叫び、警備の警官隊との間で乱闘事件が発生している。なお、一連の銅像撤去運動に対して、朝鮮労働党の機関紙『労働新聞』は「反米反戦、米軍撤退闘争の炎を激しく燃え上がらせるべきだ」、「銅像を直ちに爆破せよ」との論説を掲載しており、銅像撤去を求める左派系市民団体と北朝鮮当局が連携して行動していることは明白であった。

当然のことながら、こうした左派系の動きに対しては韓国内の反発も強く、上陸作戦五十五周年当日の二〇〇五年九月十五日には、海兵隊戦友会が銅像前で「国家安保およびマッカーサー銅像死守決起大会」を開催し、太極旗と星条旗を振って韓米同盟の維持を訴えた。また、米国でも下院国際関係委員会のヘンリー・ハイド委員長ら五人の議員が、九月十五日、「米議会と米国人たちは、韓国を二度も解放した英雄を〃良民虐殺戦犯〃のようにみなすことを容認できない。仁川上陸作戦は韓米同盟の基盤であり、仁川での勝利がなかったならば、今日の韓国は存在しなかった」との内容の書簡を盧武鉉大統領に送付。韓国政府にマッカーサー像の保護を求め、それが不可能な場合には銅像を米国へ引き渡すことを要請した。

結局、この問題に関しては、盧武鉉政権が銅像を撤去しないことを明らかにしたものの、その後も、韓米同盟の破棄を主張する左派系市民団体は倦むことなく銅像の撤去を求め続けている。

ところで、同じく盧武鉉政権下の二〇〇五年、民間団体の親日人名辞典編纂委員会が〝日本統治時代に親日活動を行った人物〟の名簿として「親日人名事典」を発表。その中には、マッカーサー像の作者である金景承もリストされていたことから、韓国政府は彼を〝親日派〟と断定してしまう。

しかし、これに対しては、弘益大学の金永元教授が金景承の遺作などの調査を通じて、解放後の金景承の彫刻家としての業績を評価すべきと政府に訴えたことから、政府もこれを受け入れて「（金景承は）親日派の作家とはいえない」という確認書を送付している。

これら一連の経緯は、〝歴史〟が単なる過去の問題ではなく、常に、現在の政治状況との関連で語られるという韓国社会の特徴が如実に表れているといってよい。

韓国・国連軍、ソウルを奪還

一九五〇年九月十五日、仁川に上陸した米国海兵師団は、ただちにソウルへの進撃を開始し、第五海兵連隊に金浦飛行場を、第一海兵連隊に永登浦（ソウルと南方を結ぶ要衝）を、それぞれ、攻撃するよう命じた。

このうち、金浦飛行場の占領は九月十八日には完了し、第五海兵連隊は翌十九日から漢江渡河作戦を開始。二十日には渡河に成功する。

一方、永登浦では北朝鮮側の抵抗が激しく、第一海兵連隊は苦戦を強いられたが、九月二十二日には同地を完全に占領することに成功した。

漢江渡河に成功した第五海兵連隊は二十一日からソウル市内を目指して兵を進めた。しかし、首都（一九七二年まで、平壌は暫定的な首都で、正規の首都はソウルとされていた）の防衛にあたっていた朝鮮人民軍第二五旅団には、かつて中国共産党の軍隊である八路軍に参加して日本軍などとも戦った経験をもつ歴戦の勇士が多く、北朝鮮側の抵抗の前に第五海兵連隊は多大な犠牲を強いられた。

激しい攻防戦の後、二十五日になって、米軍はようやくソウル西側の高地帯と南山を占領したが、その後も、北朝鮮側の抵抗は続き、

図 13　ソウルの攻防戦を取り上げた北朝鮮の切手

ソウル市内では激しい市街戦が展開された。

　このときの北朝鮮側の抵抗の模様は、一九六六年に北朝鮮が発行した切手（図13）にも描かれている。切手では、バリケードを築いて抵抗する朝鮮人民軍の兵士のほか、負傷兵の救助にあたる女性や物資を運ぶ少年の姿などが迫力ある筆致で表現されている。北朝鮮としては、ソウルの全人民が米軍に対して抵抗したと表現したいのであろう。また、画面の左側後方、硝煙の向こうには中央庁のドーム屋根が見えており、この戦争画がソウルを舞台にしたものであることが一目で了解されるよう工夫されている。

　こうした北朝鮮側の抵抗は、ソウルそのものの防衛が困難になった後、主力を撤退させる時間を稼ぐためのものであったが、結局、九月二十八日、米軍はソウルの奪還に成功。中央政庁には、ふたたび、太極旗が掲げられることになった。

図14　ソウル奪還15周年の記念切手

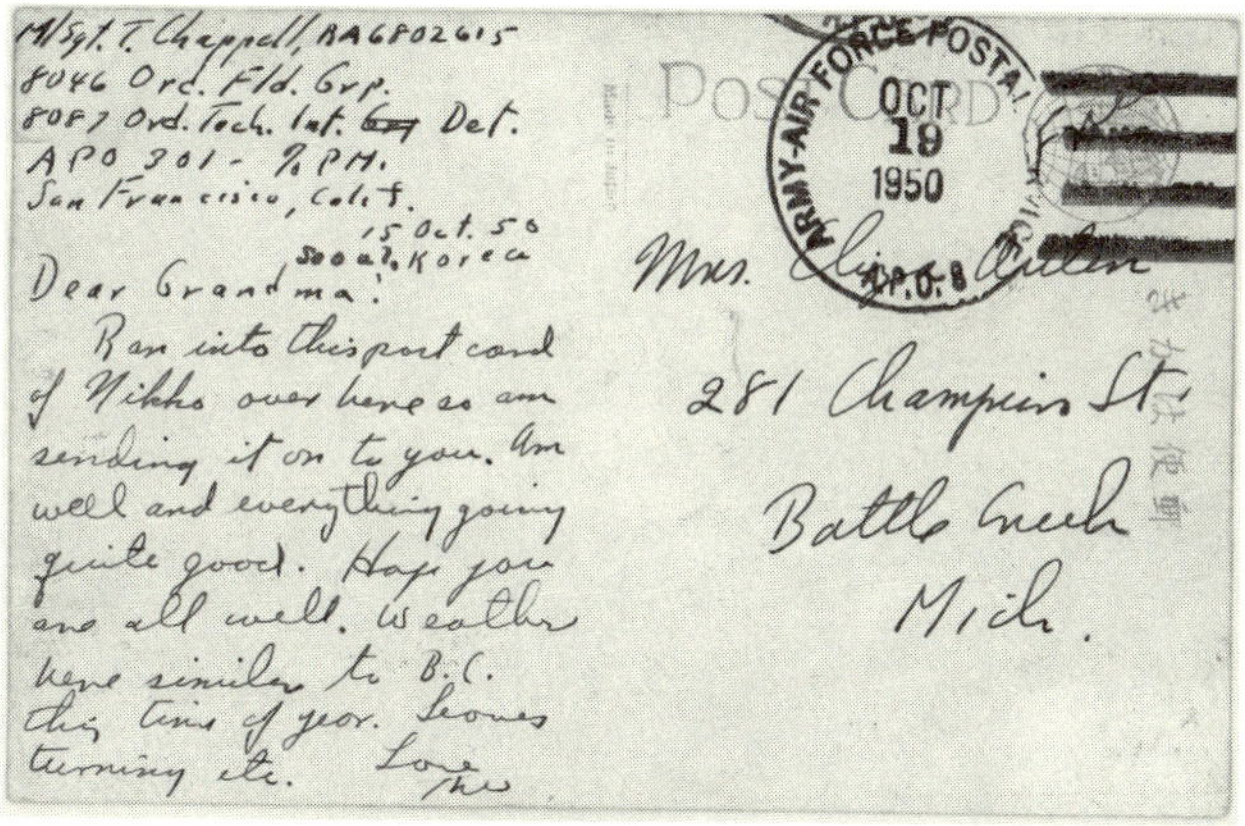

図15　韓国・国連軍によるソウル奪還直後の1950年10月19日、ソウルの米野戦郵便局から差し出された葉書

　このとき撮影された有名な写真は、首都奪還から十五周年にあたる一九六五年九月、韓国の記念切手（図14）にも取り上げられている。

　北朝鮮とは異なり、韓国の場合、朝鮮戦争の直接的な戦闘場面を切手上に取り上げることは少ないが、さすがに、この名場面は別格とみなされたのであろう。

　この切手が発行された一九六五年といえば、韓国を朝鮮半島の唯一の合法的政府とみなす日韓基本条約が六月に調印された年である。当然、その正統性を国際的に否定される北朝鮮は、同条約を南北の分断を永久に固定化するものとして猛反発している。こうした背景を考えてみると、この時期、首都・ソウルの攻防戦を題材にした切手を発行したのは、南北ともに、自分たちこそがソウルの正統な支配者、すなわち、朝鮮の正統政府であることを内外にアピールする意図が背後にあったためと推測できる。

一方、図15は、国連軍によるソウル奪還後の一九五〇年十月十五日、米軍の曹長が米ミシガン州バトルフィールドの祖母宛に差し出した葉書で、料金無料の軍事郵便で送られたため、切手は貼られていない。

差出人のアドレスとなっている第三〇一野戦郵便局は、一九五〇年七月、大邱に設置され、十月二十六日付でソウルに移転したという記録が残っている。一方、葉書に押されている消印の第八野戦局はソウル奪還後の九月中にソウルで活動を開始しており、この葉書がソウルを経由して米国宛に逓送されていったことがわかる。

撤退の成功で英雄になった方虎山

一九五〇年九月十五日の仁川上陸作戦当時、洛東江戦線にいた朝鮮人民軍約十万人のうち国連軍の包囲を破って北へ逃れたのは二万五千から三万五千人とされている。このうち、太白山中などに留まりゲリラ化した兵員も一～二万人程度いたと推測されるが、朝鮮人民軍兵士のうち約一万人が九月末までに投降して捕虜となったほか、四万人強が逃亡したと考えられている。

こうして、朝鮮人民軍の兵力は半分程度にまで落ち込み、撤収作戦は惨憺たる失敗に終わったが、その中で例外的に成果を収めたのが朝鮮人民軍第六師団長・方虎山である。

方は、一九一六年、咸鏡北道（異説もある）生まれ。一九三六年、中国共産党（以下、中共）に入党し、中共幹部に能力を認められてモスクワの東方勤労者共産大学に留学した。

帰国後の一九三九年、延安の中共中央海外委員会の研究班朝鮮組に所属し、一九四五年に中共系の東北朝鮮義勇軍が創建されるとこれに参加し、解放後も朝鮮義勇軍第一支隊の政治委員として南満洲で中国の国共内戦に参加した。

中華人民共和国成立後、彼は北朝鮮に帰国し、中国から帰国した朝鮮人で編成された朝鮮人民軍第六師団の指揮を執り、朝鮮戦争では開城攻防戦で奇襲攻撃を成功させ、朝鮮人民軍として最初に漢江渡河に成功する。

晋州前面の河東では一個大隊規模の韓国軍を壊滅させ、大田の戦闘では米国第二四師団のディーン師団長を捕虜とするなどの赫々たる戦果を挙げた。さらに、一九五〇年九月の撤収作戦で、彼は自らの指揮する第六師団の犠牲を最小限に留めたばかりでなく、撤収に際しては占領行政のために派遣されていた北朝鮮の文官八千名を収容。智異山に潜伏した後、十月末から十一月初めにかけて山伝いに北朝鮮に撤収することに成功した。

この功績により第六師団は近衛師団の称号を与えられ、

方虎山は中将に進級し新設の第五軍団長に抜擢されるとともに、北朝鮮最高の栄誉である〝二重英雄〟の称号を獲得。さらに、一九五二年四月には彼の軍功をたたえる切手（図16）も発行された。

切手は北朝鮮国旗を背景に、方と彼の指揮した戦車部隊を描くもので取り上げられている戦車はソ連製のT－34／85である。

T－34は、第二次大戦期から冷戦時代初期にかけてのソ連を代表する戦車で、一九四〇年初頭からの量産が開始された。

従来の戦車に比べて機動力の大幅な向上をもたらした幅広のキャタピラや大型転輪、砲塔や車体の装甲を斜めに配した傾斜装甲のシステム（砲弾が命中しても直撃せずに滑ってしまうため、防御性能が飛躍的に向上した）、世界に先駆けたディーゼルエンジンの採用など、当時としては画期的な傑作車両として、対独戦争の勝利に大いに貢献した。

当初、主砲は七六ミリ砲だったが、一九四三年末には主砲を八五ミリ砲に載せ替えた改良型が導入されたため、旧モデルをT－34／76、新モデルをT－34／85と呼んで区別する。

一九四五年までに累計で五万七千両以上が生産され、ソ連陸軍の新たな主力戦車として一九五〇年にT－54が採用された後も、各国に輸出され続けた。

朝鮮戦争では、朝鮮人民軍がソ連から供与されたT－34／85を駆使し、米国製軽戦車と旧日本軍の戦車しかなかった韓国軍を蹴散らしている。

もっとも、一九五三年の朝鮮戦争休戦後、方は、金日成と延安派（解放以前、中国共産党中央の指導下で抗日闘争を展開していたグループ）との権力闘争に巻き込まれ、一九五六年、病気療養を名目に中国に脱出せざるをえなくなる。

この結果、方虎山の名は北朝鮮の正史からは抹殺され、切手の存在も北朝鮮が発行している公式の切手カタログからは削除されている。

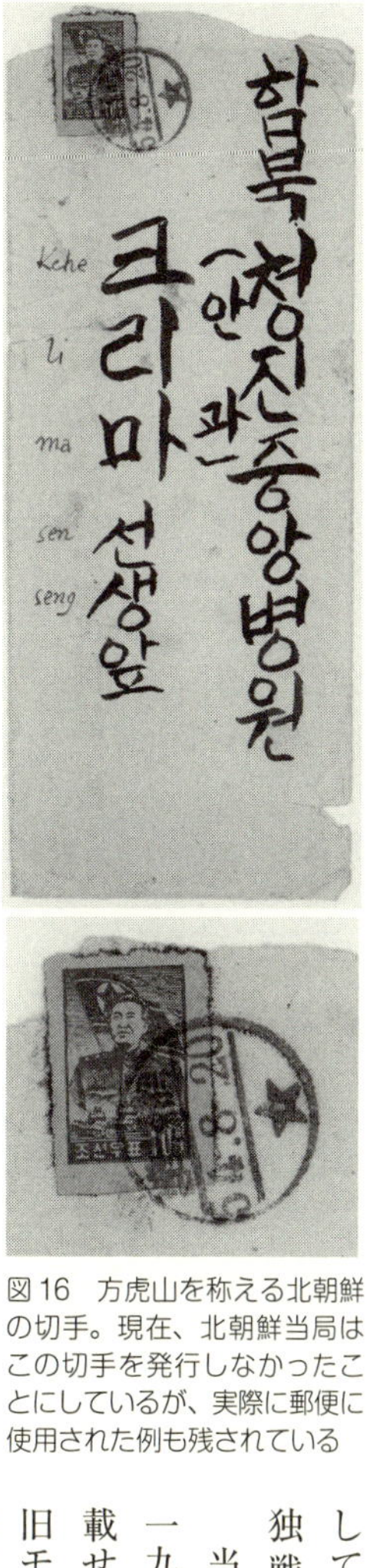

図16　方虎山を称える北朝鮮の切手。現在、北朝鮮当局はこの切手を発行しなかったことにしているが、実際に郵便に使用された例も残されている

国連軍、平壌へ

国連軍が朝鮮戦争に介入したとき、その目的は朝鮮人民軍を北緯三八度線以北に撃退することにあった。

一九五〇年九月二十八日、国連軍がソウルを奪還すると、朝鮮人民軍を撃退した後の方針をめぐって、米国政府の内部では三八度線を突破するか否か、意見が分かれていたが、最終的に、この問題は国連軍司令官マッカーサーの判断に委ねられた。その結果、国連軍は、次第に、朝鮮人民軍の撃滅を唱える彼のプランに引きずられていくことになる。

こうした状況の下で、十月一日、韓国第一軍団が東海岸で三八度線を突破すると、マッカーサーは北朝鮮に降伏を勧告。翌二日には国連軍に三八度線を越えて北進することを命じた。さらに、七日には国連安保理が国連軍の北進を追認。九日には西部の開城付近で米第一軍団が三八度線を突破し、翌十日には韓国第一軍団が東海岸の元山を占領した。

図17は、こうした状況下で、一九五〇年十月十二日、北朝鮮の西海岸、黄海道の海州から道内の長淵郡龍淵面宛に差し出された葉書である。

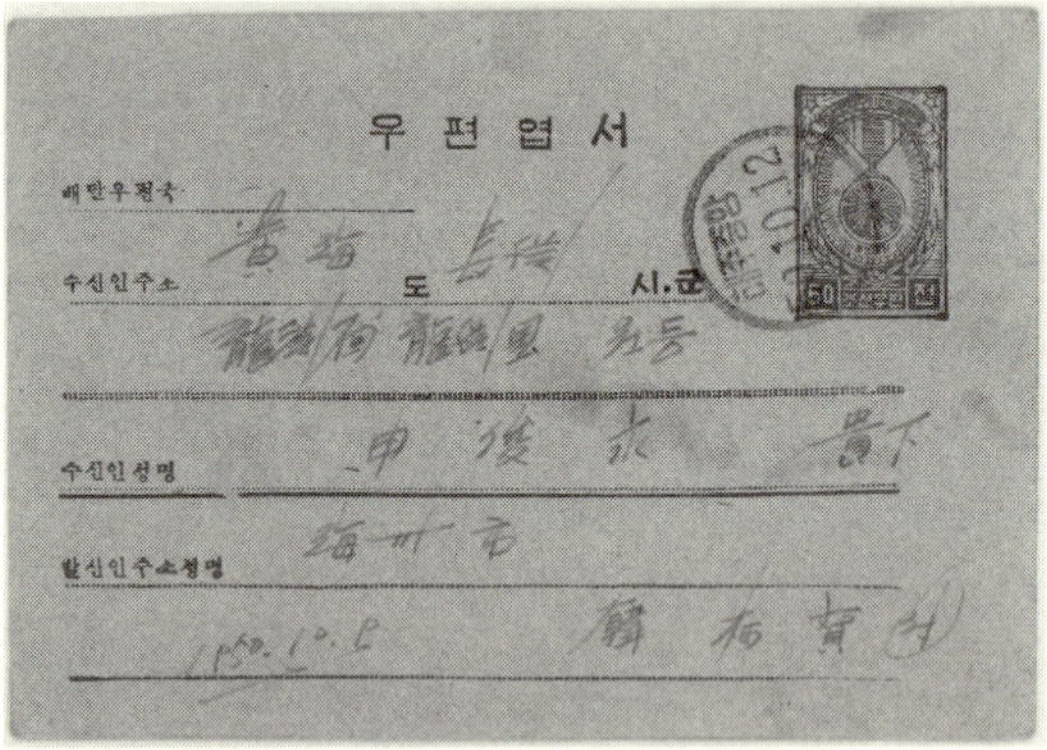

図17　国連軍進駐後の海州から差し出された葉書

海州は黄海道の道庁所在地で三八度線からも至近の距離にあるため、国連軍が三八度線を越えて北上すると、すぐに占領下に置かれたが、海州局がこの葉書を引き受けた時点では、北朝鮮の葉書がそのまま有効とされ、消印も北朝鮮のものがそのまま使われている。

その後も韓国・国連軍は北上を進め、十月十七日には韓国第一軍が咸興・興南を、米第一軍団が沙里院を、それぞれ占領。十九日には韓国第一師団が平壌市内に突入し、翌二十日までに国連軍が平壌占領を完了した。

平壌占領に際して米軍は、現地に残されていた北朝鮮側の大量の文書を押収していった。そこには当時の郵便物も少なからず含まれている。図18も米軍関係者が平壌から持ち出したものだが、興味深い歴史の断面が刻み込まれている。

この封筒は、一九五〇年六月十五日、サハリン残留の朝鮮人が韓国宛に差し出したもので、差出人の住所は「本斗郡内幌町炭山内」となっている。

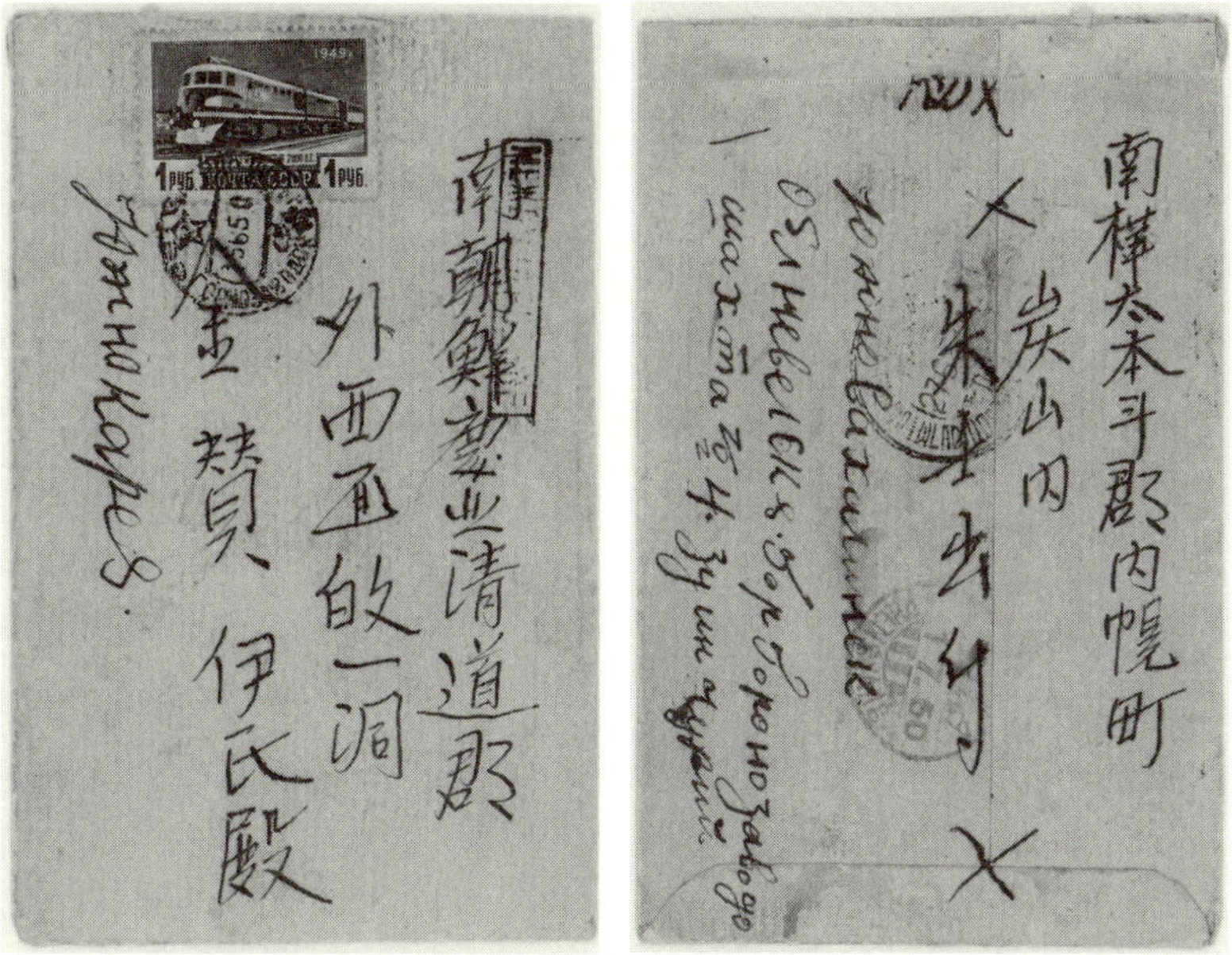

図18　サハリン残留の韓国人が韓国宛に差し出したものの、朝鮮戦争の勃発により、平壌で留め置かれた郵便物

一九四五年以前、日本の植民地だった朝鮮からは多くの人々が炭鉱夫として樺太に渡った。

終戦に伴い、新たに樺太の支配者となったソ連は、現地に残っていた朝鮮人を貴重な労働力とみなし、米国軍政下の南朝鮮へ帰国させようとはしなかった。一方、日本政府にも、朝鮮人を（元）日本国民として帰還させることへの責任感が希薄で、引揚交渉の際、残留朝鮮人の問題はほとんど取りあげられなかった。

こうして、敗戦以前の樺太に動員された朝鮮人は、引揚を許されず、ソ連領サハリンへの残留を余儀なくされる。ここでご紹介している封筒も、差出人の住所表示から、そうした〝サハリン棄民〟の一人であったと考えてほぼ間違いないであろう。

さて、この封筒は、裏面に押されているスタンプから、六月二十七日、ウラジオストックに到着し、そこから、韓国の名宛人に届けられるはずであった。しかし、この封筒がウラジオストックに到着する二日前の六月二十五日、朝鮮戦争が始まってしまった。このため、この封筒は韓国領内への配達が不可能となり、七月一日、平壌まで届けられたところで（裏面には同日付の平壌の消印が押されている）、同地に留め置かれていた。

その後、平壌が国連軍に占領された際、この封筒も他の書類などとともに押収されたが、資料的な重要性が乏しいとして市場に放出され、筆者の手元に収まったのである。

この封筒には、東西冷戦と南北朝鮮の対立、さらには、日本の戦後責任への無自覚といったサハリン残留朝鮮人を苦しめつづけてきたありとあらゆる要素が凝縮されているといっても過言ではない。米軍の平壌占領とそれに伴う大量の文書の押収が、結果として、こうした歴史を物語る郵便物を保存する役割を果すことになったという点は、彼らの行為の是非とは別の次元で、記憶に留めておいても良いのではないかと思うことがある。

国連軍、鴨緑江へ到達

一九五〇年十月一日に三八度線を突破した際、国連軍の北進限界ライン（マッカーサー・ライン）は、定州＝寧遠＝咸興を結ぶ線とされていたが、平壌陥落という新たな事態を受けて、マッカーサーはこのラインをさらに前進させることを決意。宣川＝古仁洞＝坪員＝豊山＝城津を結ぶ線を、新たな限界ラインとして進撃を命じた。この新マッカーサー・ラインは、中朝国境の鴨緑江まで約六〇キロに迫るものであった。

国連軍側の北進はなおも続き、平壌陥落からわずか五日後の十月二十四日には、マッカーサーは鴨緑江への総追撃を発令。さらに、設定したばかりの新マッカーサー・ラインさえも撤廃し、国境線である鴨緑江までの進撃を命じている。これは、「中朝国境の鴨緑江まで到達すれば戦争は終わる。そして、その時期はもはや目前である」との情勢判断に基づいていた。

こうして、十月二十六日、韓国第六師団の第七連隊が、ついに楚山で鴨緑江に到達した。

しかし、既にその前日の十月二十五日、国連軍は西部戦線で中国軍と本格的に遭遇していた。こうして、朝鮮戦争は、南北朝鮮と米国に中国を加えた、新たな局面へと突入していくことになる。

もっとも、韓国軍が鴨緑江に到達した段階では、戦争はこれで終わると考えた人々は少なくなかった。というよりも、むしろ、そのほうが多数派であった。

こうした空気を反映して、十一月二十日、韓国は〝国土統一〟の記念切手（図19）を発行した。発行されたのは百ウォン切手二種、二百ウォン切手一種の計三種である。なお、これらの切手はいずれも、当時の韓国の臨時首都となっていた釜山の東洋精版印刷社で製造された。

デザインについて説明しておくと、百ウォン切手は、ひとつは大統領の李承晩を描くもので、もうひとつは、白頭山頂の天池に翻る太極旗を取り上げたものである。

切手に取り上げられた白頭山は、朝鮮半島北端の山で、頂上の天池からは東に豆満江、西に鴨緑江という、中朝の国境を分かつ二つの大河が流れている。

また、朝鮮の建国神話で民族の祖とされる檀君が降臨した場所ともされており、朝鮮全土を指す表現として〝白頭から漢拏（韓国最南の済州島・漢拏山のこと）まで〟という表現が使われることもある。

図19　国土統一の記念切手

このように、白頭山は朝鮮民族にとっては非常に思い入れの深い山であり、そのことに仮託して、現在の北朝鮮国家が、金正日は白頭山中で生まれたがゆえ（実際の金正日の生誕の地はハバロフスク近郊のヴィヤツコエ）、彼は朝鮮民族を支配する特別な能力を有していたと主張していることは広く知られている。

したがって、韓国側からすれば、白頭山を不法占拠している北朝鮮を追い出して、その山頂に太極旗を立てるというのは、まさに〝国土統一〟にふさわしいデザインといってよい。一方、二百ウォン切手には、朝鮮半島の全図を挟んで、国連旗と太極旗が並べられている。このデザインが、韓国軍と国連軍との協力により国土統一が達せられたことを意味するものであることは改めて指摘するまでもないだろう。

もっとも、これらの切手が実際に発行された一九五〇年十一月二十日の時点では、国連軍と韓国軍は、新たに参戦した中国軍の人海戦術の前に防戦を余儀なくされていた。また、切手の額面である百ウォンは、同年十二月からの郵便料金値上げ（書状の基本料金が、朝鮮戦争の戦時インフレにより、それまでの三十ウォンから百ウォンに値上げされた）を見越して設定されたものである。

このように見てみると、この〝国土統一〟の記念切手は、なんとも間の悪い時期に発行されてしまったといえそうだ。

中国人民志願軍の参戦

一九五〇年十月、朝鮮戦争に中国軍（中国人民志願軍）が参戦。以後、朝鮮戦争は米国と中国を主役として展開されていくことになる。

中華人民共和国建国宣言直後の一九四九年十一月十六～二十三日、北京で開催された世界労働組合連合会・アジア大洋州労働組合会議（図20）において、議長として開会の辞を述べた劉少奇（国家副主席だが、会議には中国全国総工会名誉会長として参加）は、「アジアの植民地・半植民地の運動は、中国と同じように人民解放軍による武装闘争をやらなければならない」とする〝劉少奇テーゼ〟を発表。これが、南侵を企図していた金日成に少なからぬ影響を与えたことは想像に難くない。

図20　世界労働組合連合会・アジア大洋州労働組合会議の会期初日、すなわち、“劉少奇テーゼ”が発表された日に中国が発行した記念切手

しかし、実際に朝鮮戦争が勃発した当初、中国には戦争に介入する意志はほとんどなかった。そもそも、開戦にいたるまで、金日成は、ソ連に対しては事前に綿密な計画を打ち明け、支援を要請していたが、中国に対しては、開戦一ヵ月前になってようやく戦争計画を通告するだけであった。

また、開戦後も、中国は北朝鮮の作戦上の問題点を指摘しつづけていたが、北朝鮮側はこれを無視し、仁川で大敗北を喫していた。したがって、一九五〇年十月一日、韓国軍が北緯三八度線を越えて北進を開始したとき、北朝鮮の外相・朴憲永が訪中して出兵を要請した際にも、中国側が参戦を即答することはなかった。

しかし、その後の国連軍の進撃により、北朝鮮国家が潰滅する可能性が浮上するようになると、朝鮮半島情勢は中国の安全保障に深く関わる問題へと転化する。そこで、毛沢東は、以下の五点を力説し、参戦に消極的な幹部たちを説得した。その五点とは、

①朝鮮戦争勃発後の六月二十七日のトルーマン声明は、朝鮮・台湾・インドシナの三ヵ所での軍事介入を決定したものだが、中国はこれら三つの方向からの包囲網に反撃する必要がある。

②米軍が鴨緑江南岸を制圧し、北朝鮮という緩衝国がなくなれば、中国は東北部（旧満洲）の工業施設を守るために大兵力を駐屯させなければならない。しかし、現下の中国の国力では、それは不可能である。
③米国との交戦が避けられないのなら、日本やドイツが復興しない早い段階の方が良い。また、国家建設が進まないうちの方が、戦争のダメージも少なくて済む。
④朝鮮戦争の終結前に参戦しなければ、以後、朝鮮半島へ出兵する大義名分を失う。
⑤米国の戦略的な重点は欧州にあり、朝鮮半島に振り向けられる兵力は限られている。

こうして、中国は、十月八日、「唇滅べば歯寒し」として、朝鮮戦争への参戦を決定する。

ただし、その毛沢東にしても、米国との全面戦争はなんとしても回避しなければならなかったから、参戦の目的は、あくまでも米軍の鴨緑江進出を阻止することを最優先課題とし、出兵の範囲も国境付近に限定する必要があった。

このため、中国軍は、実際には正規軍でありながら、形式的には民間の義勇軍であるというスタイルが採られることになった。朝鮮戦争に派遣された中国軍の名称が人民義勇軍もしくは人民志願軍となっているのはこのためである。

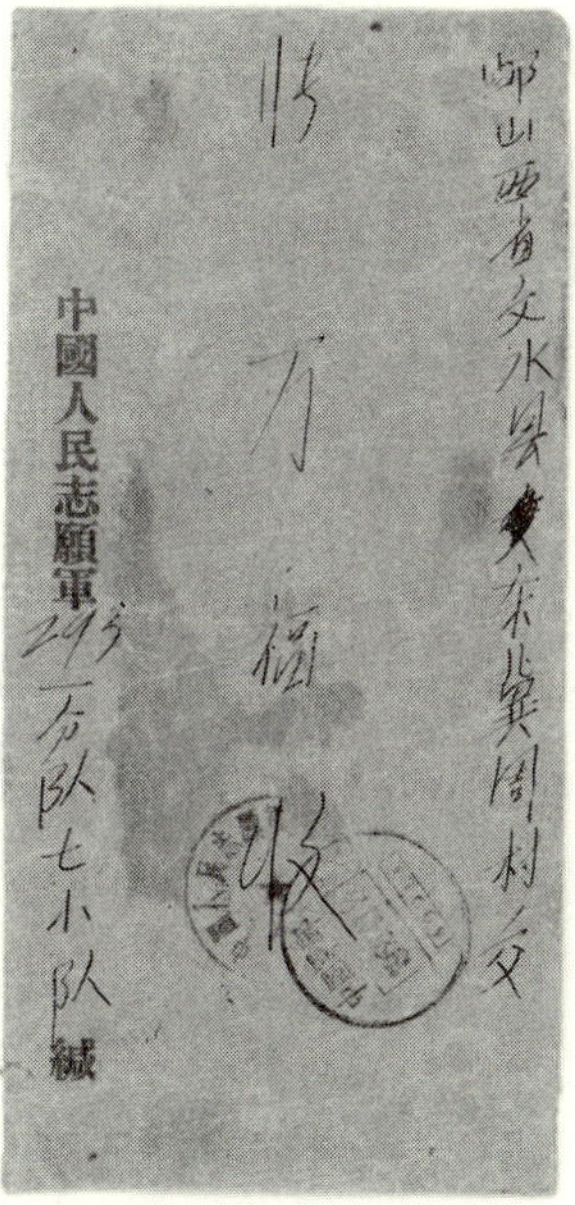

図21　朝鮮戦争中、人民志願軍の兵士が差し出した郵便物

図21は中国人民志願軍の兵士が差し出した封筒だが、切手が貼られていない点に注目していただきたい。これは、料金無料の軍事郵便物として取り扱われたためなのだが、このことは、志願軍が無料の軍事郵便を行うだけの組織を備えていたこと、すなわち、実質的に国家の後ろ楯のもとに派遣されていたことを何よりも雄弁に物語っているといえよう。

図22は、〝中国人民赴朝慰問團〟の名義で北朝鮮に対する支援物資として送られた中国製封筒の使用例で、人民志願軍の参戦スローガンである「抗美援朝　保家衛國」の文字と天安門のイラストが印刷されている。

スローガンは、「米国に抵抗して朝鮮を助け、家を保ち国を防衛する」という程度の意味で、朝鮮戦争への参戦は

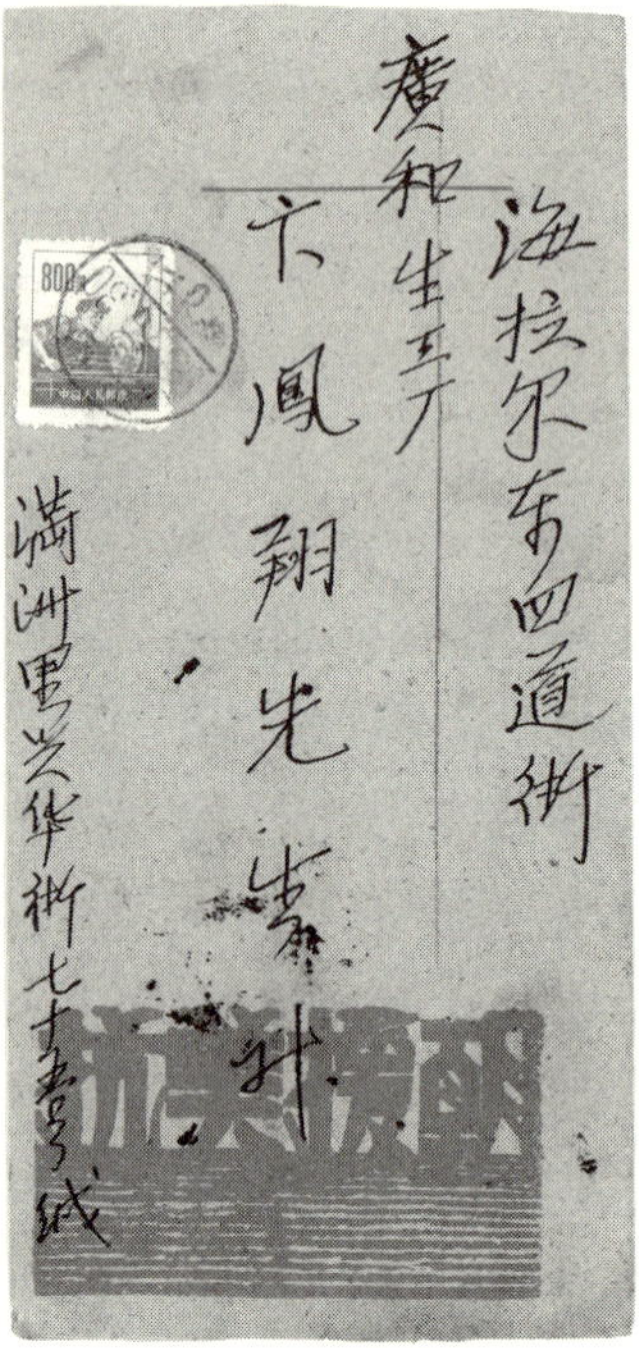

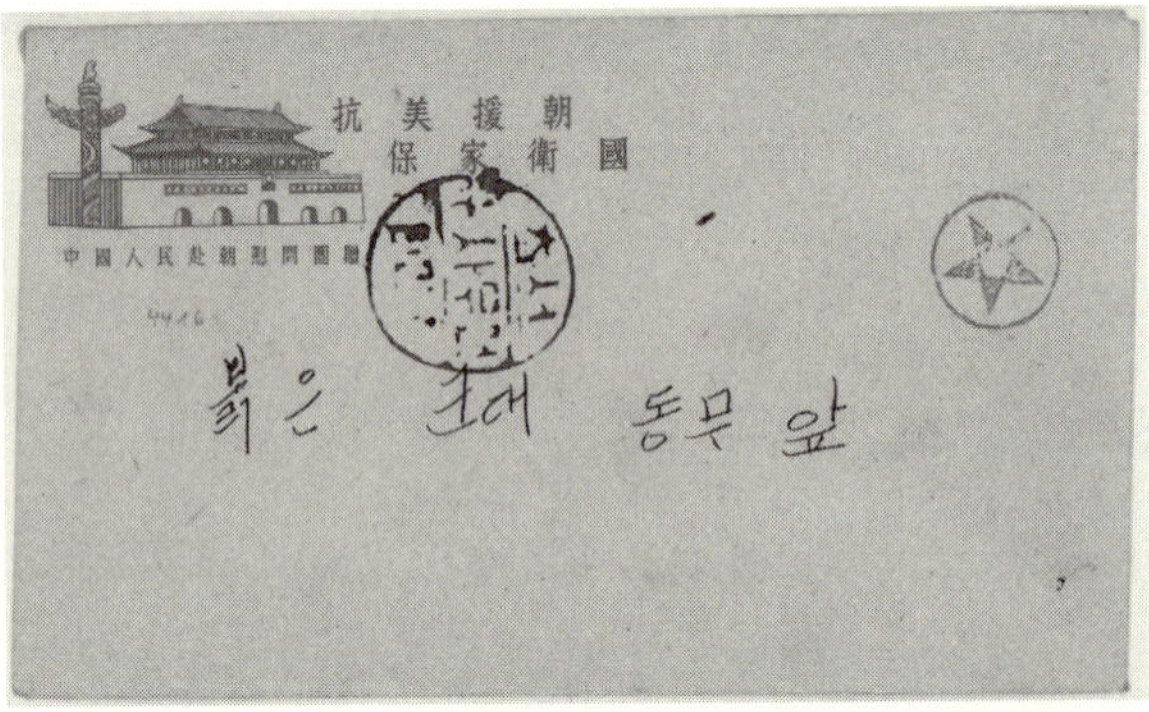

図22(上)　天安門と“抗美援朝　保家衛國”のスローガンの入った軍事郵便用の封筒

図23（左）“抗美援朝”のスローガンが印刷された中国の郵便物

図24（右）　北朝鮮が発行した解放6周年の切手

自国の防衛のためであるという中国側の認識がしっかりと表されている。なお、この封筒自体は、朝鮮人民軍の兵士が料金無料の軍事郵便用に使用したもので、切手は貼られていない。

この他にも〝抗美援朝〟のスローガンは当時の中国国内のいたるところで使用され（図23）、中国人民の戦意高揚がはかられていた。

かくして、国連軍の戦争目的として、朝鮮半島の軍事的統一というプランは放棄され、戦争の目的も、開戦当初にかかげた戦前状態の復元へと変更されることになった。

一方、中国の参戦により、国家としての命脈を保つことになった北朝鮮は、以後、中朝関係を〝血の盟約〟、〝血の友誼〟と位置づけ、中国をソ連と同様、最も重要な盟邦と位置づけるようになった。

こうした状況を反映するかのように、戦線が膠着状態となり、後方で若干の余裕が生じるようになった一九五一年八月、北朝鮮は解放六周年の記念切手（図24）に、中・朝・ソ三国の労働者を取り上げ切手上において、中国との友好関係を積極的に謳いあげている。前年の解放五周年の記念切手（九五頁）では、ソ連による朝鮮解放というモチーフが強調され、中国の存在は全く無視されていたから、大きな変化といえよう。

さらに、この切手が発行されてから一九五三年七月に休戦協定が調印されるまでの間に発行された北朝鮮の切手を通覧してみると、ソ連に関しては、従来の慣例に従って一九五二年八月の解放七周年の記念切手で取り上げているだけなのに対して、中国に関しては、一九五一年十一月の「最終勝利のために」（中朝両国の国旗と両軍の兵士が描かれている、図25）、一九五二年四月の「方虎山将軍」（朝鮮戦争の英雄で、中国人民解放軍の朝鮮人部隊が帰国して編成された朝鮮人民軍第六師団の師団長、一一九頁）、一九五二年六月の「中朝友好」（中朝両国の国旗と両軍の兵士が描かれている）など、〝血の友誼〟をアピールするような切手が三度も発行されている。

このように、当時の北朝鮮切手を観察してみると、中国との友好関係が強調されていくのとは反対に、金日成政権は、国家潰滅の危機に救いの手を差し伸べなかった〝宗主国〟のソ連とは距離を置き始めているのがわかる。この、ソ連に〝裏切られた〟経験こそ、現在の北朝鮮国家が〝主体思想〟を掲げて鎖国体制に閉じこもる、その源流となっているのは、その後の歴史が明らかにしてくれている。

図25 「最終勝利のために」と題して発行された北朝鮮の切手

十二月の撤退

朝鮮戦争に介入した中国人民志願軍と国連軍との戦闘は、一九五〇年十月二十五日、小規模な遭遇戦として始まった。

抗日戦争・国共内戦の経験からゲリラ戦に秀でていた中国側は人海戦術を展開。銅鑼を鳴らし、ラッパを吹いて、歓声を上げながら波状攻撃を繰り返して国連軍を包囲分断していった。

これに対して、十一月八日、マッカーサーは、中国側の進入と補給を阻止するため、中朝国境の鴨緑江にかかる橋を爆破。十一月二十四日には、ふたたび鴨緑江へと向かう攻勢（クリスマスまでには終了するとの楽観的な見通しからクリスマス攻勢と呼ばれた）を開始した。

しかし、中国側の人海戦術によって国連軍は総崩れとなり、二週間ほどの間に、三八度線以南まで後退。計三万六千名もの損害が発生した。

いわゆる〝十二月の撤退（December retreat）〟である。

さらに、十二月三十一日、中国側は正月攻勢を発動。このため、韓国・国連軍は再び後退を余儀なくされ、翌一九五一年一月四日にはソウルを放棄し、平沢＝丹陽＝三陟を結ぶラインまで撤退した。

図26の郵便物は、一九五〇年十二月一日、米ヴァージニア州のスタントンから朝鮮に派遣されていた米兵宛に送られたもので、当初の宛先は、釜山に置かれていた第五九野戦郵便局気付となっているが、名宛人の所属部隊が三八度線を越えて北上したことに伴い、郵便物の宛先も平安南道の黄海に面した粛川（第二四野戦郵便局）に変更されている。

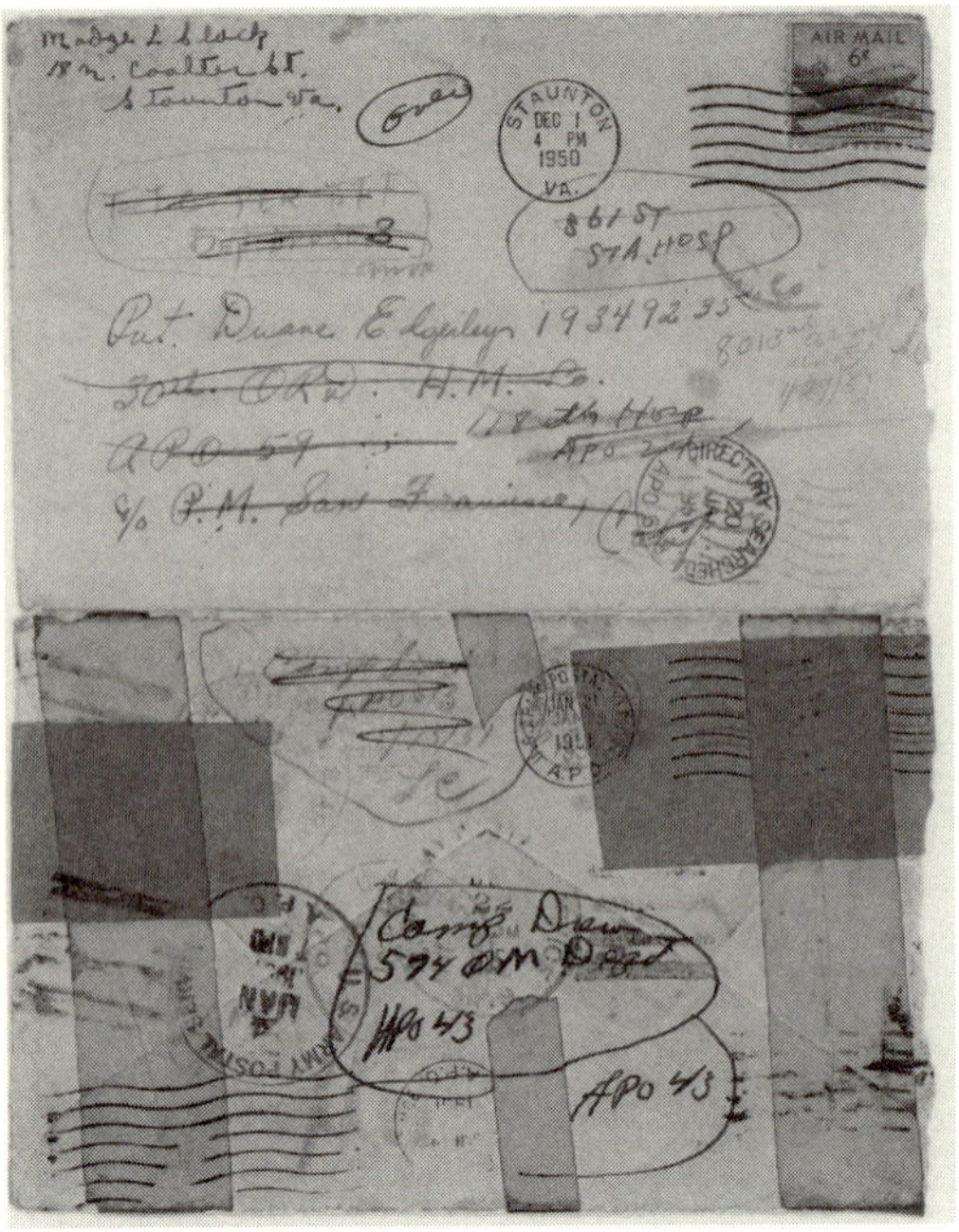

図26 “12月の撤退”の時期、米軍兵士の移動に伴い何度も転送されていった郵便物

粛川は、隣接する順川とともに、国連軍が三八度線を越えて北上していた一九五〇年十月二十日から二十三日まで、北朝鮮政権首脳と北朝鮮軍主力の退路遮断、平壌付近に拘置されている国連軍捕虜の救出を目的として、大規模な空挺作戦が展開された場所である。

しかし、郵便物が朝鮮半島に到達したときには、すでに〝十二月の撤退〟が始まっており、名宛人と彼の部隊は三八度線以北から退避。その際、おそらく名宛人も負傷したらしく、郵便物は各地を転々とした後、最終的に、朝霞（第六一三野戦郵便局）を経て、名宛人が収容されていた第三六一野戦病院に送られている。

原爆使用をめぐるトルーマン発言

中国人民志願軍の人海戦術により韓国・国連軍が危機的な状況に陥る中で、一九五〇年十一月三十日、米国大統領トルーマンは、定例記者会見後の質疑応答で「保有するあらゆる兵器」を使用する用意があり、「原爆の使用についても、常に積極的な考慮が払われている」と発言した。

米国が朝鮮で原爆の使用を検討し始めたのは一九五〇年九月頃のことといわれている。当時は、仁川上陸作戦の直前で、国連軍は日本海に追い落とされかねない状況にあった。このため、米軍が最強の兵器である核兵器を使って形成を逆転しようと考えたのも（その是非は別として）自然なことであった。

戦略核爆撃を実際に行うための具体的な作戦レポートを作成したのは、ジョンズ・ホプキンス大学の研究者を中心とするプロジェクト・チームである。彼らの最初のレポート「朝鮮における核爆弾の戦術的使用」は、一九五〇年十二月末、極東軍司令部に提出され、以後、一九五一年三月の最終レポート「核兵器の戦術的使用」にいたるまで、戦況に応じて、さまざまなレポートが作成されている。

先のトルーマン発言は、こうした背景の下でなされたもので、記者会見後、大統領報道官が、核兵器の使用は軽々に決定されることはないとして大統領発言の修正を試みたが、核兵器の使用が現実のものとなりつつあるという印象は拭えなかった。

特に、西欧諸国は、米国が朝鮮で核兵器を使えば、ソ連がヨーロッパで報復に出るであろうとの懸念から、トルーマン発言に敏感に反応。イギリス首相アトリーがただちに訪米してトルーマンと会談し、トルーマンから核不使用の言質を取り付けて、事態の収拾が図られた。

もっとも、米国があっさりと核兵器の使用を断念した背景には、先のプロジェクト・チームによる研究の結果、当時の技術では、朝鮮戦争のように、目標が激しく移動する場合の戦略核爆撃は極めて難しいということが明らかになっていたという事情がある。

一方、東側陣営にとっては、トルーマン発言は格好の攻撃材料となった。

朝鮮戦争開戦以前の一九四九年九月、ソ連が原爆の保有を明らかにし、米国による核兵器独占の体制は崩壊した。このため、翌一九五〇年一月、米大統領のトルーマンは水爆製造命令を出して対抗するなど、米ソの核軍備競争が激化し、緊張が高まっていた。

こうした中で、一九五〇年三月十六～十九日、スウェーデンのストックホルムで平和擁護世界大会（World Congress of Partisans of Peace）第三回常任委員会が開催された。

平和擁護世界大会は、国際平和の実現と擁護を目的とする国際組織ということになっていたが、実際には冷戦下の東側諸国の西側に対するプロパガンダ色が濃厚な団体であった。このため、一九四九年四月にパリで第一回大会が開かれた際には、フランス政府が東側諸国代表の入国を拒否したため、チェコ・スロヴァキアのプラハでも会議が同時に行われたほどである。

こうした経緯を経て、一九五〇年三月に開催された平和擁護世界大会第三回常任委員会は、

①原子兵器の無条件使用禁止、

②原子兵器禁止のための厳格な国際管理の実現、
③最初に原子兵器を使用した政府（＝米国）を人類に対する犯罪者とみなす

とする〝ストックホルム・アピール〟を採択し、全世界に署名を呼び掛けた。

図27は、一九五〇年七月二十六日、ポーランドで差し出された国内宛の郵便物だが、ポーランド語とフランス語で「我々は原子兵器の絶対禁止を要求する。核兵器を最初に使用した国は人道の名において裁かれるだろう。」という、ストックホルム・アピールの内容を反映したスローガンの印が押されている。また、右側には〝ピカソの鳩〟を取り上げた切手も貼られている。

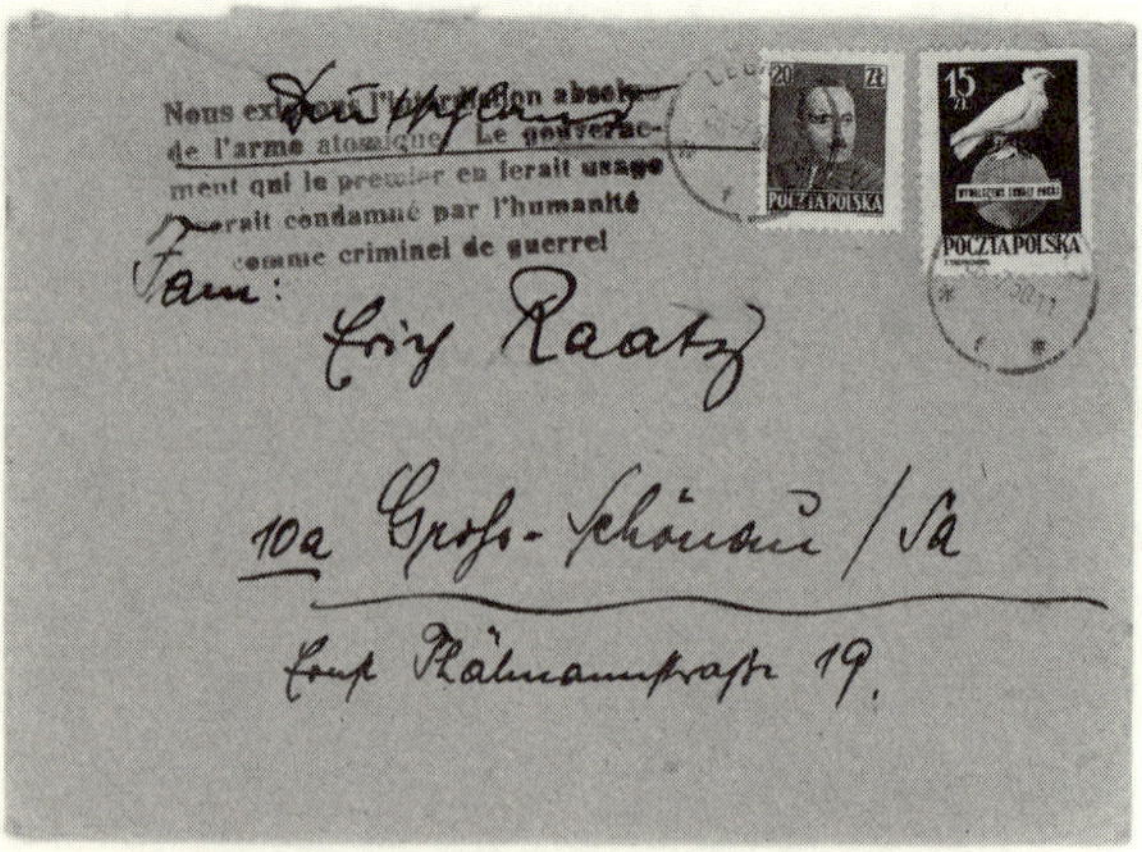

図27　ストックホルム・アピールの文言が入った印の押された郵便物

図28　“ピカソの鳩”を取り上げた東ドイツの絵葉書。シェフィールドで予定されていた「第２回平和擁護世界大会」記念のもので、1950年12月、ロストック（旧東独最大の港湾都市）から差し出された

第二次大戦中の一九四四年、フランス共産党に入党したパブロ・ピカソは、共産主義者として一九四九年四月の第一回平和擁護世界大会のポスターを制作した。そのポスターは鳩を大きく取り上げたもので、大いに人気を博したものであったため、その後も、ピカソは平和運動のシンボルとして好んで鳩を描くようになり、その多くは、著作権フリーの素材として、切手のみならず、さまざまな場所で用いられた（図28）。現在、鳩を平和のシンボルとするイメージが世界的にも定着するようになったのは、ピカソの影響が大きかったといわれている。

そして、一九五〇年十一月十六～二十二日、ワルシャワで開かれた第二回平和擁護世界大会には八十一ヵ国から二千六十五人が参加した。

この時の大会は、当初、十一月十六日から二十二日の日程で、英シェフィールドで行われる予定だったが、英国政府により入国拒否となった関係者が多かったため、ワルシャワが開催地となったという事情がある。

会議では「われわれは朝鮮でいま行われている戦争が朝鮮人民に計り知れない不幸をもたらしているのみならず新しい世界戦争に発展する脅威をはらんでいる点を重視し、この戦争の終結、外国軍隊の朝鮮撤退、朝鮮人民の代表が参加しての南北朝鮮の国内紛争の平和的解決を主張する」とのアピールを採択したほか、日本と西ドイツの〝再軍備〟を非難し（ただし、組織の性格上、東ドイツやポーランドの〝再軍備〟は全く問題視されなかった）、米国に対して（のみ）核兵器の使用禁止を訴えた。

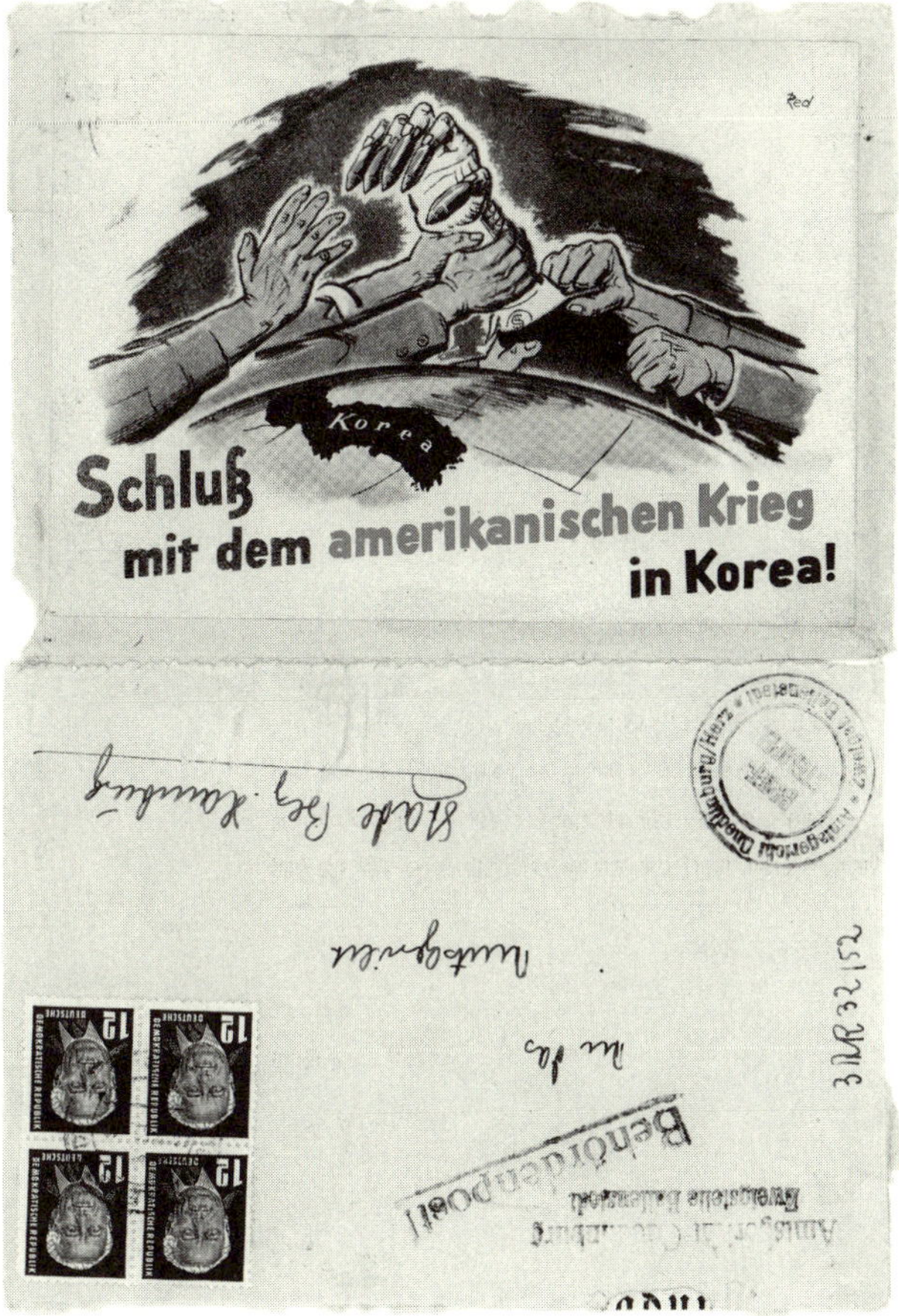

図29　朝鮮で核兵器を使おうとする米国を非難した東ドイツのプロパガンダ・ラベルが貼られた郵便物

十一月三十日のトルーマン発言は、こうした状況の下で行われたものであっただけに、左翼勢力からは、野蛮な〝米帝国主義〟の本性を剥き出しにしたものとして格好の攻撃材料となった。特に、第三次世界大戦の勃発をおそれるヨーロッパにおいては、〝反核〟の名の下に反米感情が大いに煽動された。

朝鮮戦争中の一九五二年に東ドイツで使用された郵便物（図29）には、こうしたヨーロッパの空気を反映して、米国の核を非難するプロパガンダ・ラベルが貼られている。

ラベルは朝鮮半島に延びる米国の手を押しとどめる世界の人々の手を描くもので、「朝鮮での米国の戦争を止めさせよう！」とのスローガンが入っている。米国の手は指がミサイルになっており、カフスがドルのマークになっているなど、なかなか芸が細かい。

いずれにせよ、わが国でも、左派系のいわゆる進歩的知識人の影響力が強かったこともあり、ながらく、核の力で朝鮮を支配しようとする米国とその傀儡・李承晩政権という北朝鮮側のプロパガンダが無批判に受け入れられてきたが、トルーマン発言は、不幸にして、そうした日本人の偏った朝鮮半島イメージを作り上げる上で大きな役割を果すことにもなったことは間違いない。

捏造された細菌戦

原爆使用に関するトルーマン発言の記憶も新しい中で、一九五一年二月、中国と北朝鮮は「米軍は北朝鮮全土および中国東北部で、ノミ、シラミ、ネズミを媒体とした細菌戦を実施している」との声明を発表した。声明では、その具体的な方法も詳細に説明していたことから、左翼勢力はこれを根拠に米帝国主義を一斉に非難した。

図30　米軍が朝鮮半島で細菌兵器を使用したことを非難するチェコ・スロヴァキアのプロパガンダ葉書

図30は、発表された声明の内容に沿って、米軍が朝鮮半島で細菌兵器を使用したことを非難するチェコ・スロヴァキアのプロパガンダ葉書で、朝鮮の女性と子供の上に落下する爆弾と、そこから出てくる虫が描かれている。

一方、共産側による非難に対して、米国政府は直ちにこれを否定するコメントを発表。〝完全に中立の立場にある第三者による現地調査〟を要求した。国際赤十字や世界保健機構もこれに反応し、調査団の派遣を決定する。

ところが、赤十字などによる調査団の派遣が決定されたことが報じられると、共産側は「調査団がスパイ行為を働くおそれがある」として調査団の受け入れを完全に拒否。彼らの主張の信憑性は大きく揺らぐことになった。

その後も、中国・北朝鮮国内では国民に対して〝敵の細菌戦〟が大々的に喧伝され続けたが、一九九五年八月、中国政府は米国による細菌兵器の使用の事実はなかったことを明らかにし、ようやく、この一件は共産側による完全な虚偽捏造であったことが明らかになった。

釜山印刷の普通切手が登場

中国人民志願軍の参戦により、記録的な敗北を被った韓国・国連軍はそれまでの正面対決方式を止め、中国側の攻勢が始まってから一週間は緩やかに後退して中国側の食糧・弾薬が尽きるのを待ち、攻勢が弱まった後、相手に補給と休養の隙を与えず、戦車を集中的に用いて反撃する作戦に変更。一九五一年二月には中国側の攻勢を撃退し、二月二十日からは北進に転じる。

勢いを盛り返した韓国・国連軍は、三月七日、ソウルの再奪還に向けて「リッパー作戦」を発動。北進を開始し、同月十五日、ソウルの再奪還に成功。月末までに三八度線以南の要地を確保した。

以後、韓国・国連軍はソウルを確保し続けるが、政府の主要機関などは、休戦まではソウルを離れて釜山に移ったまま活動を続けていた。

図31は、一九五一年十月十一日、大統領府のスタッフが米国宛に差

図31　1951年に大統領府から差し出された郵便物の差出地は釜山になっている

し出した郵便物だが、差出地は釜山となっており、あらためて、釜山が臨時首都であったことが確認できる。

ちなみに、当時の大統領府の建物は、もともとは日本統治時代の一九二六年八月十日に慶尚南道知事官舎として竣工したもので、解放後も、朝鮮戦争の勃発までは引き続き道知事の官舎として利用されていた。それが、戦時下の政府の釜山移転により大統領官邸として使用されるようになり、休戦後、再び道知事官舎として使われるようになったという歴史的経緯がある。その後、慶尚南道の道庁が一九八三年に昌原に移転すると、釜山市が建物を買い取り、現在は臨時首都記念館として公開されている。

さて、郵便物に貼られている切手は、一九五〇年十一月に発行された〝国土統一記念〟の二百ウォン切手三枚と、一九五一年四月一日に発行された太極旗を描く五十ウォン切手二枚、同年七月一日に発行された飛天を描く千ウォン切手一枚の計千七百ウォン相当である。

この郵便物に貼られている切手は、いずれも、釜山の東洋精版印刷社で印刷された。〝国土統一記念〟の切手のような、一過性の記念切手だけでなく、日常的に使用する普通切手の製造も釜山で行われるようになったのは、戦争の長期化を見越して、臨時首都の釜山でも切手類を供給する体制がようやく整ったことによる。ただし、葉書に関しては、この時代になっても、依然として日本の大蔵省印刷局が製造した解放葉書の在庫があったため、韓国内で新規に制作されることはなく、従来通り、料金の値上げに対応して新料金との差額分を収納する印等を押して対応していた。

ところで、戦時下のインフレは猛烈な勢いで進行。開戦の年の一九五〇年、五百五十五億ウォンだった韓国銀行券の発行高は、翌一九五一年三月末には三千三百八十一億ウォンと六倍にも膨れ上がっていた。対ドル交換レートに関しても、一九四五年十月には一ドル＝十五ウォンだったものが、一九五一年四月には一ドル＝六千ウォンにまで下落している。当初、南朝鮮のウォンは日本円と等価だったが、一九五一年四月の時点での円ドルの交換レートが一ドル＝三百六十円だったことを考えると、ウォンは日本円の約十七分の一にまで下落した計算になる。当然のことながら、こうした経済状況を反映して、一九五一年末まで一年半の間に、郵便料金も以下に示すように十倍に暴騰した。

(以下、金額は書状基本料金—葉書料金の順)

	書状	葉書
一九五〇年六月二十五日（開戦時）	三十ウォン	二十ウォン
一九五〇年十二月一日	百ウォン	五十ウォン

図32　戦時加刷切手

一九五一年十一月六日　　　三百ウォン　　二百ウォン

こうした急激な料金値上げにより、開戦以前に発行された切手の多くは紙くず同然となってしまったため一九五一年六月以降、釜山の東洋精版印刷社ならびに賞美堂で開戦以前の切手にインフレに対応した新額面と太極旗を加刷した切手（図32。いわゆる戦時加刷切手）が製造され、使用された。その後、一九五一年十二月十二日付で発せられた公告第六三号により、一九五〇年六月二十五日（＝朝鮮戦争の勃発）以前に発行されたすべての切手・葉書類は一九五二年以降は無効であるとされ、戦時加刷のないソウル印刷の切手は、全て使用停止となった。

マッカーサー解任

ところで、朝鮮戦争に派遣された国連軍は〝Korea に侵入した敵を撃退し、この地域における国際平和と安全を回復する〟ことを目的としていたが、Korea の範囲については、これを朝鮮半島全域ととらえ、北朝鮮国家を殲滅し、背後の共産中国にも打撃を与えるべきとするマッカーサーと、基本的には三八度線以南の地域に限定し、東西冷戦という文脈の中で戦争の政治的決着を図ろうとする米国政府の対立があった。

両者の対立は、国連軍がソウルを再び奪還した後の方針をめぐってついに頂点に達する。

すなわち、三月二十四日、マッカーサーは「国連が国連軍に課している制限事項を撤廃すれば、中国を軍事的に崩壊させうる」との声明を発表し、現状での停戦を考え始めていた本国政府の意向に真っ向から異を唱える。さらに、四月五日、（大統領の意向を無視して）台湾の国民政府軍を朝鮮戦争に参加させるべきとのマッカーサー書簡が、野党・共和党のマーチン議員によって議会で公表された。これは、司令官が野党の政治家と結んで最高指揮官である大統領に反抗しようとするもので、完全な軍律違反である。

かくして、四月十一日、トルーマンはマッカーサーを米軍のあらゆる職務から解任し、第八軍司令官のリッジウェイがその後任となった。

当時、マッカーサー解任の真相を知らされなかった日本国民の間では、マッカーサーの離日を惜しむ声が圧倒的多数を占め、衆参両院をはじめ、あらゆる団体が感謝決議を採択している。図33の封書も、帰国するマッカーサー宛に差し出された封書で、内容物は残されていないが、おそらく、長文の感謝状のようなものが入っていたのだろう。しかし、当然のことながら、この封書が東京に届いたときにはマッカーサーは帰国していたため、封書は米国に転送され、裏面にはそのことを示す米国側の印も押されている。

〝戦争の英雄〟だったマッカーサーの解任は、朝鮮戦争が膠着状態に陥り、多くの米国民の間にいら立ちが募っていた時に行われただけに、米国民の怒りは彼を解任したトルーマンに向けられた。トルーマンの藁人形が各地で焼かれ、共和党議員の中には大統領の弾劾を提案する者さえあったという。

　ハワイを経てサンフランシスコに到着したマッカーサーは、すぐに市民の熱狂的な歓迎攻めにあう。翌朝、ダウンタウンをパレードした彼は、沿道に集まった五十万人ともいわれる大群衆をすり抜け、サンフランシスコ市公会堂の前で次のように宣言する。

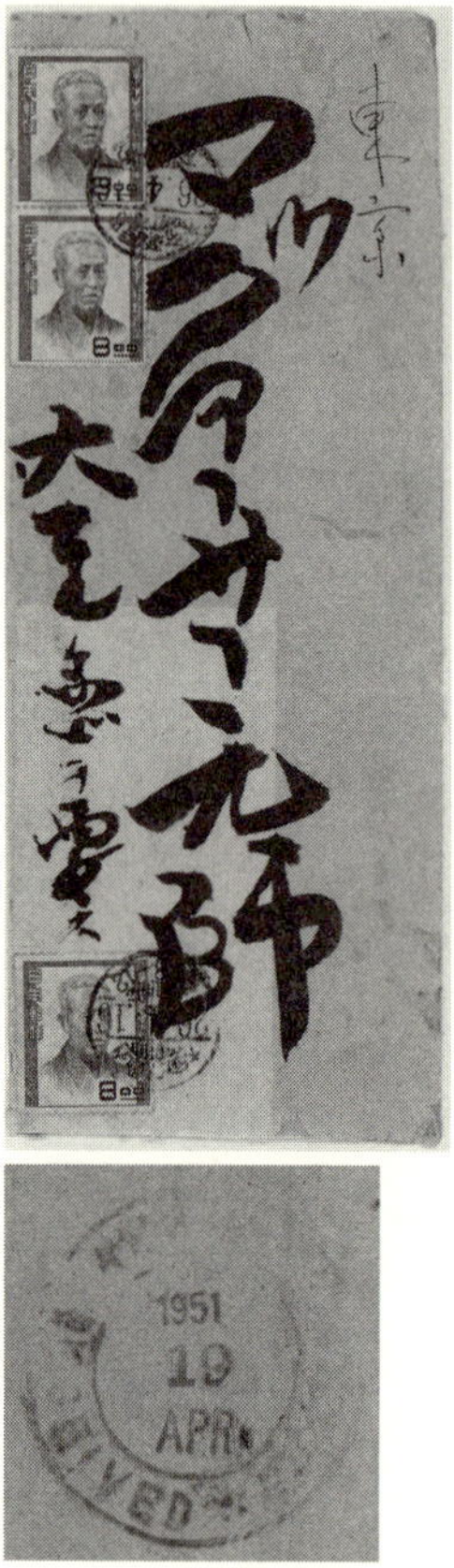

図33　離日直前のマッカーサー宛に差し出され、米国に転送された封書。下は、転送されたことを記す印（拡大）

いま、政治の世界に入る気はないかという質問を受けたが、私の答えは「ノー」である。私にはいかなる政治的野心もない。選挙に出馬するつもりもないし、私の名前が政治的に利用されることのないよう切望している。私の持っている唯一の政治的見解は、誰にも知られている一つの表現に集約されている――「神よ、アメリカを守りたまえ」

＊以下、マッカーサーの演説の日本語訳は原則として、ウィリアム・マンチェスター（鈴木主税・高山圭訳）『ダグラス・マッカーサー』より引用

この発言からは、表面上の言葉とは裏腹に、マッカーサーが政界に打って出る、すなわち、翌一九五二年の大統領選挙を目指す意欲満々であったことがありありと伺える。

　さらに、四月二十日、ワシントンに乗り込んだマッカーサーは、上下両院合同会議で大演説をぶつ。

　演説は、まず、上下両院議長と列席した議員に対する謝辞から始まり、朝鮮戦争にいたるまでのアジアにおける戦争の歴史を概観することから始まった。そのうえで、マッカーサーは、共

産中国が侵略的な帝国主義勢力として登場し、朝鮮半島のみならずインドシナやチベット、さらに南方への拡大を目指していると指摘し、北朝鮮のみならず〝新しい敵〟としての共産中国を敗北させるべきだと主張する。そして、そのための方法として、

①鴨緑江の北の敵に聖域を与え、保護することの中止
②中国本土への経済封鎖の強化
③海上封鎖の実施
④中国沿岸並びに満洲の空中偵察
⑤台湾の国民党軍による本土攻撃の容認

と提案。〝軍務を専門としない人々〟の弱腰を批判した。

最後に、マッカーサーは歴史に残る名台詞を吐く。

私は五十二年におよぶ軍歴をいま閉じようとしている、私が陸軍に入ったのはまだ今世紀に入らないうちだったが、それは私にとって少年の夢と希望をすべて実現させる大きな出来事だった。私がウェストポイントの広場で宣誓して以来、世界はいくつもの変動を経験し、希望と夢はとうの昔に消え去ってしまった。しかし、私は、いまでも、当時、兵営ではやった歌の最後の繰り返しの文句をよくおぼえている。それは、誇らしげにこう歌っていた。「老兵は死なず、ただ消えゆくのみ」この歌の老兵のように、私はいま軍歴を閉じて、消えていくつもりである——神の示すところに従って、自分の任務を果たそうとしてきた一老兵として。さようなら。

演説が終わった瞬間、マッカーサー人気は頂点に達し、彼を解任した大統領や中国との全面戦争を避けるべく慎重論を取っていた国務省には抗議の電話が殺到したという。

はたして、議会での演説とは裏腹に、マッカーサーは決して消え去ろうとはせず、翌一九五二年の大統領選挙をにらんで動き始める。

全米各地の招きに応じて、英雄はあらゆる場所でパレードを行い、対日占領の成果を自画自賛するとともに、トルーマン政権を攻撃する演説を繰り返していた。

しかし、共産中国を打倒すべきという彼の主張が、多くの米国人にとってどれほど〝正論〟であろうとも、否、〝正論〟であるからこそ、彼が最高指揮官であるトルーマンに反抗して文民統制の原則を逸脱したことの非は否定しがたいという道理を彼らが忘れるはずはなかった。

かくして、マッカーサーがトルーマン憎しの感情から政府非難の演説をすればするほど、英雄を迎える人々の熱狂は冷めていく。そして、年が明けて秋の大統領選挙へ向けた動きが本格化するようになると、マッカーサーの周囲に

はごく一部の熱心な支持者が集まっていたが、共和党の候補指名はタフトとアイゼンハワーの争いへと収斂することになった。

七月七日、シカゴで開かれた共和党大会では、マッカーサーには基調演説を行う機会が与えられたが、軍服を脱いだ老人の声はひび割れ、何かを強調しようとする際に体を大きく揺すり、右手の人差し指で天井を示すという仕草が繰り返されるのを見た人々の中には、もはや、彼が大統領にふさわしいと考えるものはほとんどいなかった。

結局、このときの共和党大会では、接戦の末、アイゼンハワーが〝ミスター・リパブリカン〟ことタフトを下して候補指名を獲得し、秋の本選挙でも勝利を収めて大統領に当選する。ここにいたり、ようやく、七十二歳の老兵は引退し、人々の前から消え去っていったのである。

開城での休戦交渉開始

朝鮮の戦局は、一九五一年四月にマッカーサーが国連軍司令官を解任された後も、五月中は三八度線前後で激しい攻防が繰り広げられていた。

五月中の韓国・国連軍の損害は三万五千七百七十名（うち米軍は一万二千二百九十三名）、共産軍側は推定八万五千名というものであった。共産軍側が仕掛けた五月攻勢の参加総兵力が約三十万名であったから、この八万五千名という数字は、その三分の一にも相当するもので、彼らの打撃は深刻であった。

米国は、はやくも五月十六日の国家安全保障会議で休戦実現の方針を固め、当時の最前線を維持したうえで、「三八度線に沿う線での休戦」にむけて国連加盟諸国への根回しを始めていた。一方、中国・北朝鮮の後見役でもあったソ連も、米国との全面対立を阻止するためにも、中国に対して交渉のテーブルにつくことを求めていた。また、中国は、前述の損失を受け、ソ連からの支援が得られない以上、戦争継続は困難な状況に追い込まれていた。

こうした関係諸国の事情が絡み合う中で、六月二十三日、国連安保理でソ連代表のマリクが休戦を提案。中国がこれに同意するかたちで、七月十日から開城で休戦交渉が開始された。

当初、国連軍側は、交渉は一ヵ月程度で妥結するものと楽観視していたが、会談は議題の設定をめぐって最初から難航。

①議題の採択
②非武装地帯の設定と軍事境界線の確定
③停戦と休戦のための具体的取り決め

④捕虜に対する取り決め
⑤双方の関係各国政府に対する通告

という五項目を議題とすることが決定されたのは七月二十六日のことだった。

その後も、軍事境界線は、現在の勢力圏の北側にすべきとする国連側と、あくまでも三八度線にすべきとする共産側との溝は埋まらず、交渉はただちに暗礁に乗り上げる。そして、八月二十二日、共産側は、国連軍機による開城上空の侵犯を理由に会談の打ち切りを通告した。

図34は、休戦交渉中断後の九月十日、開城の会談場と韓国・国連側の最前線である汶山里との間を往来した後、米国宛に送られた郵便物である。

汶山里は、現在の行政区域でいうと京畿道坡州市に属しており、軍事境界線からも至近の距離にある。この地域にある汶山駅は、二〇〇〇年の金大中・金成日の南北首脳会談で分断されていた京義線の接続が決まるまでは京義線最北端の駅であった（現在の最北端は都羅山駅）。

図34　韓国・国連側の最前線である汶山と休戦交渉の行われていた開城の間をヘリコプターで運ばれた郵便物

封筒には"Korean War/ Peace Talk Flight（朝鮮戦争休戦交渉記念飛行）"の文字がタイプライターで打ち込まれており、休戦交渉の記念品として制作されたのだろうが、この郵便物が差し出された時点では、中断された交渉が再開される見通しは全く立っていなかった。

ちなみに、休戦交渉が板門店に場所を移して再開されたのは、一九五一年十月二十五日のことである。

日本の再軍備とサンフランシスコ講和条約

休戦交渉が中断されている間にも、前線では激しい消耗戦が展開されていたが、それとは別に、極東地域では朝鮮戦争の余波が目に見えるかたちであらわれることになった。すなわち、対日講和条約の調印である。

第二次大戦の終結以来、連合軍（実質的には米軍）の占領下に置かれていた日本では、当初、民主化と非軍事化の名の下に、旧大日本帝国の精神的・

物理的な武装解除が進められた。しかし、一九四八年八月に朝鮮半島で南北両政府が成立し、翌一九四九年十月に中国大陸が共産化するなど、東西冷戦が東アジアでも本格化すると、米国は日本の占領方針を転換。日本を反共の防波堤として育成するため、民主化よりも経済復興を優先させるようになった。

　朝鮮戦争はこうした方向性を決定付け、開戦後、日本は米軍の兵站基地として重要な役割を担うことになる。そして、占領軍が朝鮮へ派遣されると、日本国内には防衛兵力、治安維持兵力が存在しなくなり、その軍事的空白を埋める必要が生じた。

　このため、一九五〇年八月十日、警察予備隊が創設された。

　警察予備隊は、当初、軽装備の治安部隊に近いものとして構想されていたが、朝鮮での戦争が長期化し、中国人民志願軍の参戦により戦争が米中代理戦争化すると、警察予備隊を重武装化するよう方針が転換された。

　これに対して、警察予備隊の創設による日本の再武装は、ポツダム宣言や『日本国憲法』第九条に抵触するとしてソ連が反発。日本国内でも左翼陣営がこれに同調し、以後、違憲訴訟を起こしていくことになる。

　一方、講和条約については、朝鮮戦争の勃発直前から日米間で交渉が進められていたが、その際、最大の問題となったのは、講和条約発効に伴って生じる軍事的空白であった。結局、この点については、講和条約と同時に日米安保条約を調印することで、日本側が米軍の駐留継続を認めることで決着した。

　これに対して、共産主義諸国は、米軍の日本駐留が継続されることに反発し、一九五一年九月にサンフランシスコ

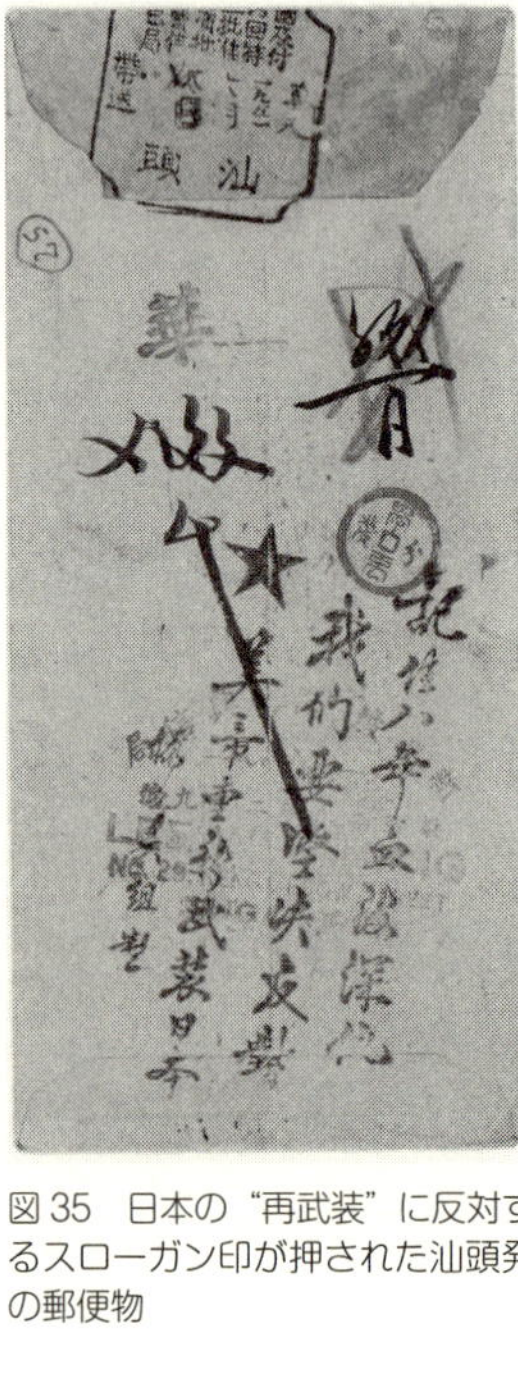

図35　日本の“再武装”に反対するスローガン印が押された汕頭発の郵便物

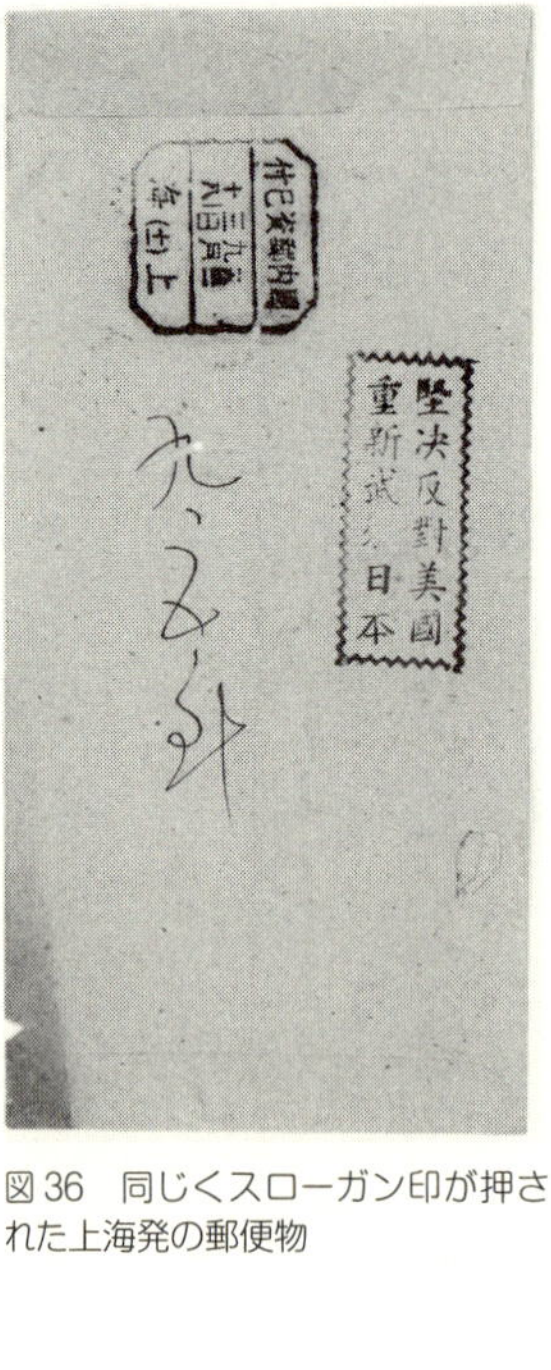

図36　同じくスローガン印が押された上海発の郵便物

で開催された講和会議の際には、ソ連・チェコスロバキア・ポーランドの三ヵ国は条約の調印を拒否している。

図35は、こうした状況の下で、一九五一年六月八日、中国の汕頭から潮安宛に差し出された郵便物だが、国民世論を誘導するため「記往八年血涙深仇　我們要堅決反對　美帝重新武装日本」のスローガンの入った印が押されている。スローガンの大意は、「（日中戦争の）八年間の思い起こし、米帝国主義による日本の再武装に強く反対しよう」といった意味になろうか。このスローガンにはいくつかのヴァラエティがあって、たとえば、上海で使用された印の文言は「堅決反對美國重新武装日本」（図36）となっている。おそらく、中央で統一的に印を作成したのではなく、中央からの指令を受けて各地の現場で独自に印を制作したため、こうしたヴァラエティが生じたのであろう。

ところで、わが国では講和条約調印に際して記念切手を発行するということは、すでに一九四七年の段階で企画されていた。ただし、この時点では講和条約がいつ、どのような内容で調印されるかは、全く白紙の状態であったため、「講和条約成立」記念切手の発行も、あくまでも「期日未定」で仮定の話の域を出なかった。

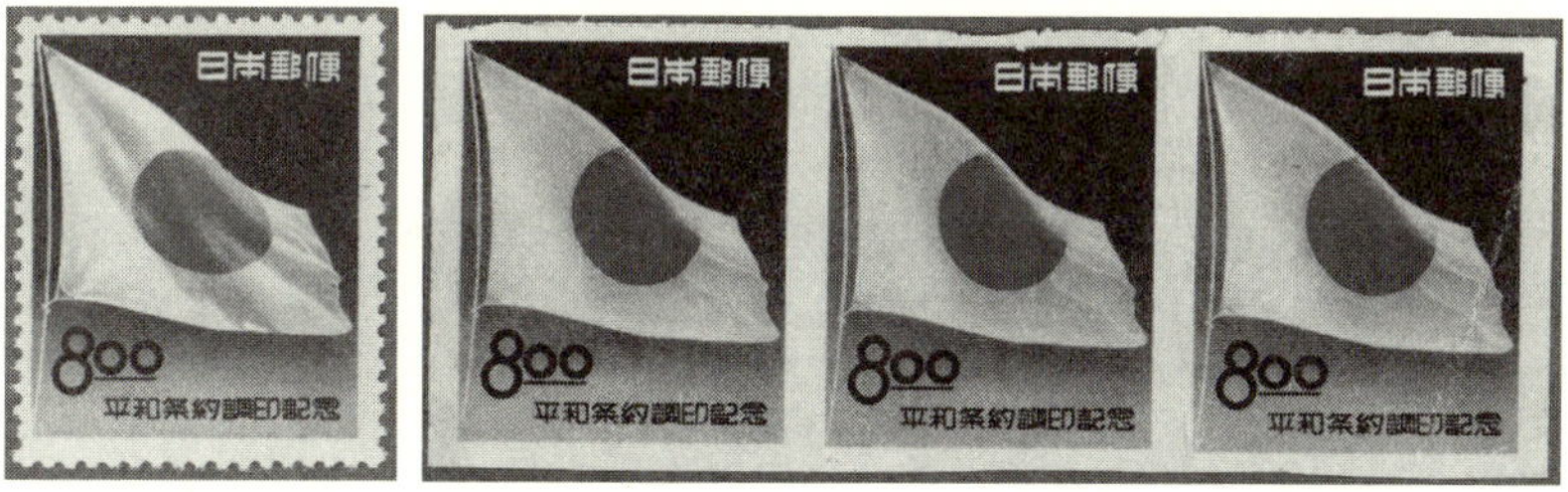

図37　“平和条約調印”の記念切手のうち、国旗を取り上げた8円切手（左）とその試作品。旗の姿が微妙に異なっている

講和条約の記念切手発行が正式に決定され、具体的な実務作業が開始されるようになったのは、一九五一年七月、サンフランシスコでの講和会議が九月上旬に行われることが確定してからのことで、発行までの期日はかなり切迫していた。しかし、独立を目前に控えた郵政省と切手の製造を行う印刷庁の士気は極めて高く、なかでも、国旗を描く八円切手（図37）に関しては旗のはためき具合などを調整するために刷り上った製品の半分近くを廃棄してまで作り直しが行われるなど、休日返上のハードスケジュールで作業が続けられた。

また、〝平和条約調印〟の記念切手に関しては、会議の結果いかんによっては条約の調印が行われないこともありえたため、発行日の設定に関しては郵政省も相当苦労したようだ。

結局、郵政省では、記念切手の発行は条約調印を確認してから行うものとし、調印終了が日本時間で郵便局の窓口受付時間内であれば当日発行とするが、午後五時以降または日曜で午前十時以降であった場合にはその翌日発行とするよう準備した。

結局、講和条約は、サンフランシスコの現地時間で九月八日午前十時四十二分（日本時間では九日の午前三時四十二分）に調印されたため、記念切手は九日に発行されている。

李承晩ラインと竹島問題の発生

連合諸国の対日講和条約が具体的に議論されるようになると、韓国政府は大韓民国臨時政府による対日宣戦布告を根拠に、戦勝国として講和条約に調印することを主張したが、国際社会からは全く相手にされなかった。前述のとおり、一九四五年以前の朝鮮半島は大日本帝国の正規の領土であり、大韓民国臨時政府は連合諸国から承認された存在ではなく、したがって、朝鮮人による小規模な抗日闘争はあったにせよ、韓国が国家として日本と戦った事実はないというのが国際社会の共通認識である。当然のことながら、一九五一年九月、サンフランシスコで開催された講和会議にも、韓国が参加を許される余地は全くなかった。

このため、講和条約調印後の一九五一年十月、あらためて日本と韓国との国交樹立に向けた予備会談がスタートしたが、日本を反共の防波堤として育成することを企図していた米国は、韓国側の対日賠償請求を押さえ込もうとしていた。このため、新たな交渉材料を作り出す必要に迫られた李承晩政権は、一九五二年二月に国交正常化交渉（第一次会談）が開始される直前の一月十八日、突如「大韓民国隣接海洋の主権に対する大統領の宣言」を発した。

同宣言は、国防と漁業資源の保全を理由として、当時、韓国沖合に設定されていた〝マッカーサー・ライン〟（SCAPIN第一〇三三号「日本の漁業及び捕鯨業に認可された区域に関する覚書」によって決められた日本漁船の活動可能領域。講和条約調印時は北緯二四度東経一二三度、赤道の東経一三五度、赤道の東経一八〇度、北緯二四度東経一八〇度を結ぶ線内）よりも日本寄りに〝平和線〟（日本側では〝李承晩ライン〟と呼ばれた）を設定。これを領海として、水域内のすべての天然資源、水産物の利用権を主張したものである。

日本敗戦後の一九四六年一月二十九日、GHQは「若干の外郭地域の日本からの統治上及び行政上の分離に関する総司令部覚書」（以下「外郭地域分離覚書」）を発し、〝日本〟の範囲を「日本の四主要島（北海道、本州、九州及び四国）

と約一〇〇〇の隣接諸小島を含むものと定義される」と規定した。

この〝隣接諸小島〟には対馬も含まれていたが、一九四九年一月七日、韓国政府は一方的に対馬の領有を宣言し、占領下で主権が制限されている日本に対して対馬の返還を要求した。しかし、この要求は連合諸国から一蹴されている。

講和会議直前の一九五一年七月十九日、韓国政府は講和条約草案を起草中の米国政府に対して

①日本の在朝鮮半島資産の韓国政府および米軍政庁への移管
②竹島、波浪島を韓国領とすること
③マッカーサー・ラインの継続

を要求する要望書を提出した。

ここで②の要求の根拠となったのが、「鬱陵島、竹島及び済州島」は日本の〝隣接諸小島〟から除外するという「外郭地域分離覚書」の規定である。

これに対して、八月十日、米国は、国務次官補ディーン・ラスク名義で、在朝鮮半島の日本資産の移管についてのみ認め、それ以外の韓国政府の要求を明確に拒否する旨の文書(「ラスク書簡」)で回答。九月に講和条約が調印され、翌一九五二年四月二十八日の条約の発効をもってマッカーサー・ラインも廃止されることになっていた。

さて、李承晩ラインでは、「外郭地域分離覚書」の規定を根拠に、その内側に竹島(韓国名〝独島〟)を含めて領有権を主張しており、これが、いわゆる竹島問題の発端となった。

当然のことながら、一九〇五年の「内務大臣訓令」によって竹島を島根県隠岐島庁へ編入して以来、第二次大戦の終結まで一貫して竹島を領有していた日本側は、李承晩ラインの設定に猛反発。米国も韓国政府を非難した。

こうしたなかで、一九五二年二月、日韓国交正常化交渉(第一次会談)が始まったが、会談では〝戦勝国〟として日本に対して賠償を要求する韓国と、植民地支配は国際法上合法として、逆に、韓国内で接収された旧日本資産の補償を主張する日本との間で議論が平行線をたどり、同年四月には早くも無期延期となる。

その間にも、李承晩ラインを侵犯したとして韓国側に拿捕される日本漁船が続出。さらに、戦後、朝鮮戦争や済州島四・三事件の混乱を逃れて日本に密入国した韓国人の送還問題もあって、韓国との交渉再開は日本側にとって緊急の課題となっていた。

そこで、一九五三年四月、国交正常化交渉(第二次会談)が再開されたものの、同年六月、韓国側が朝鮮戦争の休戦

成立に備える必要から中断されてしまう。さらに、同年十月の第三次会談では、日本側代表の久保田貫一郎（外務省参与）が「日本としても朝鮮の鉄道や港を造ったり、農地を造成したりした」、「当時、日本が朝鮮に行かなかったら中国かロシアが入っていたかもしれない」などと発言したことから、日韓双方による非難の応酬となり、会談は決裂。国交正常化交渉は一九五八年四月にいたるまで中断される。

　こうした日韓の対立を懸念した米国政府は、一九五四年七月、韓国に対して李承晩ラインの撤回など日本への宥和を求めたが、これは逆効果となり、態度を硬化させた韓国側は米国との交渉をも決裂させ、八月には対日経済断交措置を発動した。

　こうした状況の中で、一九五四年九月、韓国は竹島を図案とする普通切手（図38、39）を発行し、竹島の領有権と李承晩ラインの正当性を切手上でも主張している。

　当時、日本側は、竹島切手の貼られた郵便物を韓国に返送することで対抗しようとしたものの、膨大な郵便物の中

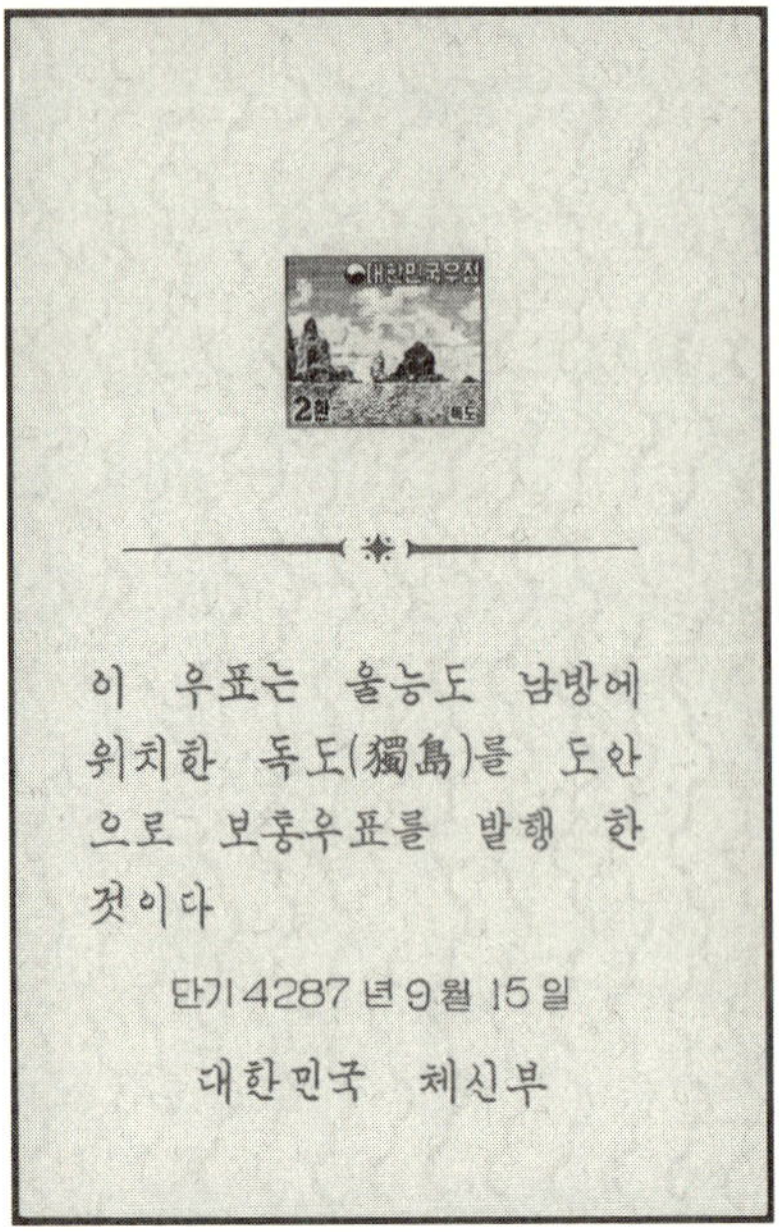

図38　この切手は鬱陵島南方に位置する独島を図案に普通切手として発行した

図39（上）　別の角度から見た竹島を取り上げた1954年の韓国切手（福耳付）

図40（下）　竹島切手が貼られた日本宛の郵便物

から竹島切手の張られたものだけを返送するというのは実務上極めて困難で、実際には、この切手が貼られたまま日本国内で配達された郵便物（図40）も少なからず残されている。したがって、一部の歴史書などでは、時おり、「日本側は竹島切手の有効性を認めず、この切手が貼られた郵便物を韓国側に返送した」という記述がみられるが、これは明らかに事実と異なる。

板門店での休戦交渉

さて、一九五一年十月二十五日、朝鮮戦争の休戦交渉は、約二ヵ月間の中断の後、板門店に場所を移して再開された。中国・北朝鮮側が会談の再開に応じた理由は定かではないが、十月初旬から行われていた国連軍の攻勢に対して、中国・北朝鮮側が時間を稼ぐため〟との見方もなされている。

新たに会談場となった板門店は、ソウルと新義州（朝鮮半島北西部の中朝国境の都市）を結ぶ京義街道の一寒村で、北緯三八度線の南方五キロ、北朝鮮・開城市の東方九キロの地点、現在の休戦ライン上の西端に位置している。ちなみに、ソウルからは北西に六二キロ、平壌からは南方に二一五キロ、それぞれ離れている。

休戦会談が行われるようになった当初、この地は、パンムンジョムではなく、ノルムンリ（板門里）と呼ばれていた。当初の会談場所は、現在、テレビなどでおなじみの〝板門店〟と呼ばれている場所から約一キロ北側で、周辺には、草屋四棟の他は、会談場として使われたプレハブ二棟、簡易式の宿舎三棟しかなかったという。

その後、会談場が現在の地点に移された際、この会談に参加する中国の代表の便宜をはかり、会談場近くの雑貨店を漢字で「板門店」と表記したことから、この名が定着した。

さて、十月二十五日に板門店で再開された休戦会談は、紆余曲折の末、十一月二十七日になって「現在の接触線を基にする」との国連側の主張に沿って、「議題の採択」に次ぐ第二の議題（実質的な第一議題）であった「非武装地帯の設定と軍事境界線の確定」の問題が妥結した。

この間、中国・北朝鮮側は、占領地域で大規模な陣地を構築。全戦線で塹壕を掘り、西海岸と東海岸を結ぶ二二〇キロにもおよぶ巨大な洞窟陣地を作り上げている。

その後も、第三の議題であった「停戦と休戦のための具体的取り決め」や第四の議題であった「捕虜に対する取り決め」などをめぐって会談は紛糾が続き、一九五二年十月、捕虜の送還問題をめぐって、またもや中断されてしまった。

板門店は、現在でも、南北間唯一の公式の接点として、南

図41　板門店を取り上げた最初の切手は、1959年6月25日（朝鮮戦争開戦日）、「南朝鮮から米軍撤去闘争の日」の記念切手の1枚として、北朝鮮が発行した

北間の軍事連絡特別委員会や南北赤十字会談所が置かれている。また、北朝鮮側には「板門閣」が、韓国側には「自由の家」と「平和の家」が、それぞれ設置され、報道関係者や観光客（団体のみ）が訪れている。

なお、板門店は南北分断の悲劇を象徴する場所として、南北双方ともに、たびたび切手上に取り上げられている（図41）。

李承晩の再選と滅共統一

一方、休戦の機運が高まるに連れ、韓国政府の不満は昂じていった。

そもそも、韓国側にしてみれば、朝鮮戦争は北朝鮮の侵略によって始まったものであった。したがって、侵略者に対して徹底的な勝利を収めないかぎり、何の罪もないまま、多大な犠牲を強いられた国民も納得することはできない。さらに、朝鮮戦争の休戦交渉は、基本的には、国連軍という名の米軍と、共産軍との間で進められており、当事者であるはずの韓国はほとんど蚊帳の外に置かれているのも同然の状態にあった。

もちろん、開戦以前の〝原状復帰〟での休戦というのが現実的な妥協策であることは、韓国以外の戦争当事国の暗黙の了解となっていたから、国連は李承晩政権のそうした姿勢を支持せず、米国は休戦反対に固執する〝頑固な老人〟に大いに手を焼くことになる。

これに対して、韓国政府は、国連軍なしでも北上し、再び鴨緑江にいたるべしという〝滅共統一〟のキャンペーンを国民に対して大々的に展開。休戦が近づくに連れ、韓国内では休戦反対のデモがしばしば発生する。

こうしたキャンペーンは、一義的には、戦時下での戦意高揚を目的としたものであったが、そこには、李承晩の再選問題も密接に絡んでいた。

そもそも、朝鮮戦争の直前、李承晩政権の命運は風前の灯というべき状態にあった。

一九四八年八月の建国以来、李承晩政権は、国内の政治的・社会的・経済的混乱をなんら収束させることができず、開戦直前の一九五〇年五月三十日に行われた総選挙で李承晩派は惨敗していた。それゆえ、大統領の任期は一九五二年八月までとなっていたが、それまで、大統領はとても政権を維持できまいというのが大方の見方であった。

ところが、一九五〇年六月に始まった朝鮮戦争は、結果として、政権維持を図る李承晩にとって〝神風〟となった。戦争という非常時に際して、国民は否応なく大統領の下に団結しなければならなかったからである。

しかし、戦時下ゆえに、李承晩への表だった批判は影を潜めたものの、政権に対する韓国国民の不満は、けっして解消されたわけではなかった。

そもそも、政府は北朝鮮の奇襲を自力で撃退することができなかった。また、ソウルが陥落する前、国民に対しては首都の死守を訴えていながら、政府首脳はひそかに大田に逃れ、しかも、漢江の橋梁を爆破して市民の避難路を絶ち、多くの犠牲者を出している。このことは、休戦から六十年以上が過ぎた二〇一四年の旅客船セウォル号沈没事故に際して船長が乗客を見捨てて船から脱出して救助された際にもアナロジーとして持ち出されたほどで、韓国の国民にとって現在なお大きなトラウマとなっていることを見逃してはならない。

さらに、人海戦術で攻勢をかける中国人民志願軍に対抗するために徴集された国民防衛隊では、劣悪な待遇により多くの兵士が餓死・凍死・病死する一方、幹部達による公金横領や汚職が蔓延していた。また、韓国国内に潜入した共産ゲリラの討伐に際して、無関係の一般住民を軍が虐殺するという事件も起こっている。

これらは、いずれも、李承晩政権に対する国民の信頼を著しく損ねるもので、憲法の規定どおり、国会議員（その多数は反李承晩派の野党議員であった）による間接選挙で大統領が決まるということになれば、李承晩の再選は絶望的なものであった。

李承晩が竹島問題で日本に対して強硬な姿勢を取っていた背景には、こうした国内の不満を逸らそうという事情もあったのである。

しかし、政権への飽くなき執着を示す李承晩は、戦時下という状況を利用して着々と再選へ向けて布石を打っていく。

まず、選挙前年の一九五一年十二月、李承晩は自ら総裁となって自由党を創設。再選実現のため、大統領の直接選挙を可能とするよう、憲法の改正を主張し始める。これに対して、野党側は、李承晩政権打倒のため、内閣責任制を明確にするための憲法改正を主張。両者は激しく対立した。

結局、大統領側は一九五二年五月、〝共産分子が治安を攪乱するのを防ぐため〟との名目で戒厳令を発令し、野党議員を憲兵隊が連行するなどの強引な手法で強行突破。同年七月、大統領選挙を国民による直接選挙とする憲法の改正案を可決。八月五日、この新憲法に基づく大統領選挙の投票が行われ、露骨な選挙干渉の下、李承晩が再選を果すことになる。

米国は、こうした李承晩の強引なやり方を苦々しく見ており、一時は大統領の監禁と軍政の施行も検討されたといわれている。しかし、戦時下という状況を考慮して、この計画は沙汰止みとなった。ここでもまた、李承晩は戦争の恩恵を被ったことになる。

図42　済州で使用された〝滅共統一〟のスローガン入りの消印

図42は、こうした状況の下で、一九五二年八月十五日に済州で使用された記念印で、上部に〝滅共統一〟のスローガンが入っている。一九四八年の四・三事件以降、済州島では暴動鎮圧の名目で共産主義とは無関係の島民に対しても大規模な虐殺が行われていた。特に、朝鮮戦争の勃発以降、済州島における〝赤狩り〟は熾烈を極め、一九五四年九月二十一日までに三万人が、一九五七年までには八万人の島民が殺害されたとも推測されている。

こうした状況にあった済州では、〝滅共統一〟を掲げて再選を果たした李承晩への批判は、文字通り、命取りになりかねないものだった。

なお、ここで使用されている二百ウォン切手は、朝鮮戦争開戦以前の一九四九年十月一日に発行されたものであるから、本来、一九五一年末に逓信部が発した公告により、一九五二年以降は切手としては無効のはずである。それをそのまま使用している背景には、実は、李承晩政権に対する済州市民の無言の抗議の意が込められていたということなのかもしれない。

こうして、李承晩は一九五二年九月九日、二期目の大統領の就任式を行い、それにあわせて、自らの肖像を描く記念切手（図43）を発行した。以後、韓国では新大統領の就任にあわせて記念切手を発行することが慣例となり、現在にいたっている。

さて、二期目の李承晩政権がスタートして間もない一九五二年九月二十日、戦時インフレに対応して書状の基本料金が三百ウォンから千ウォンに、葉書料金が二百ウォンから五百ウォンに値上げされた。しかし、韓国逓信部には、依然として新たな葉書を調整する余裕はなく、解放葉書の在庫を使用せざるを得ないのが現実であった。

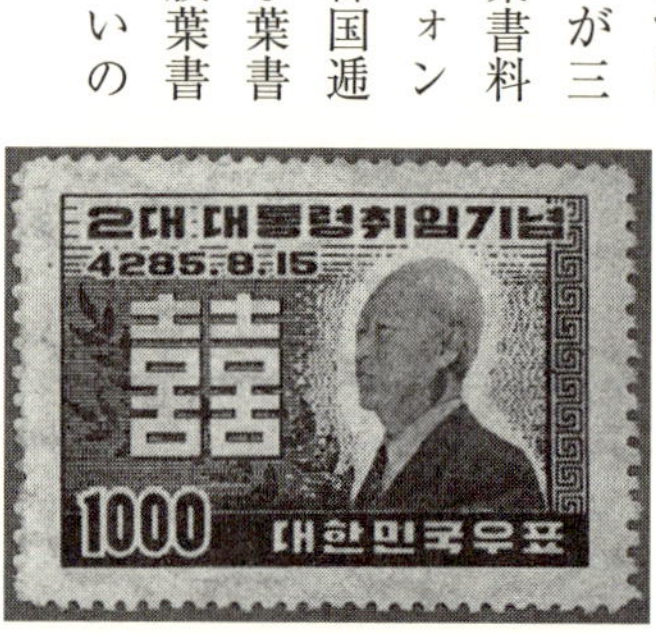

図43　1952年の大統領就任の記念切手

図44 “滅共統一”の加刷葉書の印面

ところが、前述のとおり、逓信部は前年末の公告で、朝鮮戦争開戦以前に発行された切手・葉書類は、一九五二年以降は無効とすると発表していた。そこで、解放葉書の用紙はそのまま利用しつつ、印面を抹消して、別途新料金の五百ウォンの印面を加刷した葉書（図44）を一九五二年十二月二十五日に発行し、急場をしのぐことにした。その際、葉書の上部には、李承晩の金看板である〝滅共統一〟のスローガンもしっかりと刷り込まれている点に注目したい。

加刷された五百ウォンの印面に描かれているのは、慶州・武烈王陵の亀趺（石碑を立てるための亀型の台座）である。

武烈王（在位六五四～六六一年）は新羅第二十九代の王で、六六〇年、唐と連合して百済を滅ぼし、翌六六一年、やはり唐との連合により高句麗と戦うべく軍を北上させている途中で陣没した人物である。新羅による三国統一の基礎を築いたとして太宗の廟号を贈られ、現在の行政区域でいう慶尚北道慶州市西岳洞の王陵に葬られた。〝滅共統一〟を掲げる李承晩としては、自らも武烈王にあやかろうとしたのであろうか。

なお、印面に取り上げられた亀趺は、武烈王の業績を記念するために建てられたもので、石碑の本体は現存していない。甲羅の上の龍の彫刻が見事で、韓国の国宝第二五号にも指定されている。

アイゼンハワー政権の発足

朝鮮戦争があらゆる面で膠着状態に陥っていた一九五二年十一月四日、戦争の一方の主役である米国で大統領選挙が行われた。

大統領候補は、与党・民主党がイリノイ州知事のスティブンソン、野党・共和党が第二次世界大戦の英雄でNATO（北大西洋条約機構）軍最高司令官のアイゼンハワーであった。

このうち、大統領の座を射止めたのはアイゼンハワーである。

アイゼンハワーは、一八九〇年、テキサス州生まれ。第二次大戦中の一九四二年、米国の欧州派遣軍最高司令官となり、同年十一月の北アフリカ進攻作戦（トーチ作戦）に成功を収め、一九四三年、欧州連合軍最高司令官に就任した。翌一九四四年六月には、戦史に名高いノルマンディー上陸作戦を成功させ、欧州大戦の帰趨を決定。第二次大戦の終結時には、米国陸軍のトップである参謀総長に就任した。

第二次大戦後は、いったん退役し、一九四八年に名門コロンビア大学の総長に就任したが、一九五〇年からNATO軍の最高司令官を務めていた。

なお、同じく第二次大戦の英雄で、朝鮮戦争の当事者でもあったマッカーサーは、アイゼンハワーよりも十歳ほど年長で、一九三五〜三九年にはアイゼンハワーがマッカーサーの副官を務めている。

さて、今回の大統領選挙の争点の一つは、朝鮮戦争の解決であった。

図45　次期大統領としてのアイゼンハワー訪韓を歓迎して作られた記念品。似顔絵の下に「中国の共産主義者をたたき出してください」との文言が印刷されている

膠着状態が続き、米軍の死傷者が急増する中で、米国国民の間には平和を求めるムードが蔓延していたためである。アイゼンハワー候補は、こうした国民の意向を敏感に感じ取り、トルーマンの民主党政権が始めた朝鮮戦争を平和的に解決することを公約として掲げ、当選を勝ち取った。

当選後のアイゼンハワーは、選挙中の公約実現に向けて、一九五二年十二月二日から五日にかけて、〝次期大統領予定者〟として韓国を視察。さらに、同月十七日には、陸軍の先輩で朝鮮において共産軍との交戦経験を持つマッカーサーとも面会し、朝鮮戦争解決に向けて並々ならぬ意欲を持っていることを内外にアピールしている。

アイゼンハワーのこうした姿勢は、当然のことながら、早期停戦を期待させるものとして、韓国国民からも歓迎され、彼の訪韓の日には、記念の封筒に切手を貼り、当日の消印を押した記念品（図

45）を作ることまで行われた。

アイゼンハワーは、翌一九五三年一月に、正式に米国大統領に就任し、本格的に朝鮮戦争の解決に取り組むことになる。

もっとも、当初は、共産側の強硬な姿勢が広く知られていただけに、アイゼンハワーといえども、朝鮮問題の解決は容易ではないだろうとの観測が一般的であった。

しかし、就任直後のアイゼンハワーは、思わぬ幸運に恵まれ、朝鮮問題は解決に向けて大きく前進することになる。

スターリンの死

米国で朝鮮戦争の早期解決を掲げるアイゼンハワー政権が発足したのは一九五三年一月二十日のことであったが、それから間もない三月五日、ソ連ではヨシフ・スターリンが亡くなり、ゲオルギー・マレンコフが後任の首相となった。

スターリンは、一八七九年、グルジアの出身で、本名はジュガシヴィリ。一八九八年、ロシア社会民主労働党に入党した。当初はグルジア文学の英雄にちなみ「コーバ」の名を使い、非合法活動に従事した。その後、レーニンの勧めで「鋼鉄の人」を意味するスターリンと改名。一九一七年の十月革命でボリシェビキ政権が誕生すると、民族問題を担当した。レーニンの死後、独裁権力を掌握。一国社会主義論を唱えて、一九二八年以降、二次に渡る五ヵ年計画により社会主義建設に成功したが、その一方で、反対派の大粛清を伴う恐怖支配を行った。第二次大戦に際しては、当初、ナチス・ドイツと中立条約を結び、バルト三国を併合したが、一九四一年六月の独ソ戦の勃発後、連合国の一員としてソ連を対独戦勝利に導き、戦後は米ソ二大国による東西冷戦構造を築き上げる。

東アジアに関しては、一九四五年二月のヤルタ会談で、ドイツ降伏から三ヵ月後の対日参戦を米国と密約。同年八月九日、満洲に侵攻。千島・樺太・北朝鮮などを占領した。朝鮮に関しては、北緯三八度線以北の占領を米国に認めさせると、ソ連極東軍で訓練を積んでいた金日成を帰国させ、衛星国の建設を推進させた。その後、一九四八年に朝鮮民主主義人民共和国が成立すると、金日成の武力南侵論を承認し、北朝鮮に各種の援助を行ったが、一九五〇年、実際に朝鮮戦争が勃発すると、表面上は、戦争に関与しなかった。

さて、スターリンの死は、ソ連の政策を大きく転換させる契機となった。特に、共産党指導部は、彼の死により、苛酷な恐怖支配に対する国民の反発がいっせいに噴出し、不測の事態も発生しかねないことを懸念していた。

　このため、マレンコフをはじめとするソ連指導部は、国内の安定を確保することを最優先課題とし、国際紛争への介入を控えるよう方針を転換した。当然、朝鮮戦争に関しても、共産主義の総本山として、ソ連は中国・北朝鮮を説得して早期休戦を求めるようになる。

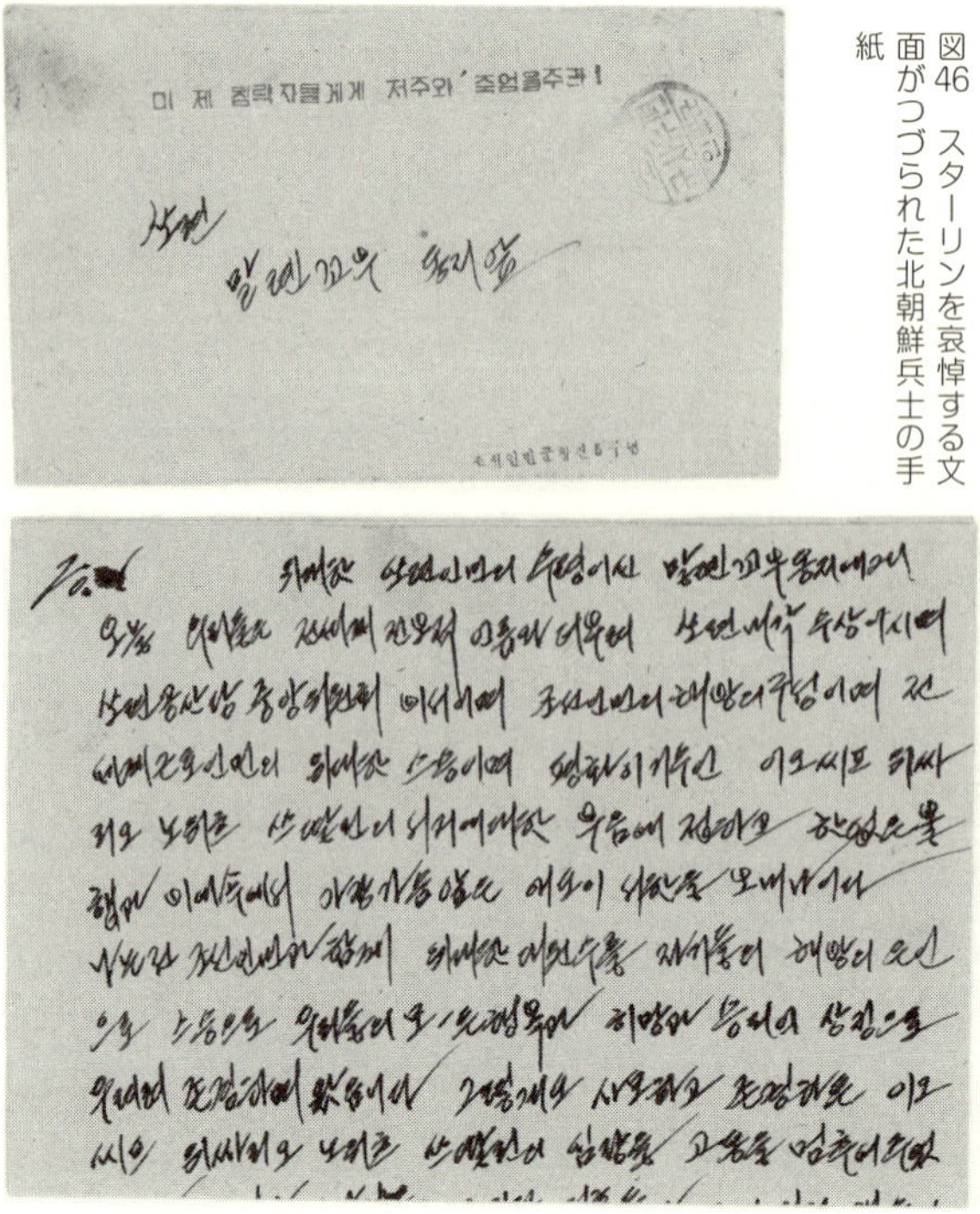

図46　スターリンを哀悼する文面がつづられた北朝鮮兵士の手紙

　ただし、こうしたソ連の政策転換は、当時は極秘裏に進められたため、対外的にはほとんど関知されることはなかった。

　図46の郵便物は、こうした状況の中で北朝鮮の兵士が差し出したもので、手紙の内容は、偉大なる首領・スターリン（当時の北朝鮮では、社会主義諸国全体の指導者という意味で、スターリンをこのように呼んでいた）の死を悼み、新たに首領となったマレンコフに対して忠誠を誓う内容の文面がつづられている。また、使用されている封筒は、朝鮮人民軍創建五周年を記念して作成されたもので、上部には「米帝侵略者に死と呪詛を！」とのスローガンも入っている。

　朝鮮人民軍の兵士から忠誠の誓いを受けたマレンコフは、一九〇二年、ロシアのオレンブルク州生まれのマケドニア人で、ロシア革命後の一九一九年、赤軍の政治将校となり、翌一九二〇年に共産党に入党した。

　スターリンの腹心として、第二次大戦後の一九四六年、ソ連共産党中央委員会政治局の正局員となり、翌一九四七年に閣僚会議副議長（副首相）となり、スターリンの死により、閣僚会議議長（首相）兼共産党書記局筆頭書記に昇格し、ソビエト連邦の最高指導者となった。ただし、マレンコフは集団指導体制を志向しており、すぐに筆頭書記の職をニキータ・フルシチョフに譲っている。

一九五五年二月までの二年間、首相職にとどまったが、この間、「核兵器は世界の破滅を招く」と宣言して、西側との平和共存を模索したが、そのことが強硬派の反発を買い、辞任を余儀なくされた。

なお、マレンコフ辞職後の一九五六年、ソ連共産党の第二十回党大会において、フルシチョフがスターリン批判の演説を行った。これを機に、北朝鮮国内でも、金日成個人崇拝に対する批判が生じたが、逆に、金日成は反対派の粛清を開始し、以後、独裁権力を確立し、みずからが北朝鮮国家の〝首領〟となっていくのである。

韓国でデノミ実施

朝鮮戦争の休戦が現実のものとなりつつある中で、休戦後の韓国経済の復興についても真剣に議論されるようになり、インフレを終息させるための方策として、一九五三年二月、百分の一のデノミが実行されることになった。

すなわち、一九五三年二月十五日、大統領緊急命令第一三号が告示され、旧百ウォンを一ファン（圜）とするとともに（対ドル交換レートは旧ウォンからそのままスライドして、一ドル＝六十ファン）、同月十七日から二十五日までの九日間で新旧通貨の交換が行われ、一兆百三十四億八千三百万ウォン相当の旧ウォン紙幣実物の回収と千七十億五千二百万ウォン相当の支払指示により、合計一兆千二百五億三千五百万ウォンが市中から回収され、新通貨として七十六億五千二百万ファンの流通が始まった。

ちなみに、現在の韓国ウォンは、李承晩政権を退陣に追い込んだ一九六〇年四月の学生革命以降の混乱で通貨のファンが暴落したことを受け、一九六二年六月九日、朴正熙政権が十ファンを新一ウォンとする通貨改革を断行したことによって創設されたもの。必要に応じて、李承晩時代のウォンを旧ウォン、現在のウォンを新ウォンと呼んで区別する。

ファン貨の導入に伴い、切手の額面表示も変更されることになり、一九五三年四月五日、ファン建て額面の切手が発行された。

図47は、一九五四年十二月、釜山からソウル宛に差し出された書留便で、旧ウォンで千五百ウォン相当（＝十五ファン）、ファン貨で十五ファンの合計三十ファン相当の切手が混貼された過渡的な郵便物である。

ちなみに、切手に押されている消印は〝釜山光復洞〟となっているが、書留の番号印は日本時代の釜山・辨天町のままとなっており、解放から十年近くが経っても、庶民の日常生活には日本時代の遺制が色濃く残っていた様子がう

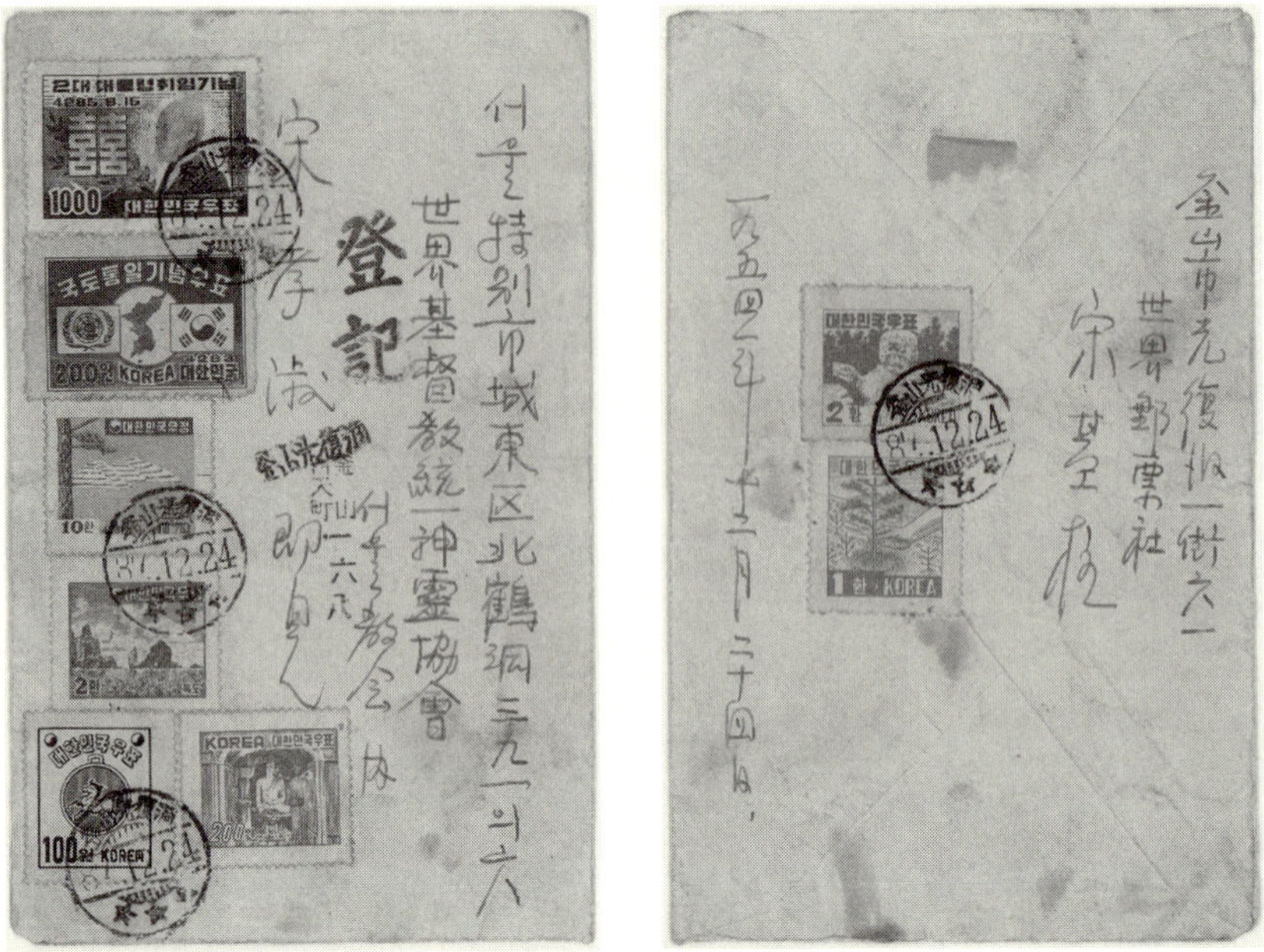

図 47　旧ウォン額面の切手とファン額面の切手が同時に貼られた郵便物

かがえる。

郵便物の宛先は〝世界基督教統一神霊協会・ソウル教会〟、すなわち、霊感商法などで社会問題にもなった統一教会である。

統一教会の主張によると、創立者の文鮮明は、第二次大戦後の一九四六年、朝鮮におけるキリスト教布教の中心地であったソ連占領下の平壌へ行ったものの、一九四八年四月、社会紊乱罪で重労働五年の実刑判決を受け、興南収容所に収監。朝鮮戦争中の一九五〇年十月、国連軍による爆撃の中で解放され、大韓民国の臨時首都となっていた釜山に避難してきたとされている。その後、文は、一九五二年五月に自らの教えをまとめた『原理原本』を書き上げ、休戦後の一九五四年五月一日、この書留便の宛先となっているソウル市城東区北鶴洞三九一において、李昌煥を会長として、統一教会を設立した。

ちなみに、統一教会側の資料には、釜山に逃れてきた文は、市内の凡一洞に住み、隣に住んでいる宋基柱とその子供たち（宋孝淑、宋文奎、宋芳松）と親しく交流していたという記述があるが、これは、この郵便物の差出人・名宛人と名前が一致しており、初期の彼らの活動の痕跡を物語る資料となっている。

捕虜をめぐる駆け引き

さて、一九五二年十月以来、捕虜の送還問題をめぐって中断されていた休戦交渉は、米国でアイゼンハワー政権が発足し、ソ連で独裁者スターリンがなくなるという国際情勢の変化を受けて、一九五三年四月二十六日、六ヵ月半ぶりに再開された。

交渉では、まず、傷病捕虜の交換についての協定が成立したが、それと同時に、共産側は最後の攻勢を仕掛けてきた。休戦直前の戦闘により、自らの勝利を内外に印象付けようという戦略である。

ここで、朝鮮戦争時の捕虜について、簡単にまとめておくことにしよう。

朝鮮戦争における捕虜の正確な数は明らかになっていないが、休戦会談の資料として一九五一年十二月十三日時点の数字として提出されたのは、国連軍の捕虜となった者が十三万二千四百七十四名（朝鮮人民軍十一万千七百五十四名、中国人民志願軍二万七百二十名）、共産側の捕虜となった者一万千五百五十九名（韓国軍七千百四十二名、米軍三千百九十八名、その他千二百十九名）である。朝鮮人民軍の出身者が群を抜いて多いのは、一九五〇年九月の仁川上陸作戦によって、五～六万人が捕えられたという事情があったためとみてよい。

韓国・国連軍は捕虜としてとらえた敵兵を巨済島など六ヵ所の収容所に収容し、ほとんど釈放しなかった。これは、朝鮮戦争中も、韓国の国内では反政府ゲリラの活動が李承晩政権の足枷になっており、解放された捕虜が彼らと合流することが懸念されたためである。

一方、共産側は韓国軍の将校と国連軍の軍人は純然たる捕虜として扱い、一般の韓国兵に対しては共産主義思想で洗脳した後、釈放した。もちろん、洗脳に屈しなければ、そのまま収容所に留め置かれた。

図48は、戦争末期の一九五三年五月十七日、共産側の捕虜となった〝ミゾグチ・ハヤナリ〟氏が日本在住の母親宛てに差し出した捕虜郵便である。

朝鮮戦争が勃発すると、戦乱を逃れて日本に密入国してくる韓国人が多かったが、その一方で、独立後間もない祖国を守るべく、志願して義勇兵として朝鮮の戦場に赴いた在日コリアンの若者もいた。いわゆる〝在日義勇兵〟である。その総数は六百四十二名で、うち百三十五名が戦死もしくは行方不明となっている。

彼らの多くは日本で生まれ育ち、韓国語がほとんど話せなかったという。この捕虜郵便を差し出したミゾグチも、おそらく、そうした〝在日義勇兵〟の一人だったのではないかと思われる。

捕虜郵便に用いられている用紙は収容所で支給されたもので、左上には、当時の左翼勢力が世界平和のシンボルとしていた〝ピカソの鳩〟を模したイラストが印刷されている。

差出地は〝世界平和のための中国人民委員会〟気付・北朝鮮第五収容所。六月二十七日、横浜駐留の米野戦郵便局を経て、七月二日、名宛人の元に届けられた。

差出人の住所が〝世界平和のための中国人民委員会〟気付となっているのは、中国からはあくまでも義勇兵による志願軍が参加しているだけで、中国政府が派兵しているわけではないという建前と平仄をあわせたものだが、郵便を差し出す捕虜に対しては、共産側こそが〝世界平和〟のために戦っているという洗脳プロパガンダの意味合いもあるものと考えられる。

なお、戦時下で捕虜の差し出す郵便物は、国際法上、無料で配達されることになっているが、上述のように、表向き、中国政府は朝鮮戦争には関与していないということに

図 48　共産側の捕虜となった在日韓国人義勇兵の差し出した郵便物

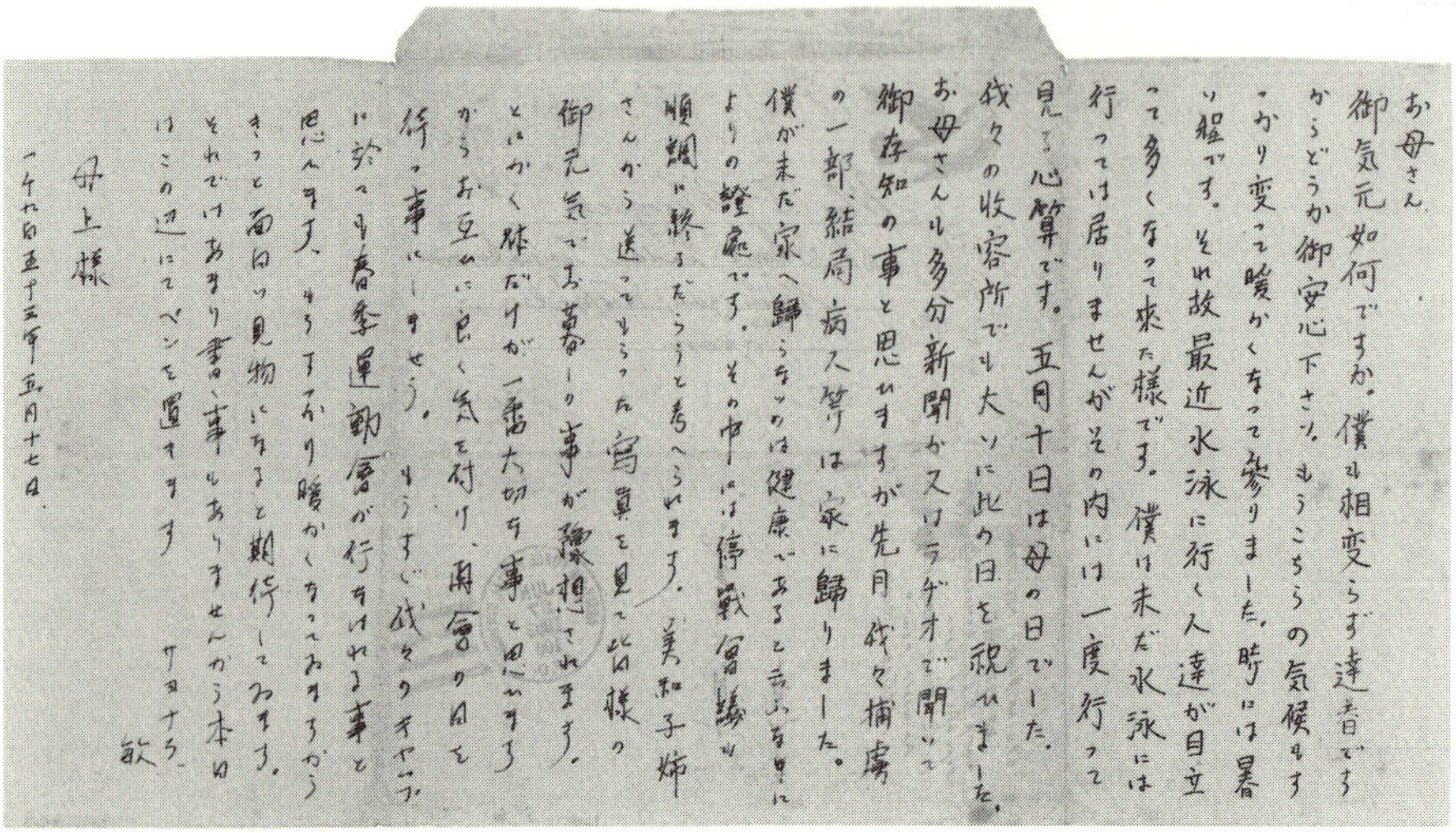

お母さん
御気元如何ですか。僕は相変らず達者ですから、どうか御安心下さい。もうこちらの気候もすっかり変って暖かくなって参りました。時には暑い位です。それ故最近水泳に行く人達が目立って多くなって来た様です。僕は未だ水泳には行っては居りませんがその内には一度行って見る心算です。五月十日は母の日でした。我々の収容所でも大いに此の日を祝いました。お母さんも多分新聞か又はラヂオで聞いて御存知の事と思いますが先月我々捕虜の一部、結局病人等は家に帰りました。僕がまだ家へ帰らないのは健康であると云ふ事の何よりの證拠です。その中には停戦会議も順調に終るだらうと考へられます。美和子姉さんから送ってもらった写真を見て皆様の御元気な御暮しの事が想像されます。とにかく体だけが一番大切な事と思いますから御互いに良く気を付け、雨季の日を行う事にしませう。もうすぐ我々のキャンプに於いても春季運動会が行なわれる事と思いますよ。もうすでにかなり暖かくなって来ますからきっと面白い見物になると期待してゐます。それではあまり書く事もありませんから本日はこの辺にてペンを置きます。
サヨナラ
敏
母上様
一九五三年五月十七日

なっているため、この郵便物は朝鮮人民軍の軍事郵便という形式をとることで（右上にある円形の印には〝朝鮮人民軍・軍事郵便〟の表示がある）、料金無料の扱いになっている。

通信文は日本語で、収容者の中には水泳に行くものがいることや、五月十日にはイベントが行われたこと、まもなく春季運動会が行われるであろうことなど、収容所内の生活が記されている。また、「多分新聞か又はラヂオで聞いてご存知の事と思ひますが先月我々捕虜の一部、結局病人等は家に歸りました。僕が未だ歸らないのは健康であると云ふなによりの證處です。その中には停戰會議が順調に終るだらうと考へられます。…（中略）…とにかく体だけが一番大切な事と思ひますから、お互いに良く気を付け、再會の日を待つ事にしませう」との記述もあり、捕虜たちが、休戦交渉の内容をある程度把握していたことが伺える。

なお、一九五二年四月二十八日の対日講和条約の発効により在日コリアンは国籍を失い、在日義勇兵のうち二百四十二名が日本への再入国を拒否され、日本へ帰還できたのは除隊兵士の三分の一に過ぎなかった。ミゾグチがこの手紙を書いてから約二ヵ月後の一九五三年七月二十七日、彼が待ち望んだ休戦が成立するわけだが、その後の彼が、無事に母親との再会を果たすことができたかどうかは定かではない。

さて、長きにわたる休戦交渉は、一九五三年六月六日、最大の難関と言われていた捕虜送還の問題が妥結し、いよいよ合意が秒読みの状態となった。しかし、あくまでも〝滅共統一〟を主張する李承晩は最後の抵抗として、六月十七日、韓国警備隊が管理していた捕虜収容所から、中国・北朝鮮への送還が決まっていた〝反共捕虜（中国・北朝鮮への帰還を望まない捕虜）〟を釈放してしまう。当然のことながら、共産側は李承晩を非難し、休戦はまたもや流産するかのように思われた。

一方、是が非でも休戦を実現させたかった米国も、李承晩のこの措置に激怒。問題解決のため、急遽、国務省の極東担当次官補であったロバートソンが特使として韓国に派遣される。ロバートソンと李承晩との交渉は難航したが、最終的に、米国側は、米韓安全保障条約の締結、韓国軍の二〇個師団増設、戦後復興に対する援助などの代償として、韓国側も休戦に反対しないことを約束させ、ようやく、休戦のための条件が整えられた。

休戦協定の成立

こうして、延々、一〇七六回にも及んだ会談の末、一九五三年七月二十七日、板門店の休戦会談本会議場において、

図 49　休戦協定の成立を祝う人民軍兵士を取り上げた中国の軍事郵便葉書

図 50　北朝鮮が発行した「戦勝記念」の切手

国連軍首席代表のハリソンと朝鮮人民軍代表の南日との間で休戦協定が調印された。また、国連軍総司令官のクラーク、朝鮮人民軍総司令の金日成、中国人民志願軍総司令の彭徳懐は、それぞれ、後方の司令部で休戦協定に署名した(図49)。

一方、韓国側は、休戦に反対はしないが署名もしないとの李承晩の姿勢を反映して、協定の調印を拒否している。

こうした〝休戦〟に対する南北の姿勢を反映するかのように、北朝鮮が休戦協定成立五日後の七月二十八日に〝勝利〟の記念切手を発行している(図50)のに対して、韓国側は、朝鮮戦争の終結を記念するような切手はいっさい発行していない。

北朝鮮の発行した記念切手は、金日成の肖像をかたどったメダルの下に、朝鮮人民軍三軍の兵士と花束を抱える女性を描いたもので、「英雄的朝鮮人民の勝利萬歳!」との文字が見える。

北朝鮮当局は「敬愛する金日成主席の卓越した領導により朝鮮人民軍と朝鮮人民は祖国解放戦争に勝利した」と主張し、現在なお、休戦協定調印日は「祖国解放戦争勝利記念日」としているが、切手のデザインは、そうした彼らのプロパガンダを忠実に再現したものと言ってよい。

本来であれば、金日成の発動した戦争は、北朝鮮にとって〝祖国統一〟という所期の目的を達することができなかったという点で失敗に終わったと評価すべきものであるが、金日成は、戦時体制の構築を通じて自らの権力基盤を一層強化するとともに、失敗の責任を他に押し付けて粛清の契機としている。

すなわち、開戦と同時に、金日成は軍事委員会委員長に就任して国内の権力の集中をはかっていたが、休戦間近の一九五三年二月には元帥の称号を得て、朝鮮人民軍における権力基盤を盤石なものとしている。

その一方で、たとえば、副首相兼外相を務めていた旧南朝鮮労働党系の朴憲永に関して、「朴は朝鮮人民軍が南進すれば南の人民がこれに呼応して蜂起すると言っていたのに、実際には武装蜂起は起こらず、国家に多大な損害が生じた。これは、朴が米帝のスパイとして祖国を無謀な戦争に引きずり込んだためだ」などと断罪し、自らの開戦責任については棚上げにしたまま、朴と彼に連なる旧南朝鮮労働党系の有力者を相次いで処刑。このほかにも、さまざまな名目で、統一失敗の責任を国内の有力者に押し付けて彼らを粛清した。

そうした意味では、戦勝記念の切手に取り上げられた金日成こそが、朝鮮戦争の唯一の勝利者だったとみなすことも可能かもしれない。

さて、休戦協定によって設定された軍事境界線は、当時の両軍が対峙していたラインに沿って設定されたもので（ちなみに、板門店はこの境界線上にある）、開戦以前の純然たる北緯三八度線に比して、西海岸では北朝鮮が三八度線の南に食い込み、東海岸では韓国が北に食い込むかたちとなった。戦前は韓国領だった開城と黄海道の海岸線付近は北朝鮮領に、戦前は北朝鮮領だった束草など江原道中部は韓国領になっている。

北緯三八度線からみるとわずかに南に位置する開城は高麗時代には王都だった歴史を持ち、高麗滅亡後は、朝鮮王朝時代、日本統治時代を通じて商都として繁栄した。解放後、米ソが朝鮮半島を分割占領した際には、米軍の占領下に置かれ、一九四八年の大韓民国成立時には韓国の領内にあったが、朝鮮戦争が始まると、国連軍が半島のほぼ全域を掌握していた時期を除き、おおむね、共産側の占領下に置かれていた。なお、休戦交渉の開始に伴い、開城は中立地帯とされ、休戦後は、正式に北朝鮮領内に編入されている。

図51の葉書は、朝鮮戦争の休戦から約一年後余の一九五

四年十月に開城からチェコ・スロヴァキア宛に差し出された絵葉書で、差出人は、北朝鮮支援のために派遣されていたチェコ人と思われる。

　さて、葉書の下部のマルで囲んだ部分には〝PRINTED IN U.S.A.〟の文字が印刷されている。絵面にはソウルの東大門が描かれており、その説明文には、（一部、切手が上から貼られているためにやや読みにくいが）「二年間の戦争でソウルは四度はげしい戦闘に見舞われたが、この建物は破壊を免れた」旨が記されている。文面からすると、葉書は朝鮮戦争中の一九五二年後半に作成されたものだろう。

　おそらく、この葉書は、朝鮮戦争中、国連軍によって北朝鮮内に持ち込まれたが、撤退した国連軍将兵の遺留品として押収

図51　朝鮮戦争の休戦後、北朝鮮支配下の開城から差し出された米国製の絵葉書

され、休戦後、使用されたものと考えられる。朝鮮戦争の結果、開城の主権が韓国から北朝鮮へと移ったことを象徴的に示す資料といえよう。

　軍事境界線をはさんで南北に二キロの帯状地帯は非武装地帯（DMZ）とされ、現在も緊張が続いている。

　また、休戦協定の調印を受けて、板門店内には、同年十月以降、〝中立国監視委員会〟と〝軍事停戦委員会〟の本会議場が設置され、協定遵守の監視を行うことになった。なお、軍事停戦委員会の本会議場は韓国（国連）側、中立国監視委員会は北朝鮮側の施設となっている。

　中立国停戦監視委員会は、スイス、スウェーデン、チェコ・スロヴァキア、ポーランドの四ヵ国で構成されていたが、チェコ・スロヴァキアとポーランドは（少なくとも形式的には）朝鮮戦争に関しては中立という立場を取っていたものの、一九五五年にワルシャワ条約機構に加盟したため、名実ともに中立国ではなくなった。なお、

両国の共産主義政権は一九八九年の革命で崩壊したが、いずれも一九九九年に北大西洋条約機構（NATO）に加盟したため、再び〝中立国〟ではなくなり、さらに、現在では両国とも委員会そのものから脱退。現在の委員会メンバーはスイスとスウェーデンだけになっている。

図52は、休戦後の一九五三年十二月、中立国停戦監視委員会のメンバーがスイス宛に差し出した葉書で、葉書には〝Panmunjom（板門店）〟という差出地と十二月六日の日付が書き込まれている。葉書は、翌七日に米野戦局を経てスイスまで届けられたが、クリスマスと新年を祝う文言として、〝Weihnachtsfest und ein glückliches Neues Jahr〟とも書き込まれているが、絵葉書の

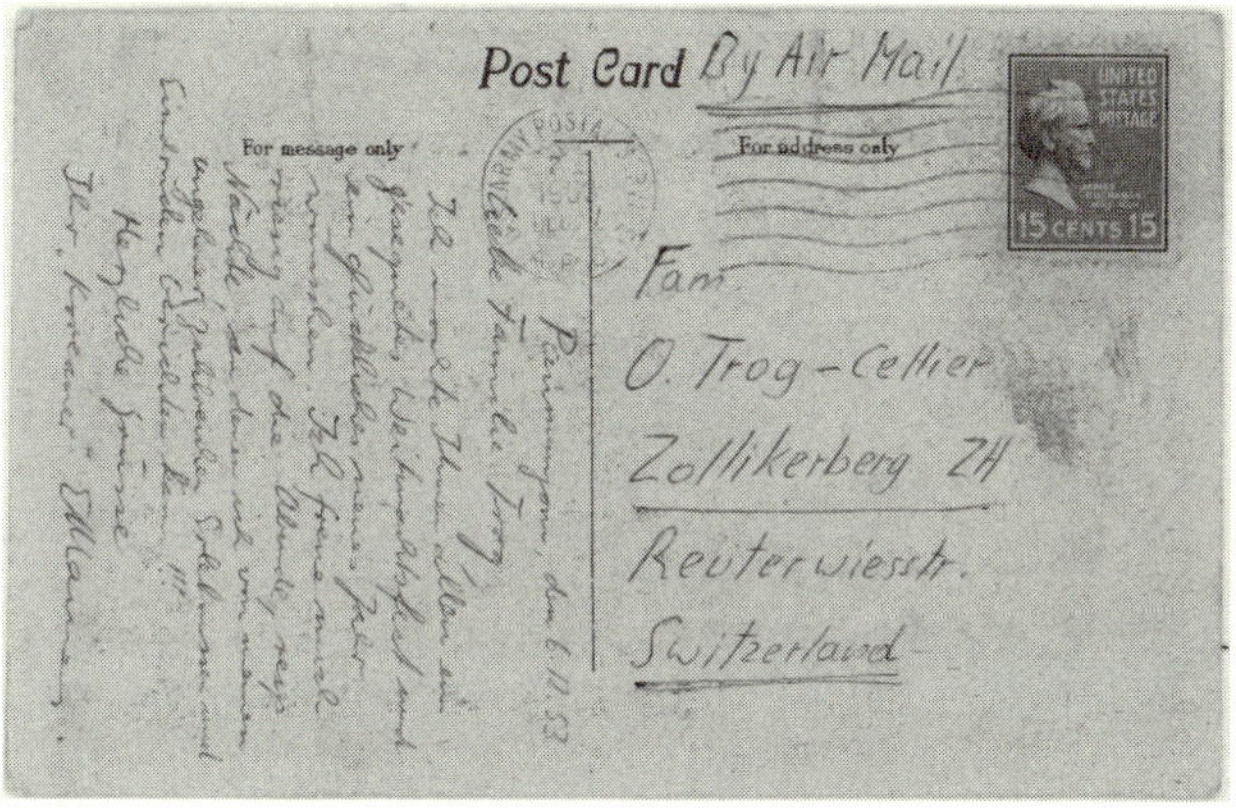

図52　中立国停戦監視委員会のスイス委員が板門店から差し出した葉書とその裏面

絵面は朝鮮の仏教寺院を描くもので、クリスマスとは無関係である。

米韓相互防衛条約の調印

朝鮮戦争の休戦協定が調印されたのは、一九五三年七月のことだったが、休戦後の韓国の安全保障の枠組を規定した米韓相互防衛条約は、休戦直前の五月末から交渉が開始され、休戦後の十月一日、ワシントンで調印された。なお、条約がそれぞれの国内での手続き等を経て正式に発効したのは、翌一九五四年十一月十七日のことである。

同条約は、基本的には、休戦体制を補完する色彩の濃いものだが、一九五一年に締結された日米安保条約とともに、その後の米国の太平洋戦略の根幹をなすものとなる。

韓国側からすれば、条約によって韓国内に駐留する米軍は、いわば〝人質〟として北朝鮮に対する抑止力として機能すること

が期待された。特に、休戦ラインから二〇キロの地点にある京畿道東豆川の米陸軍第二師団は、北朝鮮の攻撃で最初に被害を受ける場所であることから「北朝鮮の南侵＝米軍自動介入」の象徴として韓国で受け止められている。

その一方で、米国側は、休戦協定に強硬に反対してきた李承晩政権が、今度は北進して北朝鮮と再び戦火を交えることになるのではないかとの危惧を捨てきれずにいたことも事実である。すなわち、同条約の第一条は、「締約国は、それぞれが関係することのある国際紛争を平和的手段によって、国際の平和及び安全並びに正義を危うくしないように解決し、並びにそれぞれの国際関係において、武力による威嚇又は武力の行使を、国際連合の目的又は締約国が国際連合に対して負っている義務と両立しないいかなる方法によるものも慎むことを約束する」として、韓国に対して休戦協定の遵守をまず義務づけている。

さて、条約が結ばれた当初は北朝鮮による南侵の記憶が生々しかったこともあり、米軍部隊は約二十万人の常駐態勢が採られていた。しかし、一九五八年、中国軍が北朝鮮から撤退し、米国も韓国に戦術核兵器を導入したことで、駐留兵力は一九六〇年までに約六万人へと大幅に削減された。ちなみに、現在の在韓米軍の駐留兵力は、陸軍の第八軍、海軍の第七艦隊韓国派遣部隊、空軍の第七空軍を中心に、約二万八千五百人規模となっている。

なお、一九五四年当時、在韓米軍地位協定（ＳＯＦＡ）は締結されておらず、一九六七年に同協定が締結されるまで、米軍の犯罪に対して韓国側は何もできないという状態が続くことになる。

図53　米韓相互防衛条約発効の記念切手

韓国郵政は、一九五四年十一月、条約発効にあわせて記念切手（図53）を発行している。

切手には、太極旗と星条旗を背景に、李承晩とアイゼンハワーが握手を交わす姿が大きく取り上げられており、両国の友好関係が強調されている。もっとも、この写真は条約の調印時に撮影されたものではなく（調印に際して、李承晩は渡米していない）、おそらく、一九五二年にアイゼンハワーが訪韓した際に撮影したものではないかと考えられる。

また、二人の前には鉄条網が描かれているのも、東西冷戦の最前線として北朝鮮と対峙する韓国側の状況も象徴的に表現したものとして興味深い。

中国人民志願軍の帰還

朝鮮戦争の休戦時、北朝鮮に派遣されていた中国人民志願軍の兵員は百二十万人にも達していた。その撤退に関しては、休戦協定では「朝鮮駐留の外国軍の撤退は休戦後の政治協議に委ねる」と規定していたが、中国側はこれと関係なく、まず、休戦直後から歩兵六個軍、砲兵・高射砲兵、鉄道兵二〇個師団を秘密裏に撤退させ、次いで、一九五四年四月からのジュネーヴ会談で米国と撤退問題について協議している。

しかし、米中協議は不調に終わったため、同年九月六日、中国は人民志願軍の撤退を発表。撤退は、一九五四年から一九五五年の第一期と、一九五八年の第二期に分けて段階的に実行され、一九五八年十月二十六日に全軍の撤退が完了した。

図54　北朝鮮が発行した“中国人民志願軍歓送”の記念切手

図54は、一九五八年九月十日、長きにわたる中国の直接的な軍事支援に感謝すべく、北朝鮮が発行した〝中国人民志願軍歓送〟の記念切手で、帰還列車を背景にした志願軍の兵士が描かれている。

一方、図55は、同年十一月二十

図55　中国が発行した“中国人民志願軍凱旋帰国”の記念切手が貼られた郵便物

日、志願軍兵士の帰国に合わせて発行された〝中国人民志願軍凱旋帰国〟の記念切手三種が貼られたネパール宛の書留便で、右上には「歓迎を受ける兵士」の切手が、中央には「母と抱き合う兵士」の切手が、左下には「志願軍と朝鮮人民軍」の切手がそれぞれ貼られている。

この書留便が差し出されたラサでは、一九五九年三月十日、中国共産党による苛烈な支配に抵抗するチベット蜂起が発生したが、中国人民解放軍は力ずくでこれを抑え込み、約八万六千人のチベット人が虐殺されたほか、中国側の砲撃により多くの仏教寺院が破壊されている。朝鮮戦争から帰還した兵士の中に、帰国後、チベットに派遣された兵士というのは、どの位いたのだろうか。

第五章　国連軍に参加した国々

一一一頁でも述べたように、朝鮮戦争の戦況が比較的落ち着いてきた一九五一〜五二年にかけて、韓国は、国連軍参加各国への感謝を示すため、三次に分けて国連軍参加各国の国旗を描く切手（以下、参戦感謝切手）二十二組計四十四種を発行した。

切手は、左に参戦国の国旗、右に太極旗（韓国の国旗）を配したデザインで、中央に自由の女神を描くものと国連のマークを描くものの二種類がある。額面はいずれも五百ウォン（旧ウォン）で、切手の上部には〝THE COUNTRIES PARTICIPATING IN THE KOREAN WAR（朝鮮戦争参加国）〟の表示が、右下には一九五一の年号（一九五二年発行分も年号は〝一九五一〟である）が入っている。切手としての国名表示は、中央下部にハングルで小さく入っているだけなので、目立たない。また、参戦国の関係者への贈呈用として、国ごとに二種類の切手を収めた小型シートも作られた。

韓国切手・郵便史研究の分野では、これらの参戦感謝切手を、切手に表示された国名（必ずしも、対象となった国の正式な国名とは合致しない）のアルファベット順に整理することが慣例となっている。

本章では、それに倣って参戦感謝切手に取り上げられた国（ただし、米国に関しては、すでにかなりのスペースを取っているので、本章では省略する）をアルファベット順に紹介し、各国と朝鮮戦争との関わりについてまとめることにした。

1. オーストラリア
Australia

図1

図1　オーストラリアを取り上げた参戦感謝切手

第二次大戦後、オーストラリアは対日戦勝国として、広島県・山口県など中国地方を中心に占領軍を派遣していたが、朝鮮戦争の勃発を受け、一九五〇年六月二十九日、オーストラリア政府は、日本に駐留していたリバー級フリゲート艦「ショールヘイブン」ならびに香港に駐留していたトライバル級駆逐艦「バタアン」を朝鮮に派遣することを決定する。

このうち、「バタアン」は、一九四〇年十一月三十日に起工、一九四四年一月十五日に進水し、一九四五年五月二十五日に就役した。当初、同艦は先住民族にちなんでカーネイ（現在ではグナイもしくはクルナイと呼ばれることが多いようだ）と名付けられていたが、その後、オーストラリアを拠点に対日戦を指揮したマッカーサーにちなんで、フィリピンの激戦地の名を取ってバタアンと改称された。

朝鮮近海に到着した両艦は、韓国から避難する米英の民間人を収容するとともに、米軍の上陸を支援するための艦砲射撃を行っている。ちなみに、朝鮮戦争における豪海軍の中核となった空母「シドニー」がオーストラリアを出港したのは、八月三十一日のことであった。

一方、空軍に関しては、一九五〇年六月二十五日の開戦時、第七七飛行中隊が岩国に駐留していた。第七七飛行中隊はすでに帰国の準備を進めていたが、開戦により、米第五空軍の指揮下に入り、共産軍と戦った。

ところで、オーストラリア政府は、日本に駐留していた地上部隊、第三連隊を朝鮮の戦場に派遣することに、当初、難色を示していた。当時の第三連隊は、兵員の訓練・装備ともに、直ちに実戦に投入するには、極めて不十分な状態にあったからだ。このため、まずは第三連隊の中から志願者二千名が日本占領軍から分離され、朝鮮半島に派遣されるとともに、オーストラリア本国でも志願兵の募集が行われた。オーストラリア本国から集められた兵士たちは、広（広島県呉市）および原村（広島県賀茂郡・現東広島市）で訓練を受けた後、朝鮮半島へと派遣されている。

図2は、朝鮮戦争中の一九五二年五月、オーストラリアの第四九六野戦局から差し立された書留便である。

この郵便物を取り扱った第四九六野戦局は、第二次大戦後、英連邦軍の日本進駐に対応して、一九四六年五月十一日、呉に開設されたのが最初である。その後、同月中に江田島に移転。さらに、同年六月十日には宮島に移転し、活動を継続していたが、朝鮮戦争の勃発に伴い、一九五〇年九月、釜山に移転した。

オーストラリア軍の戦績としては、まず、一九五〇年九月十五日の仁川上陸作戦以後、水原（ソウルの南三五キロの都市）周辺で敗走する朝鮮人民軍と戦い約二千名を捕虜としたことが挙げられる。さらに、十月二十二〜二十三日には、開城の包囲戦で朝鮮人民軍に大きな打撃を与えることに成功した。

図2　朝鮮戦争の開戦に伴い、宮島から釜山に移転したオーストラリアの軍事郵便局差出の郵便物

また、中国人民志願軍参戦後のオーストラリア軍と共産軍との戦闘としては、一九五一年四月二十二〜二十五日の加平の戦いと同年十月三〜八日の馬良山の戦いが知られている。

結局、一九五三年七月に朝鮮戦争が休戦となるまで、オーストラリア軍はのべ二万八千名の兵力を投入。三百三十四名が戦死した。

なお、一九五二年四月二十八日、対日講和条約が発効すると、日豪間の戦争は正式に終結し、オーストラリア軍が日本に駐留を続ける法的な根拠は失われたが、この時点では朝鮮半島での戦争は継続しており、呉や岩国のオーストラリア軍キャンプは後方支援活動などのためにしばらく活動を継続。このため、オーストラリアの野戦局・基地局なども活動を続けていた。

図3は、一九五三年七月に朝鮮戦争の休戦協定が発足して間もない同年八月十九日、釜山に置かれていたオーストラリアの第四九五野戦局から差し立てられた郵便物とその裏面である。

郵便物は翌二十日、東京に置かれていた第八基地局を経由して、同月二十四日にシドニーに到着したことが、押されている印から確認できる。

朝鮮戦争の休戦後も、事務連絡などの必要から、ごく少数のオーストラリア軍関係者が日本国内に駐留を続けていた。その最後の人員が引き揚げ、岩国の英連邦軍基地が閉鎖されたのは、一九五七年七月のことで、これにより、ようやく、東京都内の第八基地局も閉鎖されることになった。

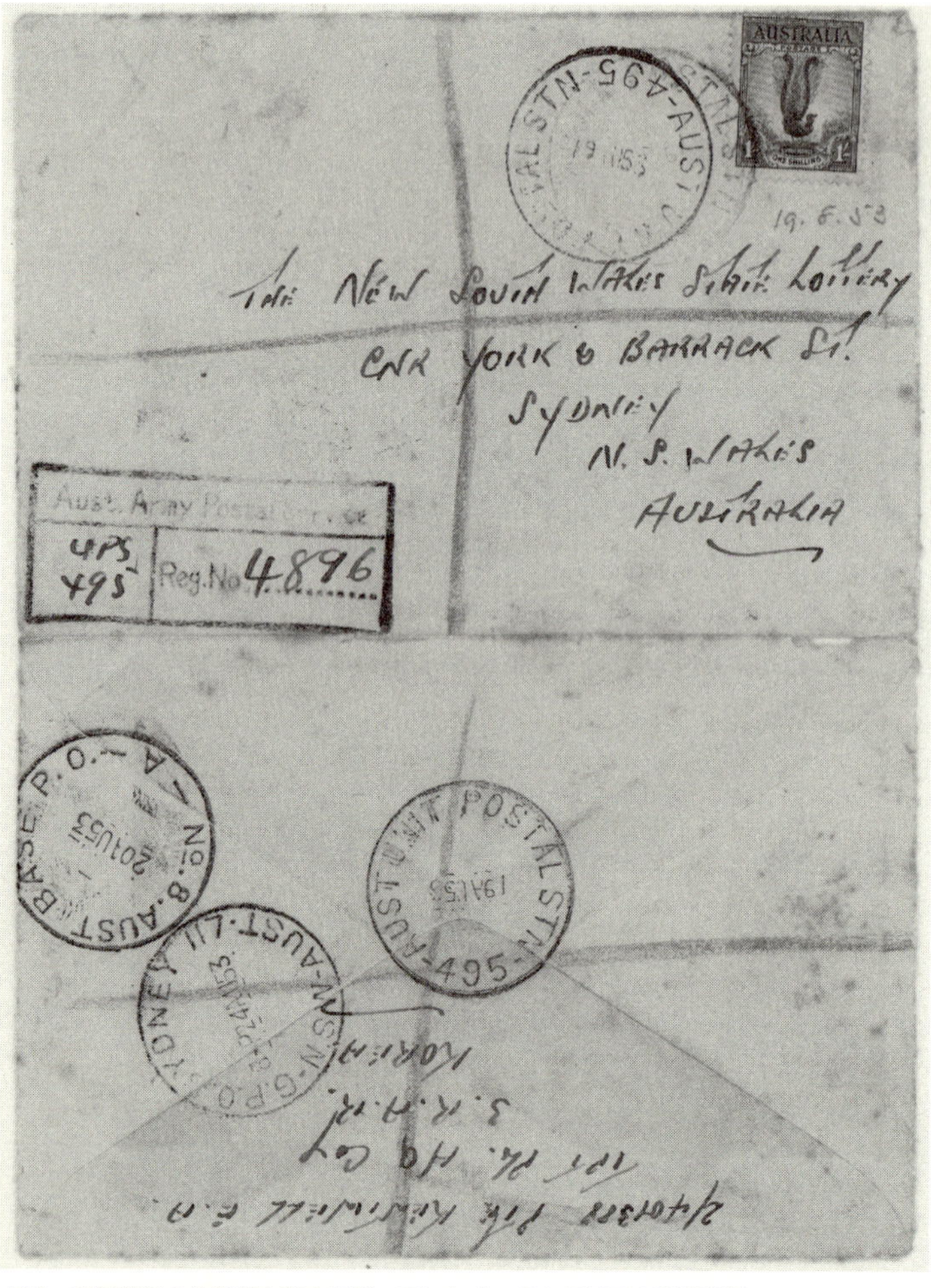

図３　朝鮮戦争の休戦後も釜山に残っていたオーストラリアの野戦郵便局から本国宛に差し出された郵便物

第二次大戦中の一九四〇年五月、ベルギーはナチス・ドイツに全土を占領され、政府機能はパリを経てロンドンに亡命したが、国王レオポルド三世は首都ブリュッセルに残り、一九四五年五月まで、ナチスによってザクセン州ヒルシュシュタイン・アン・デア・エルベの城砦、次いでオーストリアのシュトローブルに監禁されていた。

　国王は必ずしも対独協力者というわけではなかったが、亡命政府に同行しなかったことで国内の一部からは反逆罪を問う声が上がり、第二次大戦後もベルギーへは帰国できず、スイスでの亡命生活を余儀なくされた。

図4　ベルギーを取り上げた参戦感謝切手

　ベルギー国内で戦時中の対独協力者に対する責任追及がなされる中で、一九四六年、査問委員会は亡命中の国王を反逆罪に問わないと決定したが、異論が続出。このため、一九五〇年、国王の復帰の是非を問う国民投票が行われたが、投票はベルギー国内の南部・オランダ語地域のワロン（復帰反対）と北部・フランス語地域のフランデレン（復帰支持）の地域間対立も絡んで、復帰支持は五七％にとどまった。ともかくも、国民投票で過半数が復帰を支持したことで、一九五〇年末、国王は帰国したが、反対派は抗議のストライキを敢行し、暴徒化したスト参加者と憲兵隊の衝突で死傷者が発生。結局、国家の分裂を避けるため、一九五一年七月十六日、国王は退位し、息子のボードゥアンが新国王となった。

　朝鮮戦争が勃発した一九五〇年六月のベルギーは、このように、国王の処遇をめぐって国内の対立が先鋭化していた時期であった。当時の首相、ジョゼフ・フォリアンは東西冷戦下での共産主義の台頭に強い警戒感を抱いており（国王復帰反対運動には、ワロン以外からも、少なからぬ共産主義者がかかわっていた）、戦後復興のための支援を米国から獲得するためにも、国連軍の派遣が決定されると、直ちにベルギー国連部隊（Belgian United Nations Command）の派遣を表明した。

ベルギー国連部隊には二千人以上の志願者が応募し、その中から選抜された七百人がレオポルドスブルグ（フランデレン東部リンブルフ州。ベルギー陸軍第一旅団司令部の所在地）で軍事訓練を受けた後、ベルギー国連部隊のシンボルともなった茶色のベレー帽をかぶり、ルクセンブルグ軍とともに、アントワープから釜山へ向けて出発。一九五一年一月三十一日、釜山に到着した（図5）。

ベルギー国連部隊は英第二九歩兵旅団の指揮下で、一九五一年四月の臨津江の戦闘に参加し、共産側の攻撃に対して国連軍が撤退する際の退路を確保し、米大統領トルーマンから称賛を受けている。また、一九五一年十月九～十三日には、〝鉄のトライアングル〟と呼ばれた激戦地域の一角、鉄原の北方で中国人民志願軍と戦い、中国側に大きな損害を与えた。このほか、戦争末期の一九五三年二月二十六日から四月二十一日まで、鉄のトライアングル内の茶谷の陣地を五十五日間、中国人民志願軍の攻撃から守りぬいた。

休戦協定後も、一九五四年末までは二百名程度の部隊が韓国内に駐留を続けたが、一九五五年六月十五日、朝鮮からは完全に撤退した。

なお、戦争期間中のベルギーからの参戦人数は、累計三千百七十一名で、戦死者は百一名であった。

図5　朝鮮に上陸したベルギー部隊を取り上げた1951年の絵葉書

英国は総兵員数二万二千名という、米軍に次ぐ兵力を朝鮮戦争に派兵した。

朝鮮戦争の開戦以前、英国は朝鮮半島に対してほとんど無関心であったが、戦争が勃発すると「ソ連が扇動してこの紛争を起こしたのでなければ、共謀して起こしたはずだ」との認識に基づき、一九五〇年七月二十四日の国防委員会で朝鮮に一個旅団を派兵することを決定する。その背景には、チェンバレン首相がミュンヘン協定を結び、ヒトラーに対して宥和政策を取ったことが第二次大戦の直接的な原因になったことへの反省があったことは言うまでもない。

3. 英国
Britain
図6

図6　英国を取り上げた参戦感謝切手

当初、英国の派兵計画では最初の部隊の朝鮮上陸は十月頃とされていた。しかし、釜山橋頭堡をめぐる攻防は熾烈を極めており、国連軍側はいまにも釜山から追い落とされそうな雰囲気であったため、米国統合参謀本部議長のブラッドレーは「明日の一個中隊よりも、今すぐ手に入る一個小隊の方に価値がある」と主張。このため、七月二十五日の閣議決定では、香港駐屯の二個大隊を即座に派遣することとなり（図7）、八月二十九日には最初の部隊が現地に到着した。

朝鮮半島での英国軍は、早速、釜山橋頭堡防衛戦に参加した他、一九五〇年九月の仁川上陸作戦後は米軍とともに鴨緑江へ進撃した。また、中国人民志願軍の参戦による撤退期には、米第二師団が北朝鮮の軍隅里から撤退するのを擁護した。

一九五一年四月二十二日から三日間の〝臨津江の戦い〟では、英国軍中心の第二九歩兵旅団が、中国人民志願軍と朝鮮人民軍の南下を阻止している。その際、英国軍のグロスター大隊の七百五十名は退路が遮られたため、生死をかけた戦闘のあげく、五十人あまりの兵士だけが劇的に脱出に成功する。

さらに、休戦二ヵ月前の一九五三年五月二十八日、仁川とソウルを結ぶ交通の要路を見下ろす〝フック丘の戦い〟

（この場合のフックは地名ではなく、英国軍の陣地の形が釣り針に似ていたことから命名された）では、英国軍が中国人民志願軍の最後の猛攻をしのいで陣地を守り抜き、死者百四十二名、負傷者四百四十名の大きな犠牲を出した。ちなみに、この時の戦闘での中国側の死者は六百～九百名とみられている。また、戦争の全期間を通じての英陸軍の戦死者は約八百七十名だった。

なお、フック丘の戦いから間もない六月二日、英本国ではエリザベス女王の戴冠式が行われたが、これに呼応して、英国軍砲兵連隊では女王の即位を祝う大型の横断幕を作成し、京幾道漣川郡三和里の砲兵連隊の幕舎の前に掲げている。この時の横断幕は、その後長らく行方が分からなくなっていたが、二〇一四年に発見され、英国に返還されて話題となった。

図7　朝鮮戦争に参戦した英国軍の野戦局から差し出された郵便物

朝鮮戦争の勃発当時、カナダ国内には、第二次世界大戦の終結からまだ日も浅い中で、遠く離れた極東地域への派兵に対しては疑問視する声も少なからずあったという。

しかし、同時に、カナダ国内にはソ連の支配を逃れて亡命してきたウクライナ人の巨大なコミュニティが存在していることもあって、国民の反ソ・反共感情も強かった。

結局、カナダ政府は朝鮮への派兵を決定し、第二五歩兵旅団に特殊部隊を加え、独立戦闘団としてカナダ陸軍行動軍を編成。一九五〇年十二月、最初の部隊が朝鮮半島に上陸した。その後、本国からの増援もあり、最終的に戦争中に朝鮮の土を踏んだカナダ軍関係者は二万七千人にも及んだ。これは、米英に次ぐ規模である（図9）。

カナダ軍の参加した戦闘としては、一九五二年三月中旬、臨津江南岸で行われた〝三月の夜戦〟が名高い。この時の戦闘では、千百名のカナダ・英国軍は、カナダ軍だけで百名を超える死者を出しながら、四千名の中国人民志願軍の攻撃をしのいだ。

戦争の全期間を通じてカナダ軍の戦死者は五百十六名を数える。この功績に報いるべく、韓国政府は、現在でも、カナダ人に対して旅行者を対象として百八十日間のヴィザなし入国（日本人観光客がヴィザなしで韓国に滞在できるのは九十日間）という優遇措置を講じている。

4. カナダ
Canada
図8

図8 カナダを取り上げた参戦感謝切手

図9 戦争後期の1953年1月、ヴァンクーヴァーから英領香港経由で朝鮮の戦場に送られた郵便物

図10　コロンビアを取り上げた参戦感謝切手

コロンビアは国連からの部隊派遣の求めに応じ、フリゲート艦一隻（アルミランテ・パディラ）と歩兵一個大隊（通称〝コロンビア大隊〟）を派遣した。

朝鮮半島に最初のコロンビア大隊が上陸したのは一九五一年六月のことで、彼らは八月一日に米陸軍第二四歩兵師団の指揮下に配属されたが、翌一九五二年には第三一歩兵連隊の指揮下に移っている。なお、最初のコロンビア大隊は一九五二年七月に後続部隊と交代。その後、一九五二年十一月と休戦直前の一九五三年六月にも部隊の交代が行われており、計四回にわたって累計四千三百十四名の将兵が朝鮮の地を踏んだ。その数は、当時のコロンビア全軍の二割強にも相当するものだった。

コロンビア大隊は、ノマド作戦（一九五一年十月、中部の第九軍団地域で、新たに臨津江北方に突出する〝ミズーリ・ライン〟の確保を目指した作戦）などに参加したほか、一九五三年三月二十三～二十六日にかけて行われた〝オールド・バルディ（米軍が命名した朝鮮半島中西部の丘の名）の戦い〟では三日間で三十八名の戦死者を出す激戦を体験した。

また、戦闘もさることながら、熱帯地域出身の彼らを悩ませたのが朝鮮半島の冬の寒さで、多くの凍傷患者が出ている。ちなみに、戦死者の総数は百四十一名、戦傷者は五百五十六名である。

休戦協定の成立後、コロンビア大隊は一九五四年中に復員を果たし、その後彼らを称えるための記念切手（図11）が発行された。

図11　朝鮮戦争参加のコロンビア兵を称えるコロンビアの切手

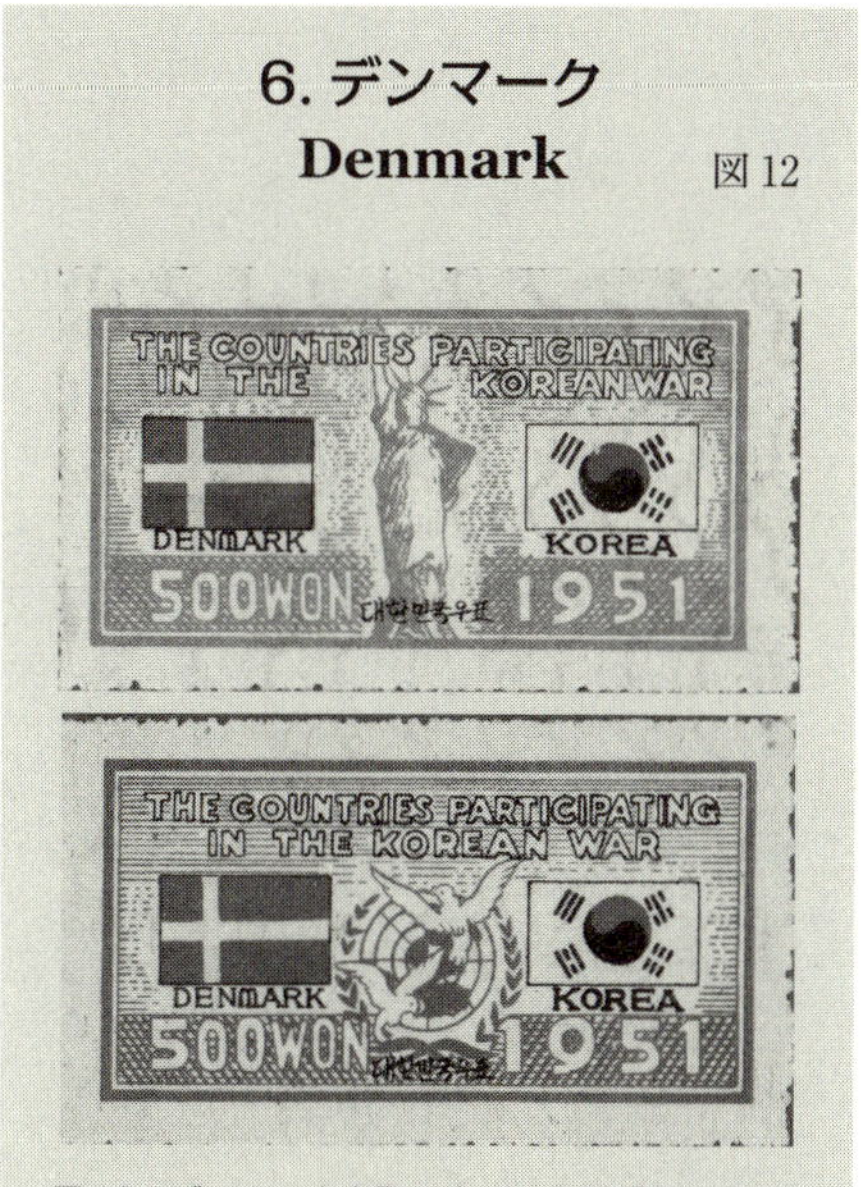

図12　デンマークを取り上げた参戦感謝切手

　十九世紀初頭のナポレオン戦争以来、デンマークは、近隣の列強諸国を刺激せず、中立を維持することを安全保障政策の基本としていた。しかし、第二次大戦中、ナチス・ドイツに国土を蹂躙・占領された経験から、小国として単独で中立を維持することは不可能であると悟り、一九四九年には北大西洋条約機構（ＮＡＴＯ）に加盟した。

　しかし、その後も、外交・安全保障政策の基本としてあくまでも中立を志向していたため、朝鮮戦争に関しては、国連軍の活動を支援するものの、共産側を過度に刺激しないようにとの配慮から、病院船の派遣と医療支援を行うという結論に到達した。

　これを受けて、一九五一年一月二十三日、デンマーク国旗と赤十字旗、国連旗を掲げた病院船〝ユトランディア〟が朝鮮に到着。ユトランディアは四つの手術室と三百六十五床のベッド、Ｘ線設備などを備えており、四千人あまりの志願者から選ばれた四十二人の医療スタッフが乗船し、仁川や釜山などを移動して医療活動を行った。

　なお、一九五一年九月、デンマーク郵政は、ユトランディアがあくまでも非武装の病院船であることを示すため、航行する船の姿を描く切手を発行している（図13）。

図13　病院船“ユトランディア”を取り上げたデンマークの切手

7. エチオピア
Ethiopia

図14

図14　エチオピアを取り上げた参戦感謝切手

エチオピアは一九三六年から一九四一年までイタリアの占領下に置かれていたが、皇帝ハイレ・セラシエはロンドンに亡命し、抵抗運動のシンボルとなった。このため、一九四一年五月五日、英国軍によってエチオピアが解放され、ハイレ・セラシエが凱旋帰国すると、彼は国民の熱狂的な支持を背景に戦前の絶対君主制を復活させた。

絶対君主としてのハイレ・セラシエは、当然のことながら強硬な反共主義者であり、第二次大戦後の東西冷戦構造を利用し、軍事および経済面で、当初は英国に、後に米国に従属することで資本を呼び込むという基本方針の下、西側諸国から多額の借款を集めることに成功する。

このため、朝鮮戦争が勃発すると、近衛兵で組織されたカグネウ大隊（ハイレ・セラシエの父親、ラス・マコンネンの愛馬の名前に由来する）千百名を派遣。彼らは一九五一年五月に朝鮮半島に到着し、米第七歩兵師団第三二歩兵連隊の指揮下で戦った。

カグネウ大隊の装備は旧式のものが主流であったが、その士気は高く、三八度線付近で共産側と激しい接近戦を展開し、米軍が〝ポークチョップ・ヒル〟と名付けた丘の陣地で休戦を迎えた。また、エチオピアでは、牛や山羊、羊の生肉を食べる食習慣があることから、戦場ではあえて生肉を食べるところを共産側に見せつけ、共産側に「エチオピア兵は人肉を食う」と誤解させて威嚇したという。戦争の期間を通じて派遣されたエチオピア兵は六千三十七人で、うち百二十二人が戦死、五百三十六人が負傷している。

変わったエピソードとしては、エチオピアの歌謡曲といわれている音楽ジャンルの〝エチオピア・ファンク〟は、朝鮮戦争に参戦したカグネウ大隊の兵士が横浜に寄港した際、日本の演歌や軍歌を聞き、それを祖国に持ち帰ったのがルーツとされている。実際、この分野を代表する歌手の一人であったティラフン・ガササ（トラフン・ゲセセとも）は、朝鮮戦争の従軍経験があり、「横浜で日本人女性と恋をした」という内容の歌詞の曲もある。

　なお、切手に取り上げられているエチオピア国旗には、中央に帝政を意味する〝ユダヤの獅子〟（ハイレ・セラシエのソロモン朝は自らをソロモン王の末裔と称した）の紋章が入っているが、一九七四年の革命により帝政が廃止されると国旗からこの紋章は削除され、現在の国旗は、五芒星をデザインした国章が入れられている。

8. フランス
France

図15

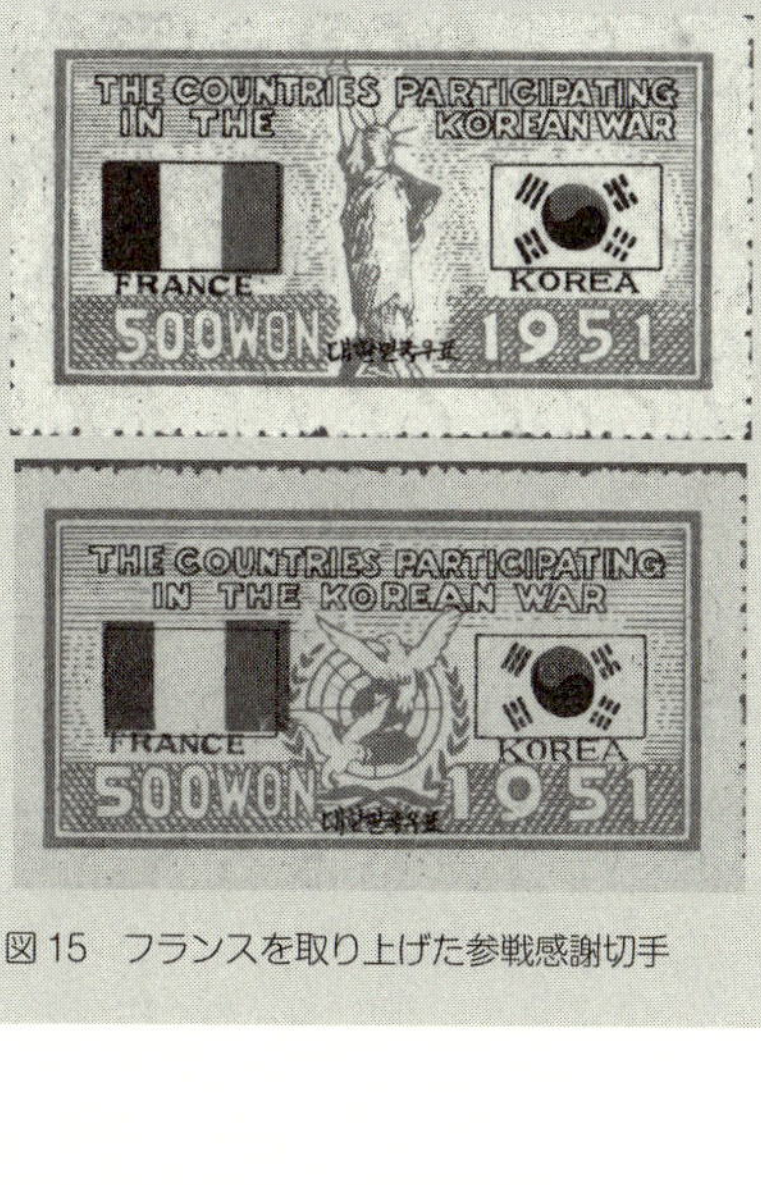

図15　フランスを取り上げた参戦感謝切手

　第二次大戦後のフランスのアジアにおける最大の関心事は、独立を宣言したホーチミンのヴェトミンを制圧し、インドシナ支配を復活させることにあり、朝鮮戦争への関与は消極的なものとならざるを得なかった。

　それでも、国連の要請に応じて、フランス軍は〝フランシス大隊〟千四百名を朝鮮に派遣している。その指揮官は、第二次大戦の英雄で、フランス外人部隊の監察官として〝モンクレール〟と名乗っていた（外人部隊への入隊の際は本名を変更し、外人部隊特有のアノニマと呼ばれる制度によって偽名にすることが要求される）ラウル・マグラン・ヴェルヌレーだったが、彼は大隊の指揮官となるため、自らの階級を陸軍中将から中佐に下げて参戦するほどの気合を見せた。

フランシス大隊は、一九五〇年十一月二十九日、釜山に到着し、米第二歩兵師団第二三連隊の指揮下に入った。

一九五一年一月七～十二日には、中国人民志願軍の参戦を得て攻勢に転じた朝鮮人民軍の進撃を江原道南部の原州で食い止め、二月には京畿道楊坪の砥平里（当時、フランス軍の司令部が置かれていた砥平醸造場には、現在、記念碑が建てられている）で中国人民志願軍第三九軍配下の三個師団の集中攻撃を四日間にわたって防ぎきり、国連軍再反撃の土台を固めた。

また、一九五一年十月の〝ハート・ブレイク・リッジの戦い〟では、一ヵ月にも及ぶ激戦の結果、フランス軍は六十名の戦死者と二百名の戦傷者を出している。

なお、朝鮮戦争に参加したフランス軍将兵の総数は累計三千四百二十一名で、戦争の全期間を通じての死者は二百六十一名だった。

9. ギリシャ
Greece

図16

図16　ギリシャを取り上げた参戦感謝切手

国連の要請を受けたギリシャは、第二次大戦と戦後のギリシャ内戦（一九四六～四九年に、米英の支援を受けた右派勢力と、ドイツ占領下の最大のレジスタンス組織でギリシャ共産党の指導下にあった共産ゲリラのＥＬＡＳの間の内戦）に参加したヴェテランを中心に、空軍および陸軍の兵力を朝鮮に派遣した。

このうち、空軍からは、輸送機のダグラスC-47sを七機と六十七名の将兵が一九五〇年十一月十一日にエレフシナ空軍基地を出発し、十二月三日、韓国に上陸した。ギリシャ空軍は直ちに米空軍と合流し、一九五一年五月十四日以降、ソウル近郊の金浦空港を拠点に、一九五五年五月二十三日まで二千九百十六回、計一万三千七百七十七時間の輸送業務に従事し、韓国・国連側の七万五百六十八名（うち負傷者九千二百四十三名）と大量の物資を運搬した。

一方、陸軍に関しては、当初、旅団規模の兵力の派遣が計画されていたが、一九五〇年秋に国連軍が三八度線を越えて中朝国境まで到達したことを受けて、大隊規模の派遣に規模が縮小され、当初は、ギリシャ陸軍の第一、第八、第九歩兵師団からの志願者八百四十九名で構成されることになった。なお、国連軍に参加したギリシャ軍は〝スパルタ大隊〟と呼ばれた（図17）。

スパルタ大隊は一九五〇年十一月十五日にピレウス港を出航し、十二月九日に釜山に上陸。十六日に水原に移動し、米第七騎兵連隊の指揮下に入り、三八度線近くの陣地争奪戦で中国人民志願軍と戦った。中国人民志願軍との戦闘では損耗も激しかったため、一九五一年八月二十三日には兵力は千六十三名に倍増され、休戦までその規模が維持された。具体的な戦闘としては、一九五一年十月三〜十日、二十八名の戦死者を出しながら丘の占領に成功した〝スコッチ・ヒル（三一三高地）の戦い〟等が知られる。

休戦後も停戦監視のために朝鮮駐留を続けたため、兵力は一九五五年四月の時点で二千百六十三名にまで拡大した。しかし、一九五五年九月、トルコ最大の都市イスタンブルで大規模な暴動が発生し、ギリシャ系住民が多数殺害されると、ギリシャ政府は事態に対処するため、同年十二月までに、百九十一名の連絡要員を残してスパルタ大隊を引き揚げさせた。その後、朝鮮駐留のギリシャ軍は縮小を重ね、一九五八年五月、最後まで残っていた十名が帰国した。

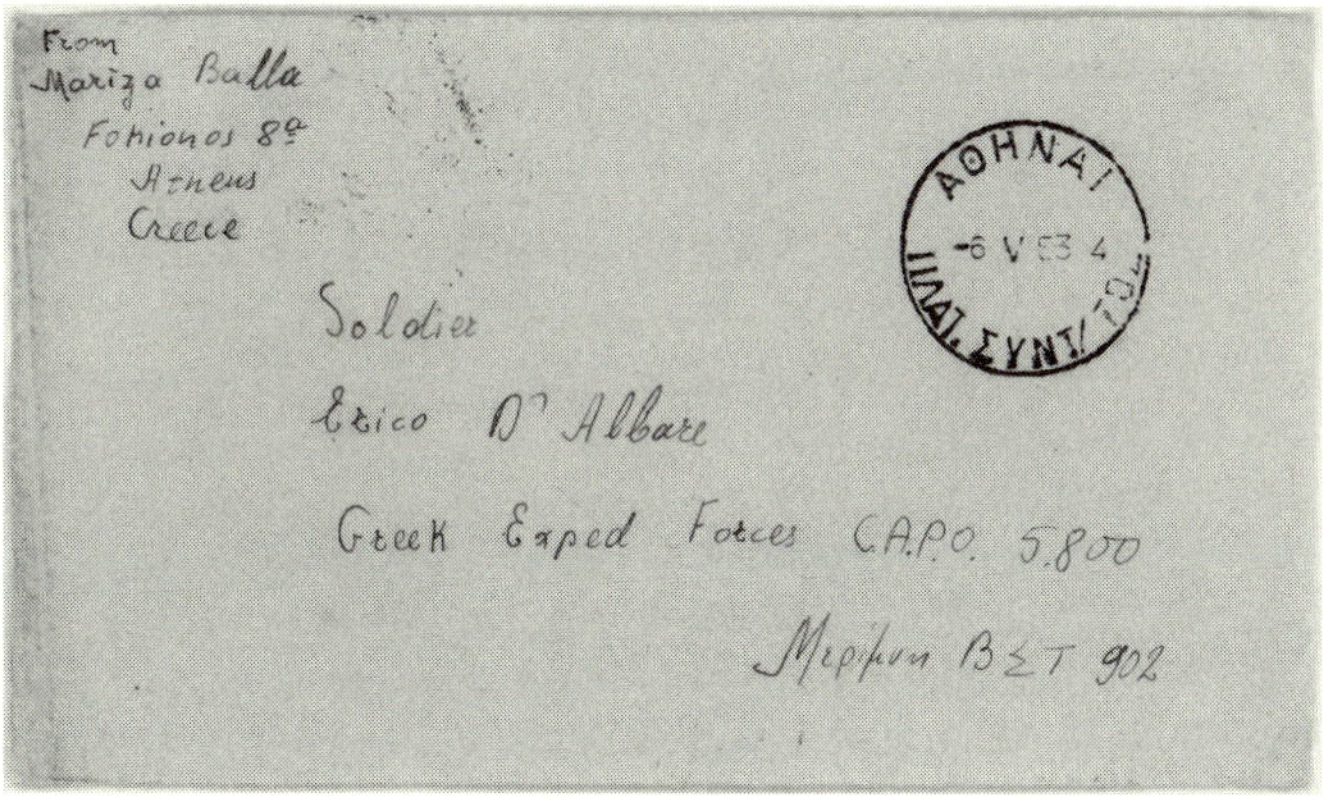

図17　1953年5月、アテネから朝鮮戦争参加のギリシャ兵宛に差し出された郵便物

10. インド
India

図18

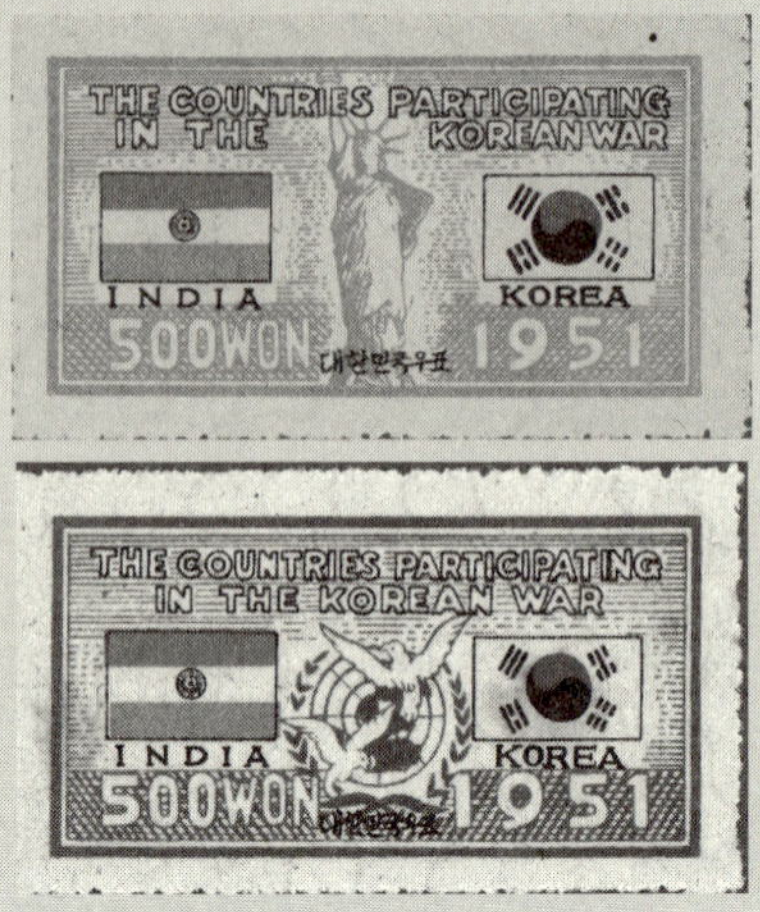

図18　インドを取り上げた参戦感謝切手

一九四七年に独立したインドでは、ネルー政権が、経済的不平等の是正を主とした〝社会主義〟を公約に掲げ、〝（ソ連寄りの）非同盟・中立〟を外交の基本に据えていた。このため、国連の求めに応じて、戦闘部隊ではなく、医療支援のための第六〇インド降下兵救難中隊を一九五〇年十一月に派遣した。

一九五二年五月七日、板門店で行われていた休戦交渉で、国連側が北朝鮮兵十万と中国兵二万の送還を本人の自由意志に任せるよう主張したのに対して、共産側が捕虜全員の無条件送還を求めて交渉が暗礁に乗り上げると、翌八日、韓国・慶尚南道の巨済島に置かれていた捕虜収容所で、捕虜が大規模な暴動を起こし、収容所長のドッド准将が拘束された。米軍は十日に巨済島に戦車を上陸させ、翌十一日、ドッド所長を解放した。

その後、二十二日には、新たに国連軍総司令官となったマーク・ウェイン・クラーク（五月十二日にNATO軍総司令官のアイゼンハワーが大統領選挙への立候補のため辞職したため、リッジウェイがその後任に転じ、クラークが新司令官となった）は、巨済島捕虜収容所の管理を英連邦軍に委ねたが、その際、管理の実務を担うことになったのが〝中立国〟のインド軍で、インド軍の管理下では収容所の運営は平静を取り戻した。

休戦後の捕虜交換に際しては、まず、一九五三年八月五日から九月六日の間に七万五千八百一名が国連側から共産側に、一万二千七百七十三名が共産側から国連側に引き渡されたが、九月二十三日以降は、巨済島での実績も踏まえて、国連軍から二万二千六百四名が、共産側から三百五十九名が、それぞれインド軍に引き渡された。

これは、捕虜たちの中には、帰国を拒む者や帰国すべきか否かを迷う者が少なからずいたため、そうした者たちに、中立国の監視の下で、国連側・共産側双方から十分な説明をさせ、本人の自由意思で帰国すべきか否かを決めさせようとしたためである。

　こうした状況を反映して、韓国駐留のインド軍の通信需要も高まったため、一九五三年十月十七日、インド本国の切手に〝在韓インド管理部隊〟を意味するヒンディー語の文字を加刷した切手が発行され、一九五四年五月に彼らが撤退するまで、インド軍の野戦郵便局から差し出される郵便物に使用された。

　なお、インド軍の野戦郵便局は、インド軍の関係者のみならず、停戦監視団の関係者なども利用できたため、図19に示すように、韓国国内からインドの切手を貼ってスイス宛に差し出された事例も少なからず残されている。

図19　在韓インド管理部隊の加刷切手を貼ってスイス宛に差し出された郵便物

11. イタリア
Italy

図 20

図 20　イタリア王国の国旗が取り上げられた参戦感謝切手

第二次大戦中の一九四三年七月、イタリアではムッソリーニが失脚し、後継のバドリオ政権は同年九月、連合国に無条件降伏し、翌十月、ドイツに対して宣戦を布告した。これに対して、同年九月、ドイツは逮捕・幽閉されていたムッソリーニを救出し、北イタリアにムッソリーニを首班とするイタリア社会共和国を樹立した。この結果、イタリアはドイツの傀儡政権である共和国と、米英の支援する王国の内戦に突入。しかし、連合軍の北上や反独パルチザンの活動により、次第に共和国は追い詰められ、一九四五年四月二十五日に崩壊。同二十七日にはムッソリーニも市民のリンチによって処刑された。

一方、イタリア王国は、第二次大戦の終戦時には〝連合国の一員〟としての立場を確保したものの、国王ヴィットーリオ・エマヌエーレ三世は、一九二二年から一九四三年までムッソリーニに政権を担当させたことから、その責任を追及され、一九四六年五月九日、退位に追い込まれた。さらに、その後を継いで即位した息子のウンベルト二世も、同年六月二日に行われた国民投票で王制廃止・共和制移行が決定したため、即位後わずか五週間後の六月十四日に亡命を余儀なくされた。

こうして発足した現行のイタリア共和国は、一九四九年にＮＡＴＯに加盟するとともに米国の同盟国となり、マーシャル・プランを受け入れての経済復興が進むことになる。ただし、国連への加盟は一九五五年まで認められなかった。

一九五〇年に朝鮮戦争が勃発した時点では、イタリアは国連に加盟していなかったが、西側陣営の一員であることを明確に示すため、医師・看護師を派遣してイタリア赤十字社第六八野戦病院を開設し、国連側・共産側を問わず、軍民の別なくあらゆる負傷者に対する医療支援を行った。なお、イタリアの野戦病院は一九五一年十一月に開設され、一九五五年一月まで活動している。

ちなみに、韓国逓信部は、イタリアの医療スタッフが到着する直前の一九五一年十月二十五日、イタリアを題材とする参戦感謝切手を発行したが、そこに取り上げられた〝国旗〟は、サヴォイア家（旧イタリア王室）の紋章と王冠を中央に描くサルディーニャ王国の旗になっていた（図20）。

このため、翌一九五二年二月十日、逓信部は王冠を取り除いたデザインの切手を改めて発行したが、この切手の〝国旗〟にもサヴォイア家の紋章が残っており、現行のイタリア共和国旗（中央には紋章がない）とは異なっている。

12. ルクセンブルク
Luxemburg

図21

図21　ルクセンブルクを取り上げた参戦感謝切手

朝鮮戦争が勃発すると、ルクセンブルク軍は、ベルギー国連部隊の一部として、軽編成歩兵師団の一個中隊四十八名を派兵した。彼らの活動は、基本的にはベルギー軍と一体であり（このため、戦史では〝ベルギー／ルクセンブルク軍〟と併記されることも多い）、戦争の全期間を通じてのルクセンブルク軍の死者は二名、戦傷者は十七名であった。

第二次大戦でドイツ軍による占領を体験して国内経済が疲弊していた上に、戦後の一九四五年からは〝オランダ領東インド〟を維持するため、独立を宣言したスカルノらインドネシア共和国軍との戦いを続けていたオランダにとって、朝鮮戦争への派兵は大きな負担であったが、一九五〇年七月十六日、まずオランダ海軍の駆逐艦が朝鮮半島に派遣された。次いで、十月十五日、オランダ陸軍は国連からの要請を受けて特派部隊を組織し、一万六千二百二十五名の志願者の中から三千四百十八名を選抜して朝鮮の戦線に派遣した。朝鮮でのオランダ軍は、オウデン少佐の指揮下、

13. オランダ
Netherland

図 22

図 22　オランダを取り上げた参戦感謝切手

図 23　国連軍に参加したオランダ軍の兵士が本国宛に差し出した郵便物。米軍の野戦局を経由して配達された

米陸軍第二歩兵師団第三八歩兵連隊とともに、江原道横城郡、麟蹄郡、大愚山、平康郡の高地戦闘などで勇敢に戦った。

図23は、一九五一年三月九日、朝鮮に派遣されたオランダ軍の兵士が本国宛に差し出した郵便物で、リターンアドレスには〝ＵＮＩＴＥＤ　ＮＡＴＩＯＮＳ〟の文字が見える。差出地は防諜上の理由から具体的な地名は書かれていないが、アムステルダム・スキポール郵便局長気付・第五一〇〇オランダ野戦局（ＮＡＰＯ５１００）となっている。また、オランダ軍が米軍と共に行動していたことから米軍の野戦局を通じて逓送されており、そのため、エアメールの料金は米国切手での支払いとなっている。

さて、一九五二年一月、オランダ軍の指揮官であったオウデン少佐が中国人民志願軍との戦闘で戦死すると、オランダ政府は兵力を増強。最終的に、五千三百二十二名が朝鮮半島に派遣され、一九五四年九月にオランダ軍が朝鮮から撤退するまでの間に、百二十名が戦死、六百四十五名が負傷している。

14. ニュージーランド
New Zealand

図22

図24　ニュージーランドを取り上げた参戦感謝切手

開戦四日後の一九五〇年六月二十九日、ニュージーランド政府はトゥティラおよびプカキの二隻のフリゲート艦を朝鮮海域に派遣することを決定。これら二隻は七月三日にオークランドのデヴォンポート海軍基地を出発し、八月二日、日本の佐世保港で他の英連邦諸国の艦船と合流し、九月の仁川上陸作戦にも参加した。その後も、戦争の全期間を通じて、ニュージーランド海軍は、常時、最低二隻のフリゲート艦を朝鮮海域に派遣している。

一方、地上軍に関しては、一九五〇年七月二十六日、ニュージーランド政府は志願兵からなる戦闘部隊の派遣を決定して千四十四名を選抜。彼らは、翌一九五一年一月二十一日に釜山に上陸し、英連邦第二七歩兵旅団に組み込まれて、漢江を遡上してきたニュージーランド海軍の兵力と連携して、同年四月二十二〜二十五日の〝加平（京畿道）の戦い〟や十月三〜八日の〝（第一次）馬良山の戦い〟などで共産側を三八度線以北に押し戻すうえで重要な役割を果たした（図25）。

休戦協定後もニュージーランド軍は朝鮮への駐留を続けたが、一九五五年までには大半の兵力が帰国し、一九五七年には連絡将校一名を残して、完全に撤退した。朝鮮戦争におけるニュージーランド軍の参戦人数は累計五千名を超え、三十三名が戦死、七十九名が負傷している。

朝鮮戦争を通じて、ニュージーランドはアジア太平洋地域での共産主義の拡大を阻止するための軍事同盟の必要性を痛感するようになり、戦争中の一九五一年九月、米国、オーストラリアとの三国による太平洋安全保障条約（加盟国の頭文字を取って〝ANZUS：アンザス〟と呼ばれる）が調印されることになった。ただし、ニュージーランドと米国がこの条約を反共同盟ととらえていたのに対して、オーストラリアは仮想敵国である日本の脅威から自国を防衛する手段として条約に期待を寄せており、加盟国間にも温度差があった。

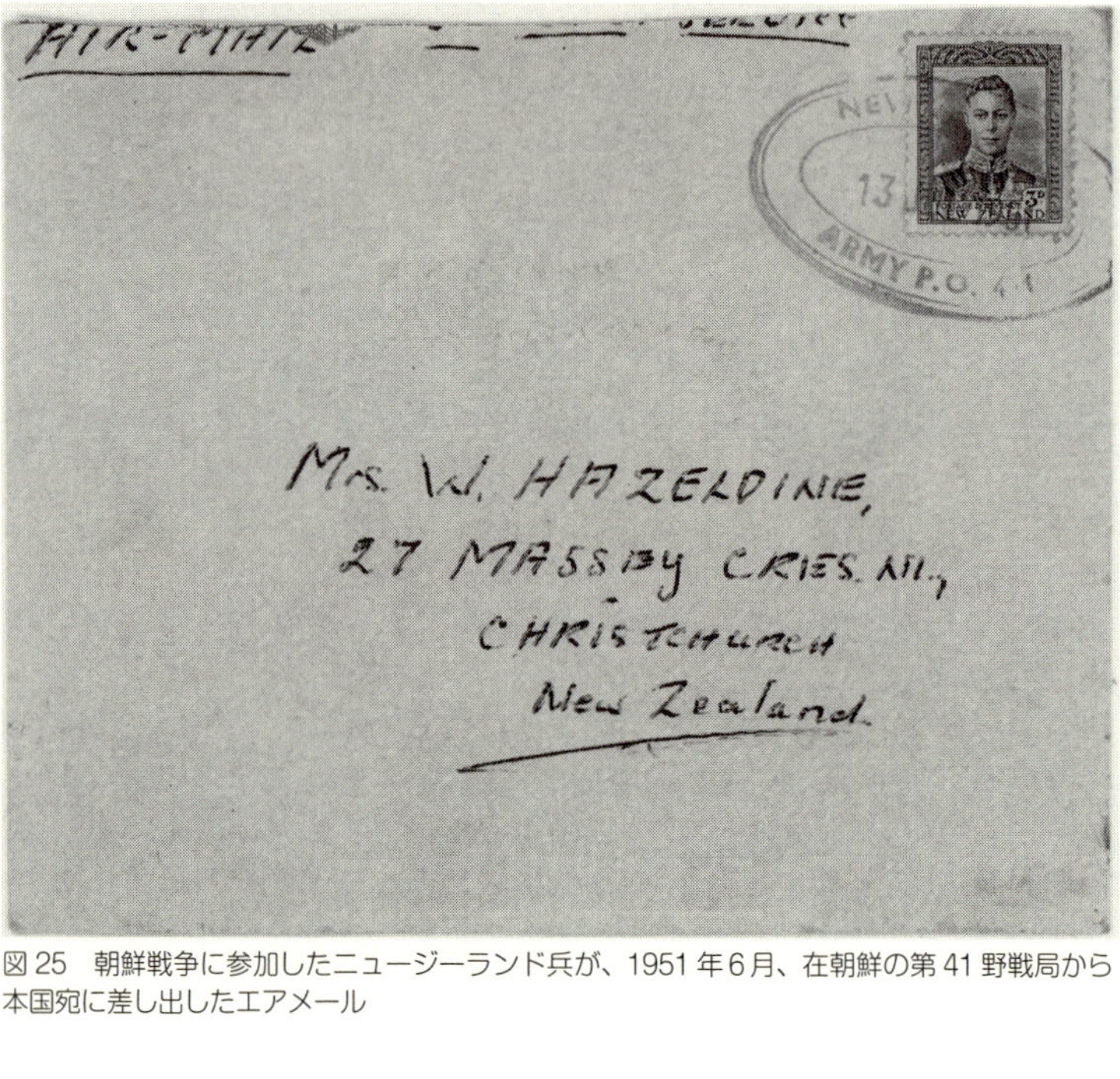

図 25　朝鮮戦争に参加したニュージーランド兵が、1951 年 6 月、在朝鮮の第 41 野戦局から本国宛に差し出したエアメール

15. ノルウェー

Norway

図26

図26　ノルウェーを取り上げた参戦感謝切手

　国連事務総長トゥリグヴ・リーの出身国であるノルウェーは、一九五〇年十二月二十九日、同国赤十字社が国連から朝鮮における医療支援の依頼を受け、一九五一年初頭、米国の移動式陸軍外科病院（MASH：Mobile Army Surgical Hospital）に倣って、六十床のベッドと八十三名のスタッフからなる野戦病院（NORMASH：Norwegian Mobile Army Surgical Hospital。以下、ノルマッシュ）のプランを作成した。このプランは、同年三月二日のノルウェー議会で承認され、五月十六日、ノルマッシュスタッフの第一陣が北海に面したスタヴァンゲルを出発し、ミュンヘン、ニース、ナポリ、ベイルート、カイロ、カラチ、カルカッタ、バンコク、香港というルートをたどって東京に到着。東京からは軍用機でソウル入りした。

　ノルマッシュの病院は、当初、ソウル北方の議政府に開設されたが、後に、より三八度線に近い東豆川に移転し、さらに、最終的にはその北郊に移転している。

　ノルマッシュのスタッフは一九五一年秋には百五名に増員され、一九五三年の休戦協定成立により新規の患者受け入れを停止するまでの間に二十四時間体制で九万人の患者に対応した。患者の出身は、米国が三六％、韓国が三二％、英連邦諸国が二七％で、共産側の捕虜も百七十二名いた。

　休戦後のノルマッシュは韓国の民間人の治療を行い、一九五四年十月十七日に本国から帰国命令を受けると、最後の患者が退院するのを待って、同年十一月十日米軍から貸与されていたすべての機材を返却して帰国した。

16. フィリピン
Philippines

図27

図27　フィリピンを取り上げた参戦感謝切手

第二次大戦後の一九四六年七月四日、フィリピンは米国から正式に独立したが、その後も一九四七年に米国との間で締結された軍事基地協定によって反共の前線基地と位置付けられ、米国に対する軍事的な従属が続いた。

こうした状況の下で朝鮮戦争が勃発すると、一九五〇年八月、フィリピン政府は米国の意を汲んで国連軍への参加を表明し、一九五〇年九月十九日、韓国遠征フィリピン軍（PEFTOK：Philippine Expeditionary Force to Korea）最初の部隊が釜山に上陸した。

PEFTOKは一九五〇年十月以降、米第二五歩兵師団と共に、仁川上陸作戦以降も韓国南部に残っていた朝鮮人民軍ゲリラの掃討戦に参加した。

当時、フィリピン本国では、米軍の支援を受けたフィリピン政府とフィリピン共産党を核とするフクバラハップ団の戦闘が展開されており、一九五〇年十月にはフィリピン共産党が壊滅し、翌一九五一年にはフクバラハップ団も実質的に壊滅するなど、共産ゲリラの討伐が成果を挙げつつあった時期だけに、韓国での掃討戦に携わったPEFTOKの士気も高く、激しい戦闘が展開された。

このほか、PEFTOKは、一九五一年四月には、漣川北方の臨津江の攻防戦や一九五二年三～六月の鉄原近郊の〝イアリー・ヒルの戦い〟などでも活躍している。特に、後者の戦闘では、米ウェストポイントの士官学校を一九五〇年に卒業して帰国したばかりのフィデル・ラモス少尉（一九九二～九八年のフィリピン大統領）が小隊を率いて中国人民志願軍を撃退し、国民的な英雄となった戦いとして、フィリピン人の記憶に深く刻み込まれている。

PEFTOKは一九五五年まで朝鮮半島で活動し、この間、七千五百名が朝鮮の地を踏み、百十二名が戦死した。

スウェーデンは、一九五〇年七月十四日、国連の要請を受けて、二百床のベッドを有する野戦病院を韓国内に設置することを決定した。なお、国王グスタフ五世は同年十月二十日に九十二歳の長寿で崩御するが、その直前、朝鮮に派遣する医療チームの費用はスウェーデンが負担する意向を表明している。

スウェーデンの医療チームは一九五〇年九月二十三日に韓国に到着した。当初の計画では、スウェーデン政府は移動式の野戦病院の設置を考えていたが、後に、四百床のベッドを有し、一ヵ所に定着した後送病院の設置へと方針を転換した。病院は釜山商業高等学校の校舎に置かれ、後にベッド数六百床に規模を拡大し、戦争の期間を通じて延べ千百二十四名のスウェーデン人スタッフが医療活動を行った。この間、治療を受けた国連軍関係者は一万九千百名、韓国軍関係者は二千四百名にも及ぶ。

一九五三年の休戦後、スウェーデンの病院は民間人を対象に無償医療を提供したが、一九五七年四月の病院閉鎖後も、スウェーデン人スタッフの一部は韓国に残り、一九五八年まで韓国人医師・看護師を指導した。

また、スウェーデンは歴史的に〝中立国〟としてのイメージが確立していたことから、スイス・ポーランド・チェコスロヴァキアとともに中立国停戦監視委員会のメンバーとなった。

17. スウェーデン
Sweden　図 28

図 28　スウェーデンを取り上げた参戦感謝切手

18. タイ
Thailand

図29

図29　タイを取り上げた参戦感謝切手

〝大東亜戦争〟中（第二次大戦のタイ語での正式名称を直訳すると、この呼称になる）、日本と同盟を結び、米英に対して宣戦布告したことのあるタイは、巧みな外交政策により〝敗戦国〟としての指定を事実上免れ、早くも一九四六年十二月には国連への加盟を実現していた。このため、国連の要請を受けて、タイは朝鮮への派兵を決定し、一九五〇年九月、陸軍の第二一歩兵連隊の第一大隊がまず朝鮮に到着する。

　タイの第二一歩兵連隊は、仁川上陸作戦と前後して朝鮮に到着したが、小規模の兵力しかなかったため、朝鮮人民軍を追撃して韓国軍と国連軍主力が三八度線を越えて中朝国境の鴨緑江まで進軍を続ける間、主として三八度線以南の地域で北朝鮮側の残地ゲリラの掃討戦に従事していた。

　次いで派遣されたタイ第二一歩兵連隊は、中国人民志願軍が参戦し、韓国・国連軍が三八度線付近まで押し戻されて戦況が膠着状態に陥るなかで、一九五一年七月三十一日から九月九日にかけて、北緯三八度線に近い漣川地区での防衛線に参加している。

　漣川は現在の韓国の行政区域でいうと、京畿道北部の郡で、郡の西部から北西部にかけて軍事境界線が通っている。一九四五年八月十五日には旧漣川郡の大半はソ連軍に占領されたが、百鶴面の一部、積城面の一部、南面、全谷面の一部は米軍の占領下におかれたという経緯がある。京元線の韓国側最北端の鉄道駅、新炭里駅の所在地でもあり、まさに、韓国と北朝鮮の最前線の地域である。

　一九五一年七月三十一日、タイ第二一歩兵連隊は、米第一騎兵師団とともに最前線に配置され、偵察任務を行った。そして、パトロール中の八月十八日、中国人民志願軍の二個中隊を発見して奇襲攻撃。敵に打撃を与えたのち、九月七日、帰還した。さらに、同年十二月には、タイ第二一歩兵連隊は三八度線を越えてすぐの港湾都市、海州付近で中国人民志願軍と戦っている。

また、タイは陸軍四千名に加え、海軍のコルベット艦二隻も朝鮮に派遣した。ただしタイのコルベット艦は、主として米航空母艦の対潜水艦哨戒任務を担当したものの、北朝鮮・中国ともに潜水艦を使用しなかったため、タイ海軍が実戦に投入される機会はなかったという。

19. トルコ
Turkey

図30

図30　トルコを取り上げた参戦感謝切手

一九五〇年六月二十五日に朝鮮戦争が勃発すると、早くも四日後の二十九日、反ソ・反共感情が極めて強かったトルコ政府は韓国を支援し、国連加盟国としての責任を果たす用意があることを表明。七月二十五日には五千名規模の一個旅団の派遣を決定した。

一九五〇年十月十二日、先にイスケンデルン港を出発していた第二四一歩兵連隊の先遣隊が釜山に到着。次いで、同月十七日に本隊が到着し、大邱で米軍から装備の支給と軍事訓練を受け、一九五〇年十一～十二月の軍隅里の戦いに参加した。

軍隅里は、安州（北朝鮮・平安南道西北端の炭鉱都市）の東北方二二キロの地点にあり、一九五〇年十月三十日、三八度線を越えて北進した米第八軍第二軍団が本部を設営していた場所である。

ところが、翌三十一日から、中国人民志願軍第三八軍が軍隅里への攻撃を開始し、韓国第二軍は崩壊する。さらに、十一月二十六日、軍隅里＝順川間の道路に中国人民志願軍が侵入したことで、米第九軍団は側面攻撃の危機にさらされた。このため、軍隅里に駐屯していたトルコ旅団は徳川（平安南道）の奪回に向かい、翌二十七日は中国人民志願軍の激しい攻撃を受けながらも徳川の西にとどまった。

これに対して、十一月二十九日、林彪ひきいる中国人民志願軍第三八軍が軍隅里のトルコ旅団を攻撃。軍隅里以東の韓国・国連軍は壊滅的な打撃を受け、順川まで後退したが、トルコ旅団は取り残された。しかし、トルコ旅団は四方の敵に大損害を与えて脱出に成功。さらに、順川も守り抜き、国連軍を全滅から救った。

このほかにも、トルコ軍は数々の激戦に参加したが、装備が旧式で車両の保有数が少なかったこともあって、一九五三年七月の休戦までの間に、米軍に次ぐ七百二十一名の戦死と二千百四十七名の負傷という大きな犠牲を払っており、米国は彼らに〝名誉勲章〟を、韓国は〝連合勲章〟を贈って、その功を称えている。

ちなみに、国連軍参加各国のうち、ムスリム（イスラム教徒）が多数を占めていたのはトルコ軍のみであったが、米軍から国連軍参加各国の兵士に支給されるレーション（野戦食のパッケージ）の中には宗教上の理由からトルコ軍の将兵が口にできない豚肉なども少なからずあった。このため、戦争の兵站基地となった日本で調理師が雇用され、トルコ軍専用のレーションが作られている。

図31　朝鮮でのトルコ兵の活動を紹介した1952年のトルコ切手。図版は、切手の発行日に、トルコ軍が朝鮮を統一して辮髪の中国軍を放逐するイラストが印刷された封筒に、切手を貼って記念に消印を押したもの

朝鮮戦争中の一九五二年九月二十五日、トルコ郵政は朝鮮でのトルコ兵の活動をアピールするための切手四種（図31）を発行した。このうちの三十クルシュ切手は、朝鮮の子供を肩に載せて本を読み聞かせているトルコ兵の姿が取り上げられており、印象的なデザインとなっている。

20. 南アフリカ連邦
Union of South Africa

図32

図32　南アフリカ連邦を取り上げた参戦感謝切手

現在の南アフリカ共和国（Republic of South Africa）は、一九六一年、英国によるアパルトヘイト政策への非難に抗議して、英連邦を離脱して共和制を採用したことで発足したが、それ以前は、英連邦加盟国として〝南アフリカ連邦（Union of South Africa）〟を国号としていた。参戦感謝切手の発行は南アフリカ連邦時代のことで、切手に描かれている当時の国旗も現在のものとは異なっている。

　さて、南アフリカ政府は、一九五〇年七月二十日、朝鮮半島があまりにも遠いことを理由に地上軍部隊の直接派遣は現実的ではないとして、空軍を派遣することを決定。これを受けて、同年九月二十六日、第二飛行中隊の二百七名（千四百二十六名の中から選抜された）がダーバン港を出港した。彼らの多くは、第二次大戦の従軍経験を持つヴェテランである。

　第二飛行中隊は、一九五〇年九月二十五日、日本の入間基地に入り、米軍から供与されたF－51Dムスタングの操縦訓練を受けた後、同年十一月十六日、米軍機とともに釜山橋頭堡の域内にあった釜山東（K－9）空軍基地へと飛び立った。

　その後、第二飛行中隊は烏山（京畿道中部、ソウルの南五六キロに位置する都市）を主たる拠点に共産軍への空爆を行ったほか、空軍機を派遣しなかった英陸軍の支援などを行った。一九五三年七月の休戦後は、同年十月に帰国している。

おわりに

二〇一二年夏、拙著『韓国現代史：切手でたどる60年』（福村出版　二〇〇八年刊）が韓国出版社のハヌル・アカデミーより『우표로 그려낸 한국현대사（切手で描き出した韓国現代史）』として翻訳・出版された。

筆者は、常々、切手や郵便物から読み取れる国家や社会の状況を虚心坦懐に読み解いていこうと心がけており、その結果として、『韓国現代史』には韓国に対して批判的な内容が少なからず含まれている。日本のメディアなどで報じられているように、韓国社会が極端に閉鎖的な言語空間であるのなら、同書の翻訳・出版は難しいと考えていた。

実際、翻訳の出版後、ソウルでハヌル・アカデミーのリム・ジョンス部長とお会いした際、同社の若手スタッフの中には「日本人の歴史観で韓国を批判するような本を担当するのは嫌だ」という声もあったという話を聞いた。これに対して、リム部長は「この本については、明らかに事実と異なる記述や、わが国を誹謗中傷するような内容でないのなら、忠実に翻訳しないとだめだ。韓国人と同じ考えで書かれた韓国現代史なら、わざわざ日本人の書いた本を翻訳して出版する意味は全くない。そうではなくて、日本人の目に韓国現代史がどのように見えてきたのか（見えているのか）、そのことを多くの（韓国人）読者に知ってもらうことが大事なのだ」といって、彼らを説得したのだという。

この話を聞いて大いに勇気づけられた筆者は、それからというもの、いずれ、『韓国現代史』の記述をベースに、その内容を大幅に充実させた朝鮮戦争史の本を作りたいと真剣に考えるようになった。

そこで、手始めに、二〇一二年十一月に東京で開催された全国切手展〈ＪＡＰＥＸ２０１２〉に朝鮮戦争を題材とした作品を出品し（注）、国際切手展への出品資格を得たうえで、翌二〇一三年八月にタイ・バンコクで開催された国際切手展〈Thailand 2013〉に〝Korea and the Cold War 1945-1953〟を出品した。

この展示を元に、旧知の編集者に企画書を送るなどして書籍としての刊行の機会をうかがっていたところ、二〇〇七年以来、彩流社で切手紀行シリーズを担当してくれていた塚田敬幸氏から、二〇一四年六月に彩流社から独立して、新たに「えにし書房」を創業するので、今後も協力してほしいとのお話があった。

そこで、冗談交じりに「独立のお祝いに、朝鮮戦争の本を作りましょうか」と話したところ、思いがけず塚田氏の快諾を得て話が順調に進み、今回、同社の刊行第一弾の一点として本書が世に出ることになったという次第である。

韓国が中国と急速に接近していく一方で、朝鮮戦争以来、〝血の盟約〟の関係にあった北朝鮮と中国の関係がかつてないほど冷却化しているという現状は、間違いなく、後世の視座から朝鮮半島現代史の転換点と位置づけられることになるだろう。そうであればこそ、このタイミングで、あらためて、朝鮮半島現代史の原点を振り返り、韓国・北朝鮮の両国が誕生するに至った経緯を押さえておくことは意義のあることではないかと思われる。

また、わが国の集団的自衛権の行使に関して、日本政府が従来の憲法解釈を変更したことで大きな議論を呼んでいるが、政府による解釈変更への賛否は別として、〝集団的自衛権〟が実際に行使された具体的な先例として、朝鮮戦争に対して国際社会がどう向き合ったかを押さえておくことは、きわめて現在的な重要性を持っている。

六十年以上前の〝歴史〟を題材とした本書が、結果的に、読者のそうしたアクチュアルな関心に応えるものとなっていたとしたら、著者としてこれに勝る喜びはない。

なお、本書の制作に際しては、上記の塚田氏のほか、図版面では飯塚悟朗氏の御助力をいただいたほか、編集実務とカバーデザインに関しては、板垣由佳氏にお世話になった。末筆ながら、謝意を表して擱筆する。

二〇一四年七月十七日 六十六周年の韓国・制憲節に

著者しるす

注 切手・郵便（史）研究の分野では、研究成果の発表形式として「展示」が重要視される。すなわち、おおむねＡ４版の台紙に資料の実物を貼り込み、その周囲に研究成果などを書き込んだもの（リーフ）を一定数集めて構成・展示するという形式である。この「展示」による発表が全国規模の展覧会で行われる場合、それぞれの展示は総務省ないしは同省所管の財団法人等によって認定された専門の審査員による審査の結果、出品者の獲得した点数に応じて、金（90点以上）、金銀（80点以上）、銀（70点以上）などの各賞によって業績としての格付けがなされる。国内で金銀賞を獲得した「展示」は、国際郵趣連合（FIP:Federation Internationale de Philatelie）の主催する国際展覧会において発表する資格が与えられる。こうして国際展覧会での発表資格を得た「展示」は、各々の国際展覧会の事務局（主として切手・郵便（史）研究の専門家で構成される）に「展示」の要旨・概要を提出し、事前の書類審査を経た上で発表が認められ、国内展同様、国際基準に則り専門の審査員（国際切手展への出品で大金銀賞＝85点以上を受賞した後、専門の試験に合格した者）によって審査を受け、業績としての格付けを得ることになっている。

主要参考文献（紙幅の関係上、原則として日本語の単行本のみを挙げた）

饗庭孝典・NHK 取材班『朝鮮戦争』日本放送協会　1990
天野安治・内藤陽介（構成）『切手と郵便に見る 1945 年』日本郵趣協会　2006
李庭植（小此木政夫・古田博司訳）『戦後日韓関係史』中央公論社　1989
李泰・安宇植　『南部軍―知られざる朝鮮戦争』平凡社　1991
李昊宰（長澤裕子訳）『韓国外交政策の理想と現実：李承晩外交と米国の対韓政策に対する反省』法政大学出版局
伊藤亜人・大村益夫・梶村秀樹・武田幸男（監修）『朝鮮を知る事典』（増補版）平凡社　2001
伊藤亜人（監訳）・川上新二（編訳）『韓国文化シンボル事典』平凡社　2006
大蔵省印刷局『大蔵省印刷局百年史』大蔵省印刷局　1971-74
小此木政夫『朝鮮戦争：米軍の介入過程』中央公論社　1986
――（編著）『北朝鮮ハンドブック』講談社　1997
小此木政夫・小島朋之（編著）『東アジア危機の構図』東洋経済新報社　1997
小此木政夫・徐大粛（監修）『資料　北朝鮮研究 1　政治・思想』慶應義塾大学出版会　1998
学研・歴史群像シリーズ『朝鮮戦争（上）ソウル奇襲と仁川上陸』学研　1999
――『朝鮮戦争（下）中国軍参戦と不毛の対峙戦』学研　1999
神谷不二『朝鮮戦争：米中対決の原形』中公新書　1966
――（編）『朝鮮問題戦後資料』日本国際問題研究所　1976~80
B. カミングス（鄭敬謨・林哲・加地永都子訳『朝鮮戦争の起源 1　1945 年―1947 年 解放と南北分断体制の出現』2012 年　明石書店
――『朝鮮戦争の起源 2　1947 年―1950 年「革命的」内戦とアメリカの覇権』（上・下）2012 年　明石書店
――（栗原泉・山岡由美訳）『朝鮮戦争論：忘れられたジェノサイド』明石書店　2014
康明道『北朝鮮の最高機密』文芸春秋　1995
菊地正人『板門店：統一への対話と対決』中公新書　1987
金一勉『韓国の運命と原点：米軍政・李承晩・朝鮮戦争』三一書房　1982
金星煥（鄭仁敬訳、吉富康夫監修）『朝鮮戦争スケッチ』草の根出版会　2007
金星煥・植村隆『マンガ韓国現代史：コバウおじさんの 50 年』角川ソフィア文庫　2003
金賛汀『在日義勇兵帰還せず：朝鮮戦争秘史』岩波書店　2007
金東椿（金美恵訳）『朝鮮戦争の社会史：避難・占領・虐殺』平凡社　2008
金学俊（李英訳）『北朝鮮五十年史：金日成王朝の夢と現実』朝日新聞社　1997
――（Hosaka Yuji 訳）『朝鮮戦争：原因・過程・休戦・影響』論創社　2007
金浩鎮（小針進・羅京洙訳）『韓国歴代大統領とリーダーシップ』柘植書房新社　2008
木村幹『韓国における「権威主義的」体制の成立：李承晩政権の崩壊まで』ミネルヴァ書房　2003
――『民主化の韓国政治：朴正煕と野党政治家たち 1961~1979』名古屋大学出版会　2008
軍事史学会（編）『軍事史学　第 36 巻第 1 号（特集・朝鮮戦争）』錦正社　2000
高峻石『朝鮮 1945-1950：革命史への証言』三一書房　1972
――『朴憲永と朝鮮革命』社会評論社　1991
高秉雲・鄭晋和（編）『朝鮮史年表』雄山閣　1981
児島襄『朝鮮戦争』文芸春秋社　1984
D.W. コンデ『現代朝鮮史』太平出版社　1971
桜井浩（編著）『解放と革命：朝鮮民主主義人民共和国の成立過程』アジア経済研究所出版会、1990
重村智計『北朝鮮データブック』講談社現代新書　1997
篠原宏『大日本帝国郵便始末』日本郵趣出版　1980
朱栄福『朝鮮戦争の真実』悠思社　1992
朱建栄『毛沢東の朝鮮戦争：中国が鴨緑江を渡るまで』岩波書店　1991
城内康伸『昭和二十五年：最後の戦死者』小学館　2013 年
申大興（編）『最新　朝鮮民主主義人民共和国地名事典』　雄山閣　1994
鐸木昌之『北朝鮮：社会主義と伝統の共鳴』東京大学出版会　1992
I.F. ストーン『秘史朝鮮戦争』青木書店　1966
関川夏央『退屈な迷宮：「北朝鮮」とは何だったのか』新潮文庫　1996
関川夏央・恵谷治・NK 会（編著）「北朝鮮の延命戦争：金正日・出口なき逃亡路を読む」　文芸春秋　1998
Sir C. バウチャー（加藤恭子・今井萬亀子訳）『英国空軍少将の見た日本占領と朝鮮戦争：少将夫人レィディ・バウチャー編』　社会評論社　2008
徐仲錫（文京洙訳）『韓国現代史 60 年』　明石書店　2008

徐大粛『朝鮮共産主義運動史　1918～1948』コリア評論社　1970
――『金日成：思想と政治体制』お茶の水書房　1991
――『金日成と金正日：革命神話と主体思想』岩波書店　1996
蘇鎮轍『朝鮮戦争の起源：国際共産主義者の陰謀』三一書房　1999
高崎宗司『検証 日韓会談』岩波新書　1996
高砂晴久「大蔵省印刷局製造の外国切手」『郵趣』2002年12月号
玉城素『朝鮮民主主義人民共和国の神話と現実』コリア評論社　1978
――『北朝鮮　破局への道：チュチェ型社会主義の病理』読売新聞社　1996
田中恒夫『図説　朝鮮戦争』河出書房新社　2011
池東旭『韓国の族閥・軍閥・財閥：支配集団の政治力学を解く』中公新書　1997
――『韓国大統領列伝：権力者の栄華と転落』中公新書　2002
鄭銀淑『韓国の「昭和」を歩く』祥伝社新書　2005
鄭雲鉉（武井一訳）『ソウルに刻まれた日本:69年の事蹟を歩く』桐書房　1999
鄭大均・古田 博司（編）『韓国・北朝鮮の嘘を見破る：近現代史の争点30』文春新書　2006
A.V. トルクノフ（下斗米伸夫・金成浩訳）『朝鮮戦争の謎と真実：金日成、スターリン、毛沢東の機密電報による』草思社　2001
内藤陽介『北朝鮮事典：切手で読み解く朝鮮民主主義人民共和国』竹内書店新社　2001
――『外国切手に描かれた日本』光文社新書　2003
――『反米の世界史：郵便学が切り込む』講談社現代新書　2005
――『これが戦争だ!:切手で読み解く』ちくま新書　2006
――『韓国現代史：切手でたどる60年』福村出版　2008
――『ハバロフスク』彩流社　2011年
日本郵趣協会『JPS外国切手カタログ　韓国切手　2005-06』日本郵趣協会　2005
萩原遼『朝鮮戦争：金日成とマッカーサーの陰謀』文春文庫　1997
――『北朝鮮に消えた友と私の物語』文春文庫　2001
萩原遼・井沢元彦『朝鮮学校「歴史教科書」を読む』祥伝社新書　2011
服部隆行『朝鮮戦争と中国：建国初期中国の軍事戦略と安全保障問題の研究』渓水社　2007
林建彦『北朝鮮と南朝鮮　38度線の100年』（増補版）サイマル出版会　1986年
D. ハルバースタム（山田耕介・山田侑平訳）『ザ・コールデスト・ウインター：朝鮮戦争』（上・下）文藝春秋　2009
韓洪九（高崎宗司訳）『韓洪九の韓国現代史：韓国とはどういう国か』平凡社　2003
――『韓洪九の韓国現代史〈2〉負の歴史から何を学ぶのか』平凡社　2005
白宗元『検証 朝鮮戦争：日本はこの戦争にどうかかわったか』三一書房　2013
白善燁『若き将軍の朝鮮戦争：白善燁回顧録』草思社　2000
平松茂雄『中国と朝鮮戦争』勁草書房　1988
古田博司『韓国学のすべて』新書館　2002
――『朝鮮民族を読み解く：北と南に共通するもの』ちくま学芸文庫　2005
三野正洋『わかりやすい朝鮮戦争：民族を分断させた悲劇の構図』光人社　1999
閔寛植『韓国政治史：李承晩政権の実態』世界思想社　1967
文京洙『済州島現代史：公共圏の死滅と再生』新幹社　2003
――『韓国現代史』　岩波新書　2005
郵文館（編）『韓国郵票圖鑑』（2009-10年版）郵文館　2009
尹景徹『分断後の韓国政治　1945-1986』木鐸社　1986
李景珉『朝鮮現代史の岐路：八・一五から何処へ』平凡社　1996
陸戦史研究普及会（編）『朝鮮戦争（全10巻）』原書房　1966-73
和田春樹『金日成と朝鮮戦争』平凡社　1992
――『金日成と満洲抗日戦争』平凡社　1992
――『朝鮮戦争』岩波書店　1995
――『北朝鮮：遊撃隊国家の現在』岩波書店　1998

このほか、雑誌『郵趣』の新切手報道記事、日韓主要各紙（朝日新聞・読売新聞・毎日新聞・産経新聞・日本経済新聞・朝鮮日報・中央日報・東亜日報・聯合通信）のウェブサイト、各種参考図書類も適宜利用した。

【著者紹介】

内藤陽介（ないとう ようすけ）

1967年東京都生まれ。東京大学文学部卒業。郵便学者。日本文芸家協会会員。フジインターナショナルミント株式会社・顧問。切手等の郵便資料から国家や地域のあり方を読み解く「郵便学」を提唱し、研究・著作活動を続けている。

主な著書

『なぜイスラムはアメリカを憎むのか』（ダイヤモンド社）、『中東の誕生』（竹内書店新社）、『外国切手に描かれた日本』（光文社新書）、『切手と戦争』（新潮新書）、『反米の世界史』（講談社現代新書）、『事情のある国の切手ほど面白い』（メディアファクトリー新書）、『マリ近現代史』（彩流社）、『朝鮮戦争』、『アウシュヴィッツの手紙』、『リオデジャネイロ歴史紀行』、『パレスチナ現代史』（えにし書房）。

韓国語書籍

『우표로 그려낸 한국현대사』（ハヌル出版）、『우표 , 역사를 부치다』（延恩文庫）

＊公益財団法人 韓昌祐・哲文化財団より2012年度の研究助成を受けて「郵便学的視点による韓国戦争史の再構成」による成果発表の一部として刊行するものである。

朝鮮戦争——ポスタルメディアから読み解く現代コリア史の原点

2014年 8月15日 初版第1刷発行
2018年 10月31日 第3刷発行

■著者　内藤陽介
■発行者　塚田敬幸

■発行所　えにし書房株式会社
〒102-0074 東京都千代田区九段南2-2-7 北の丸ビル3F
TEL 03-6261-4369　FAX 03-6261-4379
ウェブサイト　http://www.enishishobo.co.jp
E-mail　info@enishishobo.co.jp

■印刷／製本　モリモト印刷株式会社
■DTP／装丁　板垣由佳

ISBN978-4-908073-02-1 C0022

周縁と機縁のえにし書房

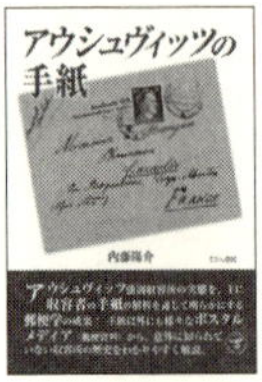

アウシュヴィッツの手紙

内藤陽介 著／A5 判／並製／2,000 円+税　978-4-908073-18-2 C0022

アウシュヴィッツ強制収容所の実態を主に収容者の手紙の解析を通して明らかにする郵便学の成果！　手紙以外にも様々なポスタルメディア（郵便資料）から、意外に知られていない収容所の歴史をわかりやすく解説。

パレスチナ現代史　岩のドームの郵便学

内藤陽介 著／A5 判／並製／2,500 円+税　978-4-908073-44-1 C0022

中東 100 年の混迷を読み解く！
世界遺産、エルサレムの“岩のドーム”に関連した郵便資料の分析という独自の視点で、オスマン帝国時代から直近までの複雑な情勢をわかりやすく解説。郵便学者による、ありそうでなかった待望のパレスチナ通史！

リオデジャネイロ歴史紀行

内藤陽介 著／A5 判／並製／2,700 円+税／オールカラー　978-4-908073-28-1 C0026

リオデジャネイロの複雑な歴史や街並みを、切手や葉書、現地で撮影した写真等でわかりやすく解説。美しい景色とウンチク満載の異色の歴史紀行！

日本帝国の表象　生成・記憶・継承

朴美貞・長谷川怜 編／A5 判／並製／3,500 円+税　978-4-908073-30-4 C0071

非文字（図画像）資料研究の可能性を拓く！

絵葉書、報道写真、地図、設計図、絵図などに立ち現れる“日本帝国”の様相を分野を超え、様々な角度から照射し浮かび上がらせる最新の研究成果。

ぐらもくらぶシリーズ 1

愛国とレコード　幻の大名古屋軍歌とアサヒ蓄音器商会

辻田真佐憲 著／A5 判／並製／1,600 円+税／オールカラー　978-4-908073-05-2 C0036

軍歌こそ“愛国ビジネス”の原型である！　大正時代から昭和戦前期にかけて名古屋に存在したローカル・レコード会社アサヒ蓄音器商会が発売した、戦前軍歌のレーベル写真と歌詞を紹介。詳細な解説を加えた異色の軍歌・レコード研究本。

第一次世界大戦　平和に終止符を打った戦争

マーガレット・マクミラン 著／真壁広道 訳／滝田賢治 監修

A5 判／上製／8,000 円+税　978-4-908073-24-3 C0022

世界中で話題を呼んだ *The War That Ended Peace*: How Europe Abandoned Peace for the First World War の邦訳。第一次世界大戦以前にヨーロッパが経験していた大きな変容を描き、鍵となった人物に生命を吹き込み、なぜ大規模戦争に突入してしまったのかを外交史家の視点で、現代史の様々な事象との比較を試み、歴史の教訓を探る。